教学关键问题解析丛书

基于核心素养的
高中地理教学关键问题解析

Jiyu Hexin Suyang de Gaozhong Dili Jiaoxue Guanjian Wenti Jiexi

主　编　吉小梅
副主编　胡望舒　刘一明　赵韬夫

高等教育出版社·北京

内容提要

本书依据《普通高中地理课程标准（2017年版2020年修订）》，紧密围绕学生核心素养培养，梳理出30个高中地理教学关键问题，对这些问题进行分析，提出一些具有可操作性的解决途径，并提供丰富的教学案例作为示范。每个教学关键问题都配有相应的数字资源，读者可以扫描二维码观看。本书和配套的数字资源全方位地呈现了基于核心素养的高中地理教学关键问题的课堂实践和教学指导，有助于教师提升教学能力，发展专业素养，从而促进学生地理学科核心素养的培养。

本书可作为高中地理教师的培训教材和教学研修资源，可作为高中地理教师资格考试参考书，也可作为高等院校相关专业师范生的学习参考书，还可供地理教学研究者参考使用。

图书在版编目（CIP）数据

基于核心素养的高中地理教学关键问题解析／吉小梅主编．--北京：高等教育出版社，2022.7（2024.8重印）

ISBN 978-7-04-056723-6

Ⅰ.①基… Ⅱ.①吉… Ⅲ.①中学地理课-教学研究-高中 Ⅳ.①G633.552

中国版本图书馆CIP数据核字(2021)第159596号

策划编辑	王文颖	责任编辑	王文颖	封面设计	王 鹏	版式设计	徐艳妮
插图绘制	黄云燕	责任校对	陈 杨	责任印制	赵义民		

出版发行	高等教育出版社	网　　址	http://www.hep.edu.cn
社　　址	北京市西城区德外大街4号		http://www.hep.com.cn
邮政编码	100120	网上订购	http://www.hepmall.com.cn
印　　刷	北京盛通印刷股份有限公司		http://www.hepmall.com
开　　本	787 mm×1092 mm　1/16		http://www.hepmall.cn
印　　张	17.75		
字　　数	370千字	版　　次	2022年7月第1版
购书热线	010-58581118	印　　次	2024年8月第2次印刷
咨询电话	400-810-0598	定　　价	45.00元

本书如有缺页、倒页、脱页等质量问题，请到所购图书销售部门联系调换
版权所有　侵权必究
物　料　号　56723-00

编委会

主　　编：吉小梅
副 主 编：胡望舒　刘一明　赵韬夫
指导专家：罗　滨　支　瑶　姚守梅　赵杰志　陈　颖
　　　　　李慧敏

编写人员：程子序　黄　爽　胡望舒　吉小梅　金梓乔
　　　　　罗　慧　李　倩　刘　倩　刘雪晴　刘一明
　　　　　马文华　孟祥宏　沈　莉　沈　平　王　佳
　　　　　王小丽　辛　超　徐亚辉　张　琪　赵韬夫
　　　　　张新悦

案例提供：陈文芳　丁　利　范志欣　冯丽君　谷　丰
　　　　　何永德　姬泽佳　贾　媛　李　鹤　梁红梅
　　　　　林　燕　刘红艳　卢春梅　宋丽芳　王　龙
　　　　　韦小宁　武大芬　徐永利　袁乃念　张　晖
　　　　　张晴华　张元萍

技术支持：刘　超　涂　俊　吴健伟　袁　华　谢　禹

序

构建高质量育人体系，培育优秀人才，是国家落实立德树人根本任务的要求，是每个学生生命成长的需求，也是每位教师的责任。在这个日新月异、不断变化的时代，跨界和创新无处不在。教师要在传道、授业和解惑的基础上，主动提升自己的育人能力，做学生成长的引导者、支持者和陪伴者。教师要让学科教学承载更多的素养功能，在学科知识和技能的基础上，促进学生在学习中获得价值观念、沟通能力、合作能力、共情能力、坚毅品质和多角度思维等的发展；要重视学生创新能力的形成，用具有挑战性的学习任务、担当责任的社会活动，激发学生的好奇心、想象力和创新思维，鼓励学生勤于实践，善于合作，敢于质疑，勇于创新，帮助学生形成未来发展需要的正确价值观、必备品格和关键能力。

进入 21 世纪后，本轮基础教育课程改革已经走过二十余年。随着高中课程改革的深入推进，育人为本的理念深入人心，教师的教学理念发生了显著变化，理论水平和教学实践能力均获提升，教师在教学中积累了丰富的经验，取得了丰硕的成果。2017 年底新版普通高中课程标准颁布，2019 年启用新教材，面对促进学科核心素养发展的新要求，基于学生学科核心素养的发展来观察课堂教学现状，还普遍存在一些困难。教师还难以很好地解决"为什么教""教什么""怎样教""教得怎么样"等教学基本问题，具体表现为：一是难以把握本学科的育人价值，对学科本质和核心素养理解不深；二是在进行教学设计时，难以精准确定教学目标，难以合理选择情境素材，将素材加工成挑战性任务的能力不足；三是在教学组织过程中，引导学生思考的深度不够，教学结构化水平不高，难以设计出高水平、结构合理的作业，难以命制核心素养导向的试题，等等。此外，部分教师还存在教学实施与设计思路相脱离、教学理念和行为相脱节的情况，还存在部分教学改革实践仍停留在理念层面，课堂教学主要凭经验而行之的现象。

为了有效解决上述问题，帮助教师有能力、有信心迎接挑战，开展基于课程标准的教学。2018 年，在"初中学科教学关键问题实践研究"项目的基础上，教师教育资源联盟（以下简称"联盟"）各成员单位相继开展了核心素养导向的高中新课程、新教材实施的研究及实践，启动了"高中学科教学关键问题提炼与解决"项目。围绕着新课程标准、新教材、新高考方案的要求，教研团队聚焦学生核心素养的发展，遵循高中教师日常教学工作的逻辑，找到影响教学设计与实施质量的关键因素，开展了系统的理论研究和实践探索。特别是开展了一系列案例研究和教学实践，探寻解决问题的思路和策略，并对成果进行了系统梳理，将其转化为教师教育资源建设。

在过去的四年里，教师教育资源联盟的部分成员单位组建了高中语文、数学、英语、物理、化学、生物学、政治、历史和地理共九个学科团队。在各成员单位的组织和支持下，每个学科团队都由本区域学科教研员牵头形成核心团队，成员为当地学科骨干教师和学科专家。本着坚持课标导向、素养导向、问题导向、实践导向、需求导向的原则，各个团队在研究的基础上，走进学校、深入课堂，以具体的课例研究为载体推进项目。联盟秘书处定期组织学科团队开展专题研讨，分享地区和学科经验，解决实际问题，并邀请专家以专题讲座的方式进行高位引领，以保障统筹协调各学科团队按照项目计划有序推进各项工作。

促进核心素养发展的学科教学关键问题是决定课程实施质量的核心问题。本着努力为一线教师提供教学改革方向引领、提供教学改革专业指导、提供教学资源支持的出发点，针对教师学科教学能力发展的障碍点、关键点和生长点，涵盖教学设计与实施的重要环节，指向教师专业能力提升，各团队从三个维度提炼核心素养导向的教学关键问题：一是课程标准，包括学科核心素养、课程结构、内容要求、学业要求、学业质量等；二是单元教学设计与实施的核心要素，包括确定素养导向的学习目标、凝练引领性学习主题、设计挑战性学习任务和持续性学习评价；三是教师教学专业知识，包括课程知识、教学知识、学科知识、学生知识和评价知识。

为进一步总结和推广基于核心素养的高中学科教学关键问题项目的成果，促进资源内容更具科学性、系统性和适用性，让资源利用价值实现最大化，在联盟成员单位和高等教育出版社的大力支持下，各学科团队开始进行书稿撰写及配套视频资源整理。

"教学关键问题解析丛书"依据普通高中学科课程标准（2017年版2020年修订），聚焦学生核心素养发展，呈现高中学科教学关键问题及解决方案。各册书对每一个教学关键问题进行问题表现及成因的深入分析，引导教师从现象思考本质。结合典型教学案例呈现教学关键问题的解决过程，提炼教学设计与实施的要点与策略，为教师提供具有可操作性的教学途径。

教育大计，教师为本。教师提升学科教学能力的关键在于学习，向专家和学者学习，向经验丰富的教师学习，向本校和其他学校的优秀教师学习。此外，基于自己和同伴教学实践的反思，有针对性地进行教学改进，也是一条重要且有效的道路。本套丛书的出版回应了高中新课程新教材实施过程中教师的实践需求，丛书及配套资源全方位呈现了基于核心素养的高中学科教学关键问题的课堂实践和教学指导，为教师提供教学改进的专业支撑，为各地区教研、培训提供资源支持。本套丛书可用作高中教师的培训教材，供相关教研部门使用，也可作为高中教师资格考试的参考书和高等院校相关专业师范生的学习参考用书，还可供学科教学研究者参考使用。

我相信，这套丛书是一套具有"开放空间"的丛书，一定能帮助各地各学科一线教师打开一扇学生核心素养培养与发展的"门"，探索出一套学科核心素养培养的方法和策略，最终收获更加美好的未来！

让我们共同期待！

北京市海淀区教师进修学校校长　罗滨

2022年4月23日

前言

《普通高中地理课程标准（2017年版2020年修订）》为广大高中地理教师实施新课程指明了方向。但是在实际教学过程中，教师会面临许多现实问题，例如：如何理解和把握课程标准的内涵？学科核心素养如何在常规课堂教学中落地？新版课程标准与实验版课程标准①有何不同？如何继承和发扬之前教育教学改革中有价值的成果？如何准确把握新增加的教学内容？如何更加有效地进行单元教学设计？如何体现深度学习？等等，这些现实问题成为高中地理教学关键问题的直接来源。

针对这些问题，在北京市海淀区教师进修学校地理教研室的组织下，一批海淀区优秀的一线骨干教师，经过反复探讨、潜心研究，提炼出覆盖高中地理学科主要内容的一系列教学关键问题，依据课程改革理念，精选大量实践案例，对关键问题及其解决途径进行细致阐述，最终编写成这本书。希望这本书能促进地理学科核心素养扎实落地，为高中地理教师提供切实的帮助。

本书主要根据以下四个方面，凝练高中地理教学关键问题。

1. 体现地理学科育人价值

第一，地理学科的本质内容是研究人与地理环境的关系，基于地球表层系统，从空间和区域视角认识、利用和改造这种人地关系。随着人类社会的发展，人地关系不断发展变化，尤其是特定区域的人口、资源、环境、发展等问题越来越受到人们的关注。地理学科从人地协调的角度来认识这些问题产生的根源，并据此探寻通过科学合理地改造人地关系实现协调可持续发展，因此具有独特的育人价值。第二，地理学科在帮助学生了解国情、认识家乡，以及理解不同国家和地区的文化和发展差异方面，具有不可以替代的功能。第三，地理学科作为实践应用学科，特别强调通过开展各类实践活动提升学生能力，这也是地理学科育人价值的切实体现。因此，本书所提炼的地理教学关键问题首先必须能够体现地理学科的这些育人价值，强化地理学科在落实立德树人根本任务方面的积极作用。

2. 凸显地理学科核心素养

学科核心素养的培养是新课程的基本理念与目标。地理学科核心素养是在地理学科育人价值基础上的具体学科化表现，包括人地协调观、综合思维、区域认知、地理实践力四项内容，涉及核心价值观念、思维方式和能力、意志品质和行动能力等不同方面。它既是知识与技能、过程与方法、情感态度与价值观三维目标的整合与提炼，也是学生在解决真实情境中的问题时所表现出来的正确价值观、必备品格和关键能力，

---

① 如无特殊说明，本书中新版课程标准或课程标准均是指《普通高中地理课程（2017年版2020年修订）》，实验版课程标准是指《普通高中地理课程标准（实验）》。

指明了高中地理学科教学的根本出发点与落脚点。本书中的教学关键问题旨在帮助一线教师解决地理学科核心素养培养的问题，提升教师对其内涵及水平进阶发展的理解，增强教师对学生学习方式和有效评价体系的关注。

3. 强化地理学科过程方法

学科核心素养的培养是通过具有学科特色的具体过程和方法来实现的。新课程倡导在真实情境中探讨现实地理问题，从简单、熟悉的情境到现实中复杂的地理问题；倡导问题式教学，从"问题发现"到"问题解决"；强调开展地理实践的教学过程，从收集资料、查阅文献，到动手实验、开展调查，再到提出解决方案；强调正确价值观念的养成过程，从坚持求真求实的科学态度，到形成人地协调观。通过这些具有地理学科特色的过程与方法，提升学生的综合思维和地理实践力，实现学生学科核心素养的进阶发展，从而使教学关键问题迎刃而解。

4. 落实地理学科主干知识

地理学科有综合广泛的知识内涵与逻辑严密的知识体系，高中地理课程中的各个模块体现了学科知识体系的不同内容，是落实课程标准要求的载体。同时，必修和选择性必修等不同模块又涉及学业质量水平的不同等级，具有进阶性。因此基于课程标准，从不同模块内容中选择更能反映模块主干知识与核心本质的教学内容，深入解析，并结合必要的教学案例阐释，对有效促进学生学科核心素养的提升具有重要的现实意义。这对改变学生的学习方式，提升其思维品质，更有效地发挥地理学科立德树人的教育功能也有直接的指导意义，更是必然要解决的教学关键问题。

本书中凝练的高中地理教学关键问题共包含六个单元，单元1是总论，探讨对高中地理课程的整体认识，教学关键问题内容涉及学科育人价值、核心素养内涵、课程体系构建、学生学习过程、诊断与评价体系、课程资源开发与利用六个方面。单元2至单元6属于分论，依据课程标准分别探讨地理必修和选择性必修共五个模块具体的教学关键问题。这部分教学关键问题的设计依据三个维度架构：核心素养、过程与方法、学科主干知识，体现了在实现课程目标过程中对教学的全方位关注。具体来说，在解决这些关键问题过程中，"学科主干知识"内容主要是作为案例呈现的，通过"过程与方法"来落实"核心素养"。每一个教学关键问题都给出了解决策略或路径，例如"借助生活化情境开展教学"这一教学策略可以用来探讨大气热力环流，也可以用来分析地球运动、水循环等相关知识内容；同时，相同的教学内容也可以用不同的过程与方法来落实，例如，在大气热力环流的教学中可以借助生活实际问题，也可以通过实验等方法展开。因此，本书中呈现的大量生动的教学案例并不是只能用于解决某些特定的教学关键问题，相反，我们鼓励阅读此书的教师将教学案例举一反三、延伸拓展，将其灵活运用于自己的教学实践当中，以便更加准确而深刻地理解和把握课程标准要求，这也是编写本书的初衷所在。

由于研究水平有限，文中难免存在错误和疏漏，恳请同仁不吝给予批评和帮助。

吉小梅
2022年4月22日

目录

单元 1　整体认识高中地理课程　/　1

　　1-1　如何体现地理学科在立德树人方面的独特价值？　/　3
　　1-2　如何准确理解地理学科核心素养的内涵表现？　/　10
　　1-3　如何整体把握三类课程的体系与逻辑关系？　/　18
　　1-4　如何在教学设计中更加关注学生的学习过程？　/　27
　　1-5　如何构建基于新课程标准的诊断与评价体系？　/　37
　　1-6　如何有效地进行地理课程资源的开发与利用？　/　46

单元 2　必修地理 1 的教学关键问题　/　53

　　2-1　如何组织与设计必修地理 1 的教学广度？　/　55
　　2-2　如何在内容上把握必修地理 1 的教学深度？　/　63
　　2-3　如何理解自然地理实验的必要性与教学意义？　/　71
　　2-4　如何提高学生调查自然地理现象的地理实践力？　/　80
　　2-5　如何运用视频、图表等资料开展问题式教学活动？　/　90
　　2-6　如何辩证地看待自然环境与人类活动的相互关系？　/　97

单元 3　必修地理 2 的教学关键问题　/　107

　　3-1　如何以社会经济活动的空间特征为线索组织教学内容？　/　109
　　3-2　如何通过分析社会经济活动的区位选择培养综合思维？　/　118
　　3-3　如何辩证地分析人文地理现象的发展变化及其影响？　/　126
　　3-4　如何培养学生利用地理信息技术探究人文地理问题？　/　136
　　3-5　如何结合真实情境引导学生树立正确的人地协调观？　/　144
　　3-6　如何结合实例帮助学生理解党和国家新的发展理念？　/　150

单元 4　"自然地理基础"模块的教学关键问题　/　157

　　4-1　如何规划和实施"自然地理基础"模块的单元教学？　/　159
　　4-2　如何通过"自然地理基础"模块实现地理学科核心素养的进阶发展？　/　169
　　4-3　如何深化学生对自然地理过程及其影响的理解？　/　178
　　4-4　如何利用自然环境的整体性与地域分异规律分析地理问题？　/　189

单元 5　"区域发展"模块的教学关键问题　/　197

- 5-1　如何规划和实施"区域发展"模块的单元教学？　/　199
- 5-2　如何实现区域认知核心素养的进阶发展？　/　206
- 5-3　如何通过案例建构"区域发展"的学科大概念？　/　216
- 5-4　如何理解人地协调是区域可持续发展的必然选择？　/　222

单元 6　"资源、环境与国家安全"模块的教学关键问题　/　231

- 6-1　如何凸显"资源、环境与国家安全"模块的育人价值？　/　233
- 6-2　如何以资源、环境与国家安全的关系为线索组织教学？　/　242
- 6-3　如何通过项目式学习开展"资源、环境与国家安全"的教学？　/　253
- 6-4　如何创设教学情境帮助学生树立"绿水青山就是金山银山"的理念？　/　261

Ⅱ　后记　/　268

单元 1　整体认识高中地理课程

1-1 如何体现地理学科在立德树人方面的独特价值？

关键问题的基本内涵

教育部《关于全面深化课程改革 落实立德树人根本任务的建议》明确指出，全面深化改革的指导思想是"全面贯彻党的教育方针，遵循教育规律和学生成长规律"。地理学是研究地理环境以及人类活动与地理环境关系的学科。"作为地理学研究对象的地理环境，是由自然环境、经济环境和社会文化环境相互重叠、相互联系所构成的整体。"[①] 地理学科不仅关注地球表面自然和人文现象的空间格局及变化过程，也关注不同尺度空间区域的结构、特征、发展和变化。"地理学中闪耀的人与自然和谐共生观念、因地制宜科学发展观念、人类命运共同体观念等，是进行社会主义核心价值观教育、生态文明教育、爱国主义教育、国家安全教育等的优质素材，有利于培养能够担当民族复兴大任的社会主义建设者和接班人。"[②] 因此，地理学科具有独特的育人价值，立德树人是地理课程最重要的价值所在。

地理学独特的学科方法和思维品质为人类思想方法的发展和科学认知做出了贡献。它丰富了人类认识世界的视角，拓展了人类探究问题的思路，开辟了人类解决问题的新途径。这种思维品质和方式因地理教育的实施而不断被继承、建立、传递和发展，毫无疑问，这是地理教育最具价值的部分。地理学科核心素养的确定充分体现了地理学科独特的育人价值。

关键问题的解决途径与教学案例

培养学生学科核心素养是落实立德树人根本任务的重要途径。地理学科核心素养包括人地协调观、综合思维、区域认知和地理实践力，贯穿地理课程标准的各个部分，统领课程理念和课程目标，同时也是课程结构、课程内容、学业质量和实施建议的基础。

一、明确地理学科核心素养内涵和学科表现

地理学科核心素养能够反映地理学科的本质，具有坚实的地理学基础，体现了地

---

① 刘南威. 自然地理学 [M]. 3 版. 北京：科学出版社，2014.
② 韦志榕，朱翔. 普通高中地理课程标准（2017 年版 2020 年修订）解读 [M]. 北京：高等教育出版社，2020.

理学科的特色。这四个学科核心素养之间的关系非常紧密：人地协调观是地理课程内容蕴含的最为核心的价值观，它包括正确的人口观、资源观、环境观和发展观等；综合性和区域性是地理学的两大突出特点，由此形成的综合思维和区域认知是学生分析和理解地理过程、地理规律、人地关系系统的重要思维方式和能力；地理课程具有很强的实践性，在实践活动中运用综合思维和区域认知，是学生感悟、体验现实世界中人地关系的重要途径。对地理学科核心素养表现的描述，不是针对具体的地理课程内容，而是从素养内涵出发来确定的。课程标准在附录1中列出了地理学科核心素养的内涵和表现（表1-1-1）。

表 1-1-1　地理学科核心素养的内涵与表现

素养名称	内　　涵	表　　现
人地协调观	人地协调观指人们对人类与地理环境之间关系秉持的正确的价值观	（1）能够理解自然环境是人类生存、发展的基础，并能够辩证看待自然环境对人类活动的各种影响。 （2）能够理解人类活动影响地理环境有不同的方式、强度和后果，懂得尊重自然规律的重要性和必要性。 （3）能够分析评价现实人地关系问题，理解协调人地关系的措施与政策
综合思维	综合思维指人们运用综合的观点认识地理环境的思维方式和能力	（1）能够从地理要素综合的角度认识地理事物的整体性，地理要素相互作用、相互影响的关系。 （2）能够从空间和时间综合的角度分析地理事项的发生、发展和演化。 （3）能够从地方或区域综合的角度分析地方或区域自然和人文要素对区域特征形成的影响，以及区域人地关系问题
区域认知	区域认知指人们运用空间—区域的观点认识地理环境的思维方式和能力	（1）具有从区域的视角认识地理事象的意识与习惯。 （2）能够采用正确的方法与工具认识区域。 （3）能够正确解释、评析区域发展利用决策的得失
地理实践力	地理实践力指人们在考察、实验和调查等地理实践活动中所具有的意志品质和行动能力	（1）能够用观察、调查等方法收集和处理地理信息，有发现问题、探索问题的兴趣。 （2）能够与他人合作设计地理实践活动的方案，独立思考并选择适当的地理工具。 （3）能够实施活动方案，主动从体验和反思中学习，实事求是，有克服困难的勇气和方法

地理学科核心素养的水平分级依据是学生在一定的学习情境（如生活情境、学术情境、真实情境、模拟情境等）中学科核心素养的不同表现，因此对学科核心素养水平等级的描述是一种表现性描述。课程标准以地理学科核心素养水平为参照，结合地理课程内容确定了学业质量标准，学业质量标准与学科核心素养四级水平相对应。学业质量标准也是学科核心素养水平表现的标准，这样才能把地理学科核心素养的培养通过地理学习过程加以落实。

二、理解核心素养贯穿地理课程标准的各个部分

地理学科核心素养统领了课程理念和课程目标，也贯穿了课程标准的各个部分。

在课程标准实施的过程中，地理学科核心素养既是地理教学的出发点，又是地理教学的最终归宿，对日常教学具有指导意义，对地理教学目标的达成具有决定性作用。因此，地理学科核心素养贯穿课程标准实施的各个环节，如图1-1-1所示。

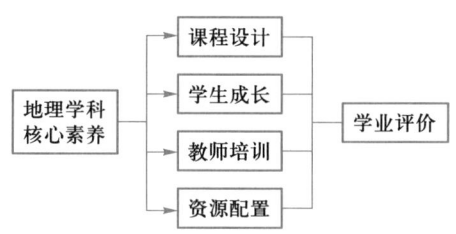

图1-1-1　核心素养与课程标准实施

（一）构建以地理学科核心素养为主导的地理课程

围绕地理学科核心素养培养的要求，构建科学合理、功能互补的课程体系，坚持基础性、多样性、选择性并重，满足不同学生的发展需要；精选利于地理学科核心素养形成的课程内容，力求科学性、实践性、时代性的统一，满足学生现在和未来学习、工作、生活的需求。

地理必修课程是所有学生必须全部修习的课程；地理选择性必修课程是学生根据个性发展和升学考试需要选择修习的课程；选修课程是由学校根据学生的多样化需求，统筹规划和开设供学生自主选择修习的课程。三类课程有不同的定位，构成了既相对独立又相互关联的课程体系。详细内容见本书关键问题1-3。

（二）创新培养地理学科核心素养的学习方式

根据学生地理学科核心素养形成过程的特点，科学设计地理教学过程，引导学生通过自主、合作、探究等学习方式，在自然、社会等真实情境中开展丰富多样的地理实践活动，充分利用地理信息技术，营造直观、实时、生动的地理教学环境。

运用现代教学设计理论和方法，通过地理教学设计，系统规划地理教学活动，选择恰当的学习方式，尊重学生的主体地位，关注学生的学习过程，重视学生主动性和创造性的发挥。通过对课程标准的解读，加深对知识内涵的理解，明确学生在学习中应体验的正确过程和应掌握的正确方法，为最终找到提升学生地理学科核心素养的途径奠定基础。详细内容见本书关键问题1-4。

（三）建立基于地理学科核心素养发展的评价体系

准确把握地理学科核心素养的水平划分，以学业质量标准为依据，形成过程性评价与终结性评价相结合的学习评价体系，科学测评学生的认知水平以及价值判断能力、思维能力、实践能力等的水平，全面反映学生地理学科核心素养的发展状况。

评价实施可以引导教学更加关注育人目标，更加注重培养学生的核心素养，更加强调提高学生综合运用知识解决实际问题的能力，帮助教师和学生把握教与学的深度和广度，为阶段性评价、学业水平考试和升学考试命题提供重要依据，促进教、学、考有机衔接，形成育人合力，实现教、学、评的一致性。详细内容见本书关键问题1-5。

三、将学科核心素养培养贯穿地理教学的各个环节

地理教师的教学实践是培养地理学科核心素养的有效途径，科学设计地理教学的各个环节是地理教师应具备的基本功。地理教学设计主要包括：解读课程标准的内容要求（以下必要时简称为课标要求），重视学情分析，明确教学目标，选择教学方法，实施学习评价等。

（一）解读课标要求

教师通过对课程标准的深入解读，体会地理学科核心素养在教学内容中的具体体现。课程标准的内容要求通过行为条件、行为动词、认知内容的不同表达，体现地理学科核心素养的不同水平。所以，在教学设计中教师要善于分析、捕捉并准确把握课标要求。

【案例1】

地理1"地貌识别"课标解读与分析

课标要求：1.4 通过野外观察或运用视频、图像，识别3~4种地貌，描述其景观的主要特点。

1."通过野外观察或运用视频、图像"属于行为条件；"识别""描述"属于行为动词；"3~4种地貌"涉及地貌的概念与分类，与"其景观的主要特点"同属于认知内容。

2.根据"识别3~4种地貌，描述其景观的主要特点"可知，要求学生能够认识典型的地貌，并清楚描述地貌景观特点的几个方面，即需要从定位、定性、定量的角度描述地貌的位置、形态、组合结构、数量、空间延伸状态等。因此，教师在教学中要引导学生学会通过读图、观察模型，掌握观察与描述地貌景观特点的基本方法与步骤。依据行为条件"通过野外观察或运用视频、图像"可知，课程标准要求学生具有观察、分析、归纳材料的能力。

3.依据地理学科核心素养的内涵与表现，这条课标要求主要对应地理实践力素养的水平2：能够进行细微观察和调查，获取和处理信息，有探索问题的兴趣；能够与他人合作使用地理工具，设计和实施较复杂的地理实践活动，主动从体验和反思中学习；能够有自己的想法，有克服困难的勇气和方法。

案例评析：上述案例首先对课标要求进行分解，辨析出哪些是行为条件，哪些是行为动词，哪些是认知内容；其次对行为动词"识别""描述"等进行解释，确定行为水平；再次分析行为条件和内容要求，解释其构成要素的内涵组成；最后参照课标

要求，确定该条课标要求对应的地理学科核心素养水平。

(二) 重视学情分析

教师在进行教学设计时，需要考虑课程标准、教学内容、学生情况、教学方法、教学资源等诸多因素。其中，学情分析既是我们确定教学目标的基础，又是解析教学内容的依据，还是选择教学方式和安排教学活动的落脚点。总之，学情分析是对以学生为中心的教学思想的具体落实。教师必须认真研究学生的已有知识水平、学习障碍，以及学生的实际需求与其学习能力水平、认知倾向之间的差距，才能够更有效地优化教学过程，达成教学目标，提高教学效率。

【案例2】

地理1"自然界的水循环"学情分析

学生对水循环有一定的生活体验和知识基础，但是尚未上升到理性认识的高度。学生可能熟悉与水循环相关的自然现象，但较难理解其中的深层次意义，而水循环对人类活动的影响，学生几乎没有概念。因此，一方面，教师需要创设情境，搭设台阶帮助学生理解；另一方面，教师需要向学生展示大量真实而又新鲜的实例，以提高学生的学习效果。

案例评析： 对学生认知水平的分析主要包括学生已经具备的知识和能力。在上述案例中，教师基于学生已经具备的关于水循环的知识和能力，分析学生目前在认识上存在的问题，找到教学的着力点，从而设计科学合理的教学目标。

(三) 明确教学目标

高中地理课程是一门基础学科课程，其内容反映地理学的本质，体现地理学的基本思想和方法。高中地理课程的总目标是通过地理学科核心素养的培养，从地理教育的角度落实立德树人根本任务。课程标准对地理课程的具体目标也做了明确阐述。地理课程的总目标和具体目标为我们勾勒出地理学科核心素养的内涵。但应当注意的是，这些目标的达成并不是相互割裂、单独进行的，它们既可以渗透在同一个教学活动中完成，又可以分解为一系列具体目标（即内容目标）在不同学习阶段逐步完成。高中地理课程目标体系如图1-1-2所示。

地理课程目标是一座桥梁，上承教育目标和培养目标，即学科核心素养；下启地理教学目标和评价目标，即教学设计中的教学目标。课程目标确定了地理课程发展的总体方向。地理教师在设计教学活动、开展教学的过程中，必须兼顾课程目标和学科核心素养，不可偏废。如果说教育目标是由国家政策决定的，课程目标是由课程专家研制的，那么教学目标则主要是由地理教师设计确定的。

教学目标是教学设计的关键环节，是引导教学的出发点和教学走向的归宿点，也是引导学生学习方向和评价学习效果的标准。在教学设计过程中，教师需要在研究课标要求和分析学情的基础上，确定教学目标。教学目标应是知识与技能、过程与方法、情感态度与价值观三维目标的整合，是学科核心素养的具体体现。

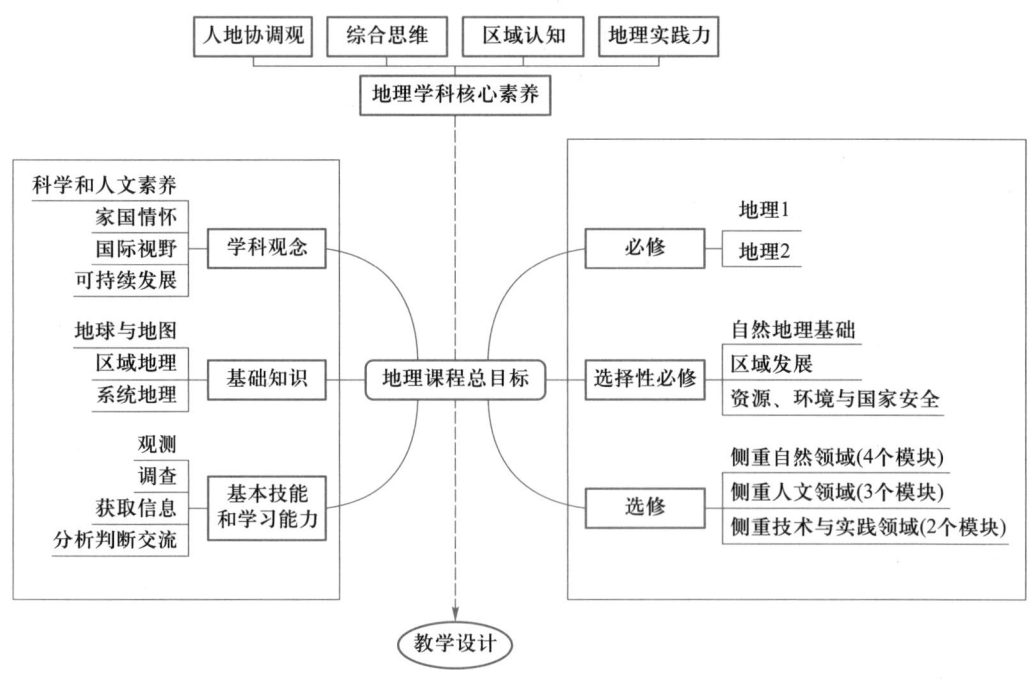

图 1-1-2　高中地理课程目标体系①

【案例 3】

地理 1 "自然界的水循环"教学目标

1. 通过绘制示意图，说出水循环的过程和环节，能够全面、动态地认识地理环境中的自然要素。

2. 结合生活实际，运用水循环原理解释生活中与之相关的现象，归纳人类活动对水循环的影响，初步具备分析、认识人地关系的能力。

3. 结合相关图文资料，说明水循环的地理意义，进一步理解自然界的物质运动和能量交换，感悟水循环对自然界及人类社会的重要意义，树立科学的人地和谐观。

案例评析：教学目标的表述要科学、严谨、规范，要明确在教学过程中需要学生掌握的基础知识，以及如何掌握这些知识的过程和方法，还要关注学生在学习过程中情感态度与价值观的变化，从而将学科核心素养落实到具体的教学过程中。

（四）选择教学方法

地理教学方法是在地理教学过程中，教师和学生为实现地理教学目标，根据特定的地理教学内容而采取的教与学相互作用的一系列活动方式、步骤、手段和技术的总和。② 教学方法的选择要关注教师的"教"和学生的"学"的过程，适合的教学方法才是最好的。

---

① 吉小梅. 中学地理教·学·评·研 [M]. 北京：中国地图出版社，2020.
② 陈澄. 新编地理教学论 [M]. 上海：华东师范大学出版社，2007.

【案例4】

地理1"自然界的水循环"教学方法

1. 设计实验任务：观察实验现象，填写实验报告，并互相交流，说出水循环的过程，归纳出水循环的主要环节。

2. 学生以潮白河为例绘制水循环示意图，明确水循环的过程及其主要环节。

案例评析： 这些教学活动的核心目标是提高学生发现与解决实际地理问题的能力，培养学生的地理学科核心素养：通过模拟和观察实验逐步培养学生的地理实践力；通过动手绘制示意图，培养学生的学科思维，提高学生对地理原理的认知；引导学生对水循环的过程和原因进行思考，培养学生的探究意识；让学生积极参与教学过程，通过小组合作讨论、碰撞思想、产生创意，最终解决问题，真正发挥学生的主体作用。

（五）实施学习评价

在实施学习评价时，教师要对学生是否掌握关键的知识内容予以检测。过程性评价除了关注学生知识的获得和运用之外，还应该看到学生的区域认知、综合思维等能力的提升，注重学生回答问题时的逻辑性和全面性，设计评价量表用以评价师生教与学的效果。在课堂教学中，教师应更多关注学生回答问题时的逻辑推导过程，及时纠正学生的错误，对学生的精彩回答及时予以肯定，并通过点评让更多的学生理解好的回答好在哪里。精彩到位的点评不但可以推动课堂顺利进行，更有助于增强学生学习地理的信心。

教学设计不是固定的或者一成不变的，教师要在教学实践中不断反思、修改和完善。后面的章节会根据模块的具体内容，通过解决地理教学中的这些关键问题，帮助大家更好地理解课程标准，更好地进行教学设计。

1-1 数字资源

1-2 如何准确理解地理学科核心素养的内涵表现？

 关键问题的基本内涵

地理学科核心素养的确定，是落实立德树人根本任务的重要途径，即在育人的过程中彰显地理学科的应用价值。而这种学科育人的方式不可避免地要以学科活动为途径，渗透学科的基本思想和方法。因此，地理学科核心素养贯穿课程标准的各个部分，统领地理课程理念和课程目标。

《普通高中地理课程标准（2017年版2020年修订）》在地理课程"基本理念"中明确指出："培养学生必备的地理学科核心素养。通过高中地理学习，使学生强化人类与环境协调发展的观念，提升地理学科方面的品格和关键能力，具备家国情怀和世界眼光，形成关注地方、国家和全球地理问题及可持续发展问题的意识。"其中，"人类与环境协调发展的观念"体现了人地协调观的思想，是地理学科的核心观念。"提升地理学科方面的品格和关键能力"则指向地理学科的基本思维方式和研究方法，即综合思维、区域认知、地理实践力。学生通过学习地理课程，运用地理的方法认识世界、解释世界、改造世界，并在这一过程中反思"人"与"地"的关系，内化人地协调发展的观念并付之行动。可见，地理学科核心素养是地理学科育人价值的具体表现，也是对地理学核心概念的高度概括，统领具体的地理课程内容。因此，准确理解地理学科核心素养的内涵，是落实立德树人根本任务的重要途径，是学科育人的基本要求，也是实现高中地理教育目标的前提。

 关键问题的解决途径与教学案例

高中地理教学以地理学科核心素养的培养为根本目标，围绕地理学科核心素养进行教学设计并开展教学活动，基于地理学科核心素养展开教学评价。可以说，"如何准确理解地理学科核心素养的内涵表现？"这一教学关键问题既是高中地理教学的出发点，又是高中地理教学的最终归宿，对日常教学具有指导意义，对地理教学成效的达成具有决定性作用。教师只有准确理解了地理学科核心素养的内涵表现，在开展地理教学活动时才能有的放矢。也正是在地理教学活动中，教师才能够更加深入地理解地理学科核心素养的内涵表现。因此，立足地理课堂教学实践，通过"研读地理学科核心素养的内涵表现—围绕地理学科核心素养的教学实践—反思地理学科核心素养的内涵表现"这一路径不断加深理解，是解决这一教学关键问题的根本途径。

一、透视地理学科本质，解读地理学科核心素养的内涵表现

地理学科核心素养具有十分鲜明的学科属性，它反映了地理学科的本质，这也是地理学科素养的基本特征之一。从学科视角来看，地理学科核心素养回答了地理教育的基本问题，即地理学是一门什么样的学科。对这一问题的回答，我们可以从地理学的研究对象、基本思想和方法、地理学科的育人价值等角度进行理解。

在地理学发展过程中，有过许多关于地理学本质的探讨与争论。1964年，帕蒂森阐述了地理学的四个传统——空间传统、地域研究传统、人地关系传统和地球科学传统，有效地回答了用一两句话来定义地理学广域范围的问题。《重新发现地理学——与科学和社会的新关联》一书则提出了"地理学看世界"的三个视角：动态观察世界的地理学方法、综合的领域、应用多种方法的空间表述。这三个视角形成的地理视角矩阵如图 1-2-1 所示。

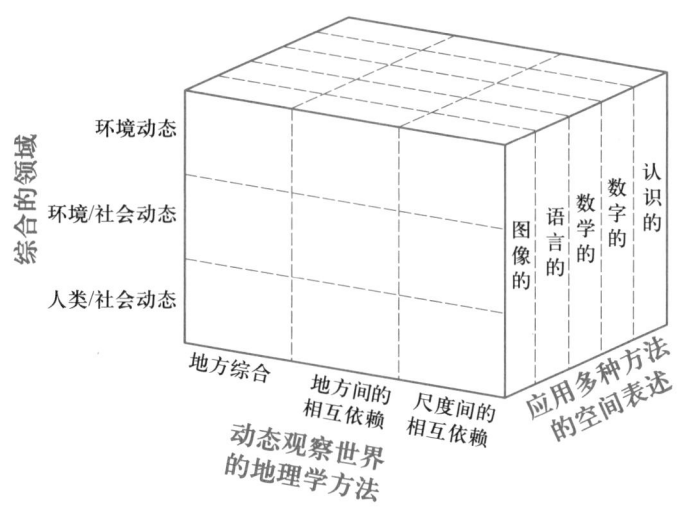

图 1-2-1 地理视角矩阵

北京大学蔡运龙教授团队对中外地理学思想和方法进行研究，并指出时空思维和尺度思维是观察真实世界的基本思维。课程标准将以上经典的地理学思想和方法作为普通高中地理学科核心素养的理论基础，并结合我国百年来地理课程中不变的知识与观念，考虑当今地理课程的国际发展趋势，确定了地理学科核心素养。

人地协调观，是现代地理学和地理教育的核心观念，包括地理环境对人类的影响，人类对地理环境的作用，以及协调人类与地理环境的关系三个层次的内涵。其核心价值是培养学生在认识地理环境与人类活动相互影响的基础上，认同人地协调对可持续发展具有重要意义，并形成尊重自然、和谐发展的态度。

综合思维，是一种认识地理环境整体性的思维方式与能力，包括要素的综合、时空的综合和地方的综合三个维度。课程标准提出，学生通过地理课程的学习，"能够形成从综合的视角认识地理事物和现象的意识，对地理各要素之间的相互作用关系有较强的分析能力，并在一定程度上解释地理事物和现象发生、发展的过程，从而比较全

面地观察、分析和认识不同地方的地理环境特点,辩证地看待地理问题"。

区域认知,是一种认识地球表面复杂性的思维方式和能力,包括具有从区域的视角认识地理现象的意识和习惯、正确采用认识区域的方法和工具以及评析区域开发利用状况三个方面的内涵。其育人价值在于学生通过学习,可以借助区域认知这一工具,能够更好地理解地球表面的复杂性和多样性。

地理实践力,是学生在地理活动中表现出来的意志品质和行动能力。其中,意志品质是学生内隐的一种素质,而行动能力则是外显的、具有可操作性的行为表现。通过地理实践力的培养,学生可在真实的复杂世界中,调动意识、磨炼意志、陶冶情操、开阔眼界,最终外显为在实践中的积极能动的态度、责任和独立生存能力[①]。

二、围绕学科育人价值,理解地理学科核心素养的内涵表现

学校教育中的每一个学科都有自身的育人价值,地理学科也不例外。在地理教学实践活动中,引导学生运用地理学的基本思想和方法,从地理视角去观察世界、解读世界、改造世界,是实现地理学科育人价值的主要途径。地理学科核心素养的培养,则蕴含在这一育人过程中。

【案例1】

时事热点专题——海南

教学目标

1. 了解海南全面深化改革开放这一重大时事热点问题,通过资料分析海南开发的地理背景,讨论三大产业的空间布局,以及具体的开发方向和措施,归纳区域开发问题的一般分析思路及方法。

2. 在分析讨论的过程中体会因地制宜的作用,树立正确的人地协调观,加深对党中央科学决策的理解。

教学重难点

运用资料分析讨论海南开发的具体问题,树立正确的人地协调观,加深对党中央科学决策的理解。

教学过程

教学环节	教师活动	学生活动
环节一:导入	给学生展示2018年高考考试说明中的参考样题,引出本节课的时事热点区域——海南	阅读2018年高考考试说明中关于参考样题的说明,理解关注时事热点的原因
	活动意图说明:让学生理解紧张备考期间关注时事热点问题的重要性,导入热点区域,激发学习兴趣	

---

① 韦志榕,朱翔. 普通高中地理课程标准(2017年版2020年修订)解读[M]. 北京:高等教育出版社,2020.

续表

教学环节	教师活动	学生活动
环节二：分析海南开发的地理背景	出示海南和香港的位置图以及相关资料，提出问题：参考香港自由贸易港发展的地理背景和现状，说出海南全岛开发的地理条件	阅读分析资料，回答问题
	活动意图说明：通过本环节的活动，理解党中央选择海南进行深化改革开放的原因。通过分析海南开发的地理背景，锻炼学生获取和解读信息的能力、调动和运用知识的能力、描述和阐述事物的能力，提升学生的区域认知核心素养	
环节三：分组讨论海南三大产业的发展	给出海南三大产业发展的相关资料，请学生分组讨论三大产业的空间布局、发展方向及具体发展措施	阅读分析资料，分组讨论，回答问题
	活动意图说明：通过本环节的活动，理解党中央提出的开发海南的具体措施。通过对材料的分析探讨，进一步锻炼学生获取和解读信息、调动和运用知识、描述和阐述事物、论证和探讨问题的能力，帮助学生体会因地制宜的地理理念，提升学生的综合思维核心素养	
环节四：总结提升	总结三大产业的协调发展，明确海南未来的发展目标	总结思考，理解海南的可持续发展
	活动意图说明：理解党中央的科学决策，树立正确的人地协调观	

案例评析：这是一节高三的复习课，是时事热点专题单元中的一课时。时事热点专题取材于国内外重大现实问题，教师引导学生通过对问题的解读、分析，正确认识现实社会的重大现实问题，树立正确的世界观、人生观和价值观。这既符合普通高中学业水平等级性考试"立德树人、服务选才、引导教学"的核心功能，更彰显了地理学科在国家决策中的应用价值。本节课，教师选取党中央决定"支持海南全岛建设自由贸易试验区，支持海南逐步探索、稳步推进中国特色自由贸易港建设"这一重大热点问题，引导学生运用所学知识分析开发海南的地理背景、具体的开发方向及措施；为学生创设真实的、结构不良的学习情境，通过对海南岛的开发建设和对三大产业协调发展的探讨，提升学生的区域认知、综合思维等核心素养，锻炼学生解决陌生复杂开放的真实问题的能力。

从两条教学目标可以看出，这节课的教学并没有停留在区域可持续发展的知识教学上。教师在备课过程中深入挖掘海南全岛建设自由贸易试验区这一时事热点背后所蕴含的地理思想和育人价值，体现出对地理学科核心素养的准确理解和把握。

三、运用三维目标框架，理解地理学科核心素养的内涵表现

地理学科核心素养的提出经历了一个漫长的探索过程。从"双基"到三维目标再到核心素养，通常被表述为发展与超越的进程。[①] "双基"中的基础知识和基本能力，即三维目标中的"知识与技能"，是地理课程的基本目标。"过程与方法"对地理知识

---

① 杨九诠. 三维目标，核心素养的分析框架 [J]. 上海教育科研, 2021 (1): 1.

的掌握和地理技能的形成，以及情感态度与价值观的培养都具有促进作用。"情感态度与价值观"则聚焦情意领域，是地理课程的终极目标。从"双基"到"三维目标"，地理课程基本理念的内涵丰富了，达成地理课程目标的路径也更加明晰了。

地理学科核心素养的内涵包含四个维度。人地协调观是地理学科课程内容蕴含的核心价值观念；综合思维和区域认知凸显了地理学科的综合性和区域性两大特征，也是地理学科分析问题的基本思想和方法；在实践活动中运用综合思维和区域认知，感悟、体验地理环境及其与人类活动的关系中所体现的人地关系，即地理实践力，是地理学科学习的基本活动经验。上述四个维度，分别从价值观、思想和方法、活动经验三个维度展示了高中地理课程的本质属性，与"三维目标"是辩证统一的。"三维目标"是地理学科核心素养的外显化体现；地理学科核心素养是"三维目标"在学生头脑中内化后的状态，核心素养的水平则是这种状态的表现。

因此，深入理解三维目标框架，是准确理解地理学科核心素养的内涵表现的重要途径。

【案例2】

"认识海洋国情"的教学目标和问题链设计

课标要求："运用资料，说明南海诸岛是中国领土的组成部分，钓鱼岛及其附属岛屿是中国固有领土，中国对其拥有无可争辩的主权。"这条课标要求是对学生进行国家主权意识教育的重要内容。课程标准要求用史料说明南海诸岛、钓鱼岛及其附属岛屿自古以来就是中国固有领土。

某校教师设计了如下教学目标：查阅和分析相关资料，了解南海诸岛和钓鱼岛及其附属岛屿的空间位置、区域范围及其地理意义；分析我国对这些岛屿拥有无可争辩的主权的历史、地理、法律等原因；学习和了解我国政府捍卫领土主权和海洋权益所采取的措施，增强国家主权意识，升华爱国主义情感。

在教学中，该教师采用问题式教学方法，通过由以下三个问题构成的问题链引导学生开展调查、汇报展示等学习活动。

问题1：如何准确表述南海诸岛、钓鱼岛及其附属岛屿的位置和范围？它们其为何具有重要意义？

问题2：为什么说南海诸岛是中国领土的组成部分，钓鱼岛及其附属岛屿是中国固有领土？

问题3：我国应如何捍卫南海诸岛、钓鱼岛及其附属岛屿的领土主权和海洋权益？我国政府是如何做的？

案例评析：这节课聚焦情感态度与价值观领域，是对学生进行国家主权意识教育的重要一课。如何在这一课的教学中体现地理学科核心素养，避免空洞的说教，是这一课教学的难点。授课教师将这节课要落实的核心素养目标进行拆解，使核心素养目标更加具体地落实到任务上；教学过程中的每一项任务、每一个小目标，都指向核心素养的总目标。"查阅和分析相关资料"是本课学习的过程与方法目标，学生可通过查阅和分析相关资料，获取、解读、整合信息，认识南海诸岛、钓鱼岛及其附属岛屿的地理概况以及与之相关的问题，提升地理实践力。"分析我国对这些岛屿拥有无可争辩的主权的历史、地理、法律等原因"这一目标,从历史、地理、法律等不同角度阐释了我国对南海诸岛、钓鱼岛及其附属岛屿拥有无可争辩的主权,其论证过程体现了教学对学生综合思维和区域认知素养的培养。通过上述学习活动,学生自然能够理解我国政府捍卫领土主权和海洋权益的目的和意义,增强国家主权意识,从而升华爱国主义情感,使核心价值观的实现水到渠成。

本课"三维目标"的设置与地理学科核心素养具有高度的统一性,又对教学内容具有很强的指导意义。"三维目标"的设置,可以使学生对地理学科核心素养内涵的理解准确而不空洞。

四、基于学生认知发展规律,把握地理学科核心素养的水平分级

地理学科核心素养是学生通过地理学科的学习逐步形成的正确价值观、必备品格和关键能力,体现了学生在学习过程中认知的改变。这种由低级到高级的改变,体现了学生地理思维的发展。学生在成长的不同阶段,思维的发展具有相对稳定性。因此,地理学科核心素养在时间轴上具有连续性和阶段性两个基本特征。这两个特征可通过地理学科核心素养的水平分级表现出来。

地理学科核心素养的不同水平可以从两个维度进行解读。一个维度是"情境",用于测评学生在不同的情境状态下能够做什么。"情境"的设计从低水平到高水平,由简单到复杂,由结构良好到结构不良。另一个维度是"深广度",用于测评学生在一定的情境状态下能够怎样做。"深广度"的设计依据地理学科核心素养的内涵与表现,从低水平到高水平,由易到难,由单一表现到多种表现。①

上述两个维度可构成一个二维坐标系,如图 1-2-2 所示。由 P 点控制的长方形的长和宽,反映了学生地理学科核心素养在不同轴向上的发展水平。其所构成的长方形的面积表示学生地理学科核心素养的发展程度。

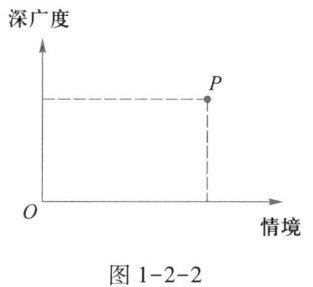

图 1-2-2

【案例3】
比较同一主题教学下地理学科核心素养的水平差异

下面是某校高二年级和高三年级以"区域发展"为主题的两节地理课教学目标

---

① 韦志榕,朱翔. 普通高中地理课程标准(2017年版2020年修订)解读[M]. 北京:高等教育出版社,2020.

设计。

	高二年级	高三年级
课题	垂直的生计——以千烟洲为例	山区可持续发展——以黔东南为例
教学目标	1. 以千烟洲为例，运用图文资料，评价区域农业可持续发展的地理条件。 2. 运用数据，在地形剖面图上绘制简单的区域发展规划图。 3. 通过归纳千烟洲发展立体农业的经验与探讨其推广的可行性，说出地形对低山丘陵区域可持续发展的影响	1. 通过阅读图文资料，提取有效信息，运用辩证思维分析黔东南区域发展的制约因素和有利条件。 2. 利用图文资料，通过小组合作与交流，从产业发展的角度探讨黔东南区域发展的方向和具体措施。 3. 结合区域环境特征对具体发展策略进行评价，学会从产业协作的角度分析问题，进一步理解因地制宜的重要性。 4. 总结归纳山区可持续发展的研究思路与方法

案例评析：这两节课所选区域背景均为山区，通过让学生阅读图文资料，了解、评价山区发展的条件，认识山区发展的现状，并对山区可持续发展的经验、策略进行探讨与评价。但在地理学科核心素养的达成上，具有较为明显的差异。

这两节课均取自现实世界的现实问题，但"垂直的生计"一课对千烟洲的区域发展进行了一定的处理，更加突显了地形与农业可持续发展的关系；"山区可持续发展"一课的情境更加复杂，是一个现实的地理事项。

在不同的情境背景下，这两节课的深广度也存在不同的层次。以这两节课中综合思维素养的体现为例，"垂直的生计"一课从认识千烟洲的地理位置和地理条件入手，让学生认识到地形对该地区农业的可持续发展起着制约作用，体现了地方的综合和两个要素的综合；课尾探讨千烟洲农业可持续发展经验的推广价值，引导学生通过比较不同空间下的区域差异，进一步强化了区域中因地制宜发展农业的思想，更强调了空间的综合。"山区可持续发展"一课则探讨了涉及地形、气候、水文、土壤、生物、产业、基础设施建设、经济发展等诸多要素的更加复杂的地理问题，学生通过对该区域产业发展方向的讨论，可以更深入地从时空综合、地方综合的视角认识区域可持续发展需要因地制宜。课尾更是将该案例放在中国这一更大的空间尺度下，总结归纳山区可持续发展这类问题的研究思路与方法，深化学生对因地制宜这一核心思想的认识。

 教学建议

在准确理解地理学科核心素养的内涵表现的过程中，还应注意避免两种误区。

误区一，将地理学科核心素养作为教学的"尚方宝剑"而束之高阁。

地理学科核心素养是落实地理学科立德树人根本任务的重要途径，统领高中地理课程理念与课程目标，是地理学科核心概念的上位概念，与具体的地理课程内容较远。在教学中，教师应当准确理解地理学科核心素养的内涵表现，通过"三维目标"建立其与地理课程内容之间的联系，避免地理学科核心素养成为一节课的口号，而不能落地。

误区二，认为每节课的教学目标设计都要形成地理学科核心素养。

学生地理学科核心素养的形成需要通过地理教学，经过一个长时间的地理知识积累、地理技能训练和提升过程，并非一朝一夕可以完成。想要每节课的教学活动都能使学生形成一定的地理学科核心素养，这样的目标是很难实现的。在教学中，教师可以通过学期课程规划、单元教学等方式分解地理学科核心素养目标，最终达成地理学科核心素养目标，从而实现立德树人的根本任务。

1-2 数字资源

1-3 如何整体把握三类课程的体系与逻辑关系？

 关键问题的基本内涵

按照《普通高中课程方案（2017年版2020年修订）》的要求，高中地理课程结构进行了较大调整，新的高中地理课程由必修、选择性必修、选修三类课程组成，理解和把握高中地理课程体系及其逻辑关系是高中地理教学的关键问题之一。

从学科的育人价值来看，地理学是一门古老的学科，伴随着人类文明的进步而发展。一方面，地理学在促进社会发展和时代进步中发挥着独特的价值与作用；另一方面，社会发展与科学技术的进步也在扩充、完善着地理学的学科体系和研究方法。地理学具有独特的育人价值，注重宏观的空间概念，关注空间格局、时空关系及其相关性，强调人与自然环境的相互关系，这是其他学科不具备的特点。地理学可以帮助人们树立正确的人地观念，培养家国情怀和国际视野，增强社会责任感，培养地理学综合思维，增进认识区域的能力，掌握地理学所特有的研究方法。社会的发展、经济的发展、文化的发展都会给高中地理课程带来深刻的影响。我们要以学科为载体，以培养人为主要任务，树立育人为本的学科教育观，在承担学科知识传承任务的同时，担负起学科教师育人的基本职责。

从课程性质来看，高中地理课程具有经典性，是一门基础学科课程，能够为高中学生打好地理基础，有许多内容已经被几十年的高中地理课程实践证明是很有价值的，而且也是有利于培养学生地理学科核心素养的；高中地理课程具有时代性，根据国家发展的需要和社会各界的要求，要将一些主题教育内容融入地理课程之中，如地球科学教育、国家安全教育、海洋意识教育等；高中地理课程具有针对性，不同的课程有不同的任务，课程要围绕任务而设计，以便学生学习和选择。自然地理、人文地理、区域地理构成了相互依存的整体，也体现了与初中衔接和与其他学科的关联。

从学生发展的多元需求来看，必修课程的内容应精选学生终身发展必备的地理基础知识和基本技能，以满足全体学生基本的地理学习需求；选择性必修课程内容应在必修课程的基础上进行拓展，以满足部分学生升学考试或就业的需要；选修课程应提供多样化的课程清单，以满足不同学生的兴趣爱好、学业发展或职业倾向的需要。

 关键问题的解决途径与教学案例

课程标准提出："构建以地理学科核心素养为主导的地理课程。围绕地理学科核心素养培养的要求，构建科学合理、功能互补的课程体系，坚持基础性、多样性、选择性并重，满足不同学生自身发展的需要；精选利于地理学科核心素养形成的课程内容，力求科学性、实践性、时代性的统一，满足学生现在和未来学习、工作、生活的需求。"这体现了地理课程体系构建和地理课程内容选择的价值取向。地理必修课程是全体学生必须修习的课程，地理选择性必修课程是学生根据个性发展和升学考试需要选择修习的课程，选修课是学校根据实际情况统筹规划开设、由学生自主选择修习的课程，三类课程有不同的定位，构成了既相对独立又相互关联的课程体系。

一、明确高中地理三类课程的结构体系

课程标准明确规定，高中地理课程包括三类课程：必修课程、选择性必修课程和选修课程，其结构体系如图1-3-1所示。

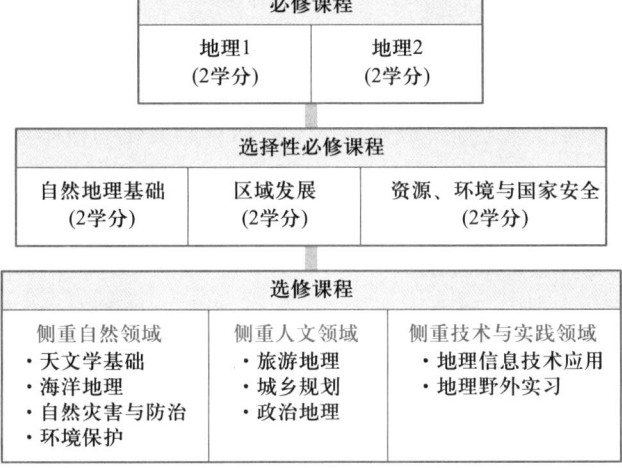

图1-3-1　高中地理三类课程的结构体系

（一）必修课程

必修课程包括地理1和地理2两个模块。

地理1是高中经典的自然地理内容，偏重从地球科学的角度选择内容，侧重自然地理要素部分，旨在帮助学生了解基本的地球科学知识，理解一些自然地理现象的过程与原理，是全体学生地理学科核心素养形成的基础模块。地理1的必修性质和内容使其成为培养学生地理实践力的重要模块。它能帮助学生增强对生活中的自然地理现象进行观察、识别、描述、解释、欣赏的意识与能力，能带动高中地理教学方式、方法的改革和地理课程评价方式的改革。本模块的大部分要求均可通过探究的方式逐步落实，教师应避免采用直接告知学生结论或仅用文字推理的方法。

地理1的12条内容要求可以分为4组：地球知识，自然环境要素、景观，自然环境与人类活动，地理信息技术（图1-3-2）。

"地球知识"的内容要求：1.1简述为"宇宙环境"，内容是地球作为一个行星的

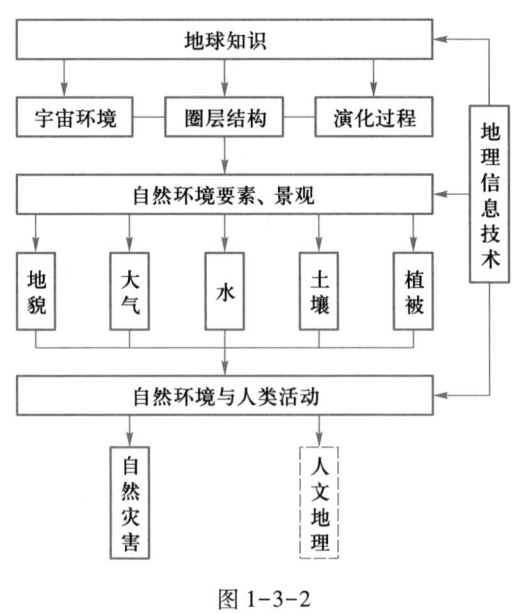

图 1-3-2

一般特点，地球本身的特殊之处，以及地球上一切自然变化的根本能量来源；1.2 简述为"圈层结构"，内容是地球本身的结构，以及自然环境的内涵；1.3 简述为"演化过程"，内容为地球是如何演化成今天的样子。三条内容要求从外到内，从静到动，有助于学生对地球自然状态的整体认识。

"自然环境要素、景观"的内容要求：1.4 简述为"地貌"，内容是主要地貌类型的知识，以及在野外或图像上观察、识别地貌的意识和能力；1.5 和 1.6 简述为"大气"，内容是大气的基本概念，大气运动的基本原理知识，以及运用这些知识理解和解释相关地理现象的能力；1.7 和 1.8 简述为"水"，内容是地球表面最重要的自然过程之一——水循环，面积最大的水体——海洋的基本知识，以及运用这些知识理解和解释相关具体地理事象的意识和能力；1.9 简述为"土壤"，内容是观察和识别土壤，以及理解和解释相关地理事象的意识和能力；1.10 简述为"植被"，内容是主要植被与自然环境的关系。自然要素是相互作用、共同塑造地球表面的。这 7 条内容要求之间的内在联系主要体现在各自的形成和变化过程之中，如学习自然界的水循环时，会联系大气、地貌、土壤等要素，反之也是如此，如观察土壤不仅是为了了解土壤在地球表面的分布，也是为了理解土壤在水循环中的作用。在教学时，教师可以整体设计教学，避免仅局限在某个具体要素上。

"自然环境与人类活动"的内容要求：1.11 简述为"灾害"，没有人类活动就无所谓自然灾害，所以这一条要求将自然环境与人类活动联系起来，其实它与自然环境要素中的 7 条均有直接联系，在教学中亦可统筹安排。

"地理信息技术"的内容要求：1.12 简述为"技术"，目的是认识自然环境以及应用自然资源来生存和发展时，如何使用地理信息技术，这条标准与前面的 11 条均有关联。

在经典教学内容的基础上，地理 1 适当扩充地球科学的内容：运用地质年代表等资料，简要描述地球的演化过程；通过野外观察或运用土壤标本，说明土壤的主要形成因素；通过野外观察或运用视频图像识别主要植被，说明其与自然环境的关系。

地理2主要侧重人文地理。人文地理学是地理学的重要支柱学科，它以地球表面人类的各种社会经济活动为研究对象，其分支学科主要有人口地理学、聚落地理学、文化地理学、工业地理学、农业地理学、交通运输地理学等。对高中学生来说，地理2选择人文地理部分的分支学科内容，从人文地理要素的角度加以阐述，尤其是突出人类各种社会经济活动与地理环境的关系，并结合真实案例进行分析，帮助学生理解一些社会经济活动现象和过程背后的地理原理，提高他们综合分析问题的能力。

地理2的必修性质和内容特点使其成为培养学生地理实践力的重要模块。它能帮助学生了解基本社会经济活动的空间特点，树立绿色发展、共同发展、人地协调发展的观念；鼓励和要求学生走出课堂，采用社会调查、案例分析等方法，联系生活实际，解决现实问题，提升实践能力。

地理2的11条内容要求可以分为6组：人口、聚落、产业、文化、战略和发展、地理信息技术。

"人口"的内容要求：2.1 运用资料，描述人口分布、迁移的特点及其影响因素，并结合实例，解释区域资源环境承载力、人口合理容量。这个内容是人口的基础知识及人口与环境的关系。

"聚落"的内容要求：2.2 结合实例，解释城镇和乡村内部的空间结构，说明合理利用城乡空间的意义，即从空间上说明城乡的内部结构；2.4 运用资料，说明不同地区城镇化的过程和特点，以及城镇化的利弊，即从时间上说明城镇化的历程。

"文化"的内容要求：2.3 结合实例，说明地域文化在城乡景观上的体现，即从城乡景观上看地域文化的影响。

"产业"的内容要求：2.5 结合实例，说明工业、农业和服务业的区位因素；2.6 结合实例，说明运输方式和交通布局与区域发展的关系，涉及工业、农业、服务业和交通运输业的区位因素和产业发展。

"战略和发展"的内容要求：2.7 以国家某项重大发展战略举措为例，运用不同类型的专题地图，说明其地理背景；2.8 结合实例，说明国家海洋权益、海洋发展战略及其重要意义；2.9 运用资料，说明南海诸岛是中国领土的组成部分，钓鱼岛及其附属岛屿是中国固有领土，中国对其拥有无可争辩的主权；2.10 运用资料，归纳人类面临的主要环境问题，说明协调人地关系和可持续发展的主要途径及其缘由。

"地理信息技术"的内容要求：2.11 通过探究有关人文地理问题，了解地理信息技术的应用。这条内容要求与前面的10条都有关联。

在经典教学内容的基础上，地理2适当融入国家发展战略和国家关切：运用不同类型的专题地图，说明国家重大发展战略的地理背景；结合实例，说明国家海洋权益、海洋发展战略及其重要意义；运用资料，说明南海诸岛是中国领土的组成部分，钓鱼岛及其附属岛屿是中国固有领土，中国对其拥有无可争辩的主权。

课程标准中的"教学提示"和"学业要求"明确了教学目标，为落实课程标准的要求提出一些具体化的教学策略。在必修课程的教学中，教师要重点考虑三个方面：

一是宽而浅，为后续的选择性必修课程和选修课程打好基础；二是围绕地理学科核心素养选材，不追求系统性；三是加强对地理实践活动的要求，改进学生的学习方式。

(二) 选择性必修课程

选择性必修有三个模块，"自然地理基础"是对"地理1"的加深，前者的内容要点在于说明现象，后者的内容要点在分析原理；"区域发展"是对"地理2"的拓展，围绕人地协调继续展开；"资源、环境与国家安全"是全新的模块，是从地理的角度，落实国家安全教育的举措。

选择性必修课程重点考虑三个方面：一是与必修课程内容的衔接；二是学业水平等级性考试的要求，系统性相对增强；三是更多地展现案例式、主题式学习的要求。

必修课程与选择性必修课程的关系如表1-3-1所示。

表1-3-1 必修课程与选择性必修课程的关系

必 修 课 程	选择性必修课程	两类课程的关系
总体设计思路：宽而浅，不追求系统性，加强对地理实践活动的要求	**总体设计思路**：与必修课程衔接好，系统性相对增强，更多地展现案例式、主题式学习的要求	加深 拓展
地理1：以自然地理为基础，适当融入地球科学其他内容	**选择性必修1**：自然地理基础，突出自然环境要素的物质运动和能量交换，以及地理环境的整体性和差异性规律	选择性必修1是对地理1的加深，使这两个模块形成T形结构
地理2：以人文地理为基础，适当融入国家发展战略方面的内容	**选择性必修2**：区域发展，围绕人地协调，突出不同区域发展面临的问题和应采取的对策	选择性必修2是对地理2及地理1的拓展，运用人文、自然地理基础知识对区域发展案例进行分析
	选择性必修3：资源、环境与国家安全，从资源、环境的角度落实国家安全教育	运用必修课程与选择性必修1和选择性必修2的自然、人文地理知识，分析资源、环境与国家安全问题

(三) 选修课程

选修课程有侧重自然领域的天文学基础、海洋地理、自然灾害与防治、环境保护，有侧重人文领域的旅游地理、城乡规划、政治地理，还有侧重技术与实践领域的地理信息技术应用、地理野外实习。选修课程为学生的发展提供了更加广阔的空间。选修课程的设计应该全面考虑必修课程和选择性必修课程的基础性，将三类课程进行有机结合。

二、创建学校课程，落实三类课程

三类课程在实施过程中应综合考虑，一方面落实必修课程和选择性必修课程的基础作用，另一方面体现选修课的拓展性和综合性。

【案例1】

首都师范大学附属中学地理"四修"课程体系

首都师范大学附属中学的地理"四修"课程体系由基础通修课程、兴趣选修课程、专业精修课程和自主研修课程四个部分组成。

1. 基础通修课程——整合内容，增加实践

基础通修课程包括国家规定的初、高中地理必修课程。在实施过程中，地理组结合教学实际和学生情况将教学内容有机整合，通过开展实践类、实验类活动将国家课程校本化。

在基础通修校本化的过程中，努力使实验教学进课堂。地理实验课开发的目标是运用地理信息技术和其他工具，通过简易观测、模拟演示、模拟实验等方法，展现大尺度、情况复杂的自然地理现象和过程。充分利用校外教学资源，设计学案、教案或活动方案，将教学活动场所与教学内容有机结合，将课堂活动延伸到教室之外，将课堂知识落实在书本之外。

2. 兴趣选修课程——拓展领域，搭建体系

在完成基础通修课程的基础上，设计了一系列贴近学生生活实际的地理校本选修课程，对基础通修课程起到了很好的补充作用，具体情况如表1-3-2所示。

表1-3-2 地理校本选修课程

系列名称		校本课程名称
探索自然地理奥秘	天文系列	天文爱好者
		天文探索者
	气象系列	应用气象学
		气象与生活
	地质系列	宝石鉴赏
		地质灾害
感受人文地理魅力	旅游系列	世界旅行家
		环球博览
	文化系列	中国地域文化
		大国博弈
		老北京文化

3. 专业精修课程——关注特长，培优创新

针对学有所长的学生开设形式多样的精修课程，使学生更加深入地了解和认识其感兴趣的领域，能学有特长，并在专业特长上有所建树。具体课程设置如下。

天文方向：天文竞赛课程、天文专家校园讲座、野外天文观测。

气象方向：气象竞赛培训、气候变化研究课程、气象观测。

遥感方向：遥感图像解读、遥感研究课题、遥感专家讲座。

地质方向：地质专家校园讲座、宝石鉴定与加工实践。

4. 自主研修课程——指导调研，引领探究

自主研修课程主要分成野外自然地理实践课和社会人文地理实践课两类。与校本社会实践活动、博识课相结合完成，学生在校内外的各项实践活动中发现问题、解决问题，完成相应的课题，提升综合地理素养。

野外自然地理实践课：对真实情境中的岩石矿物、地形地貌、气象气候、河流水系、土壤等地理现象做出科学解释，如判别岩石与矿物、判断地貌类型和特点、分析河流水系与土壤发育特征、看云识天气等，通过实践能够比较熟练地应用观察、调查、数据分析等方法。

社会人文地理实践课：利用所学知识，解释身边、区域或国家社会生活、经济生活中出现的一些地理事物和现象，如人口分布、农业和工业生产、交通运输布局等，学以致用。

案例评析：该校课程建设整合了高中三类课程的内容，学生能综合运用所学的地理知识解决生活中的实际问题，既落实了必修和选择性必修课程的基础内容，又拓展了选修课程资源。

【案例2】

天文竞赛课程

1. 课程简介

天文竞赛课程面向对天文基础知识有一定了解、热爱天文科学及天文观测的同学开设。该课程旨在加深同学们对天文学的认识，较为深入地培养学生对相关学科领域的理解；在此基础上，引导学生参加全国中学生天文奥林匹克竞赛（CNAO）及各项国际天文奥赛；对部分学有余力的同学，则引导他们模仿或参与部分天文领域学科实验项目，进一步锻炼他们的科技写作及表述能力。

2. 课程目标

天文竞赛课程围绕学生已有的知识储备，适当加入部分大学阶段的预备课程内容。课程以一年为周期，基本涵盖竞赛需要及大学新生预备内容，帮助学生深入接触和理解相关学科知识，为今后继续学习相关知识打下基础。

3. 设计思路

在教育教学改革的大背景下，培养学有余力的学生学有专长，是各所学校顺应学生发展需求的重要课题。在这一前提下，天文项目在学校统一规划下，围绕基础通修、兴趣选修、专业精修、自主研修四个维度设计课程，满足不同学段、不同程度学生的需求。

在初中、高中学段，通过博识课、"校长邀你听讲座"、综合外出实践的方式，邀请北京天文馆、国家天文台、古观象台、南京紫金山天文台等校外机构及相关领域的专家学者，为学生开设10~20课时的天文学基础通修课程，为全体学生提供一定的学习、接触天文学的机会，提高学生的通识科学素养。

在基础通修课程中，吸引部分有兴趣、有余力的学生参加在不同学段开设的天文学兴趣选修课程，目前有天空的魔力、天文发现者、天文观测及摄影三门初中课程，以及天文爱好者、天文探索者两门高中课程。

专业精修课程以天文学竞赛课程为核心，在参与兴趣选修的学生中择选一部分学生，学习专业精修课程，结合专题讲授、习题讲练等方式，引导学生逐步进入大学先修课程的学习。

自主研修以小课题的方式，由学生自选命题进行探讨，以定期开展读书会的形式交流进展，并由指导教师加以评点。

案例评析： 天文学系列课程的设计与实施，既为学生提供了多元化的学习途径，又为青年教师提供了学习和展示的平台。打磨教材和设计课程的过程，为教师搭建了成长平台；同时，通过邀请专家听评课、磨课等方式，可以助力教师成长。

三、课程设置与考试招生制度改革

考试招生制度改革与课程改革是一个双向互动的衔接过程，依据《关于普通高中学业水平考试的实施意见》，课程标准从多方面对考试招生制度改革做出了回应，构建了"必修课程+选择性必修课程+选修课程"这一多层次的课程体系，为学生提供丰富多彩的课程内容选择，增强了课程的弹性。课程标准明确了以学科核心素养为主导的地理课程育人目标，确定了以地理学科核心素养为纲领、以学业质量标准为依据的命题思路，为学业水平等级性考试的命题提供了更具操作性的依据与参考。

（一）考试模式改革影响地理课程体系

国务院发布《关于深化考试招生制度改革的实施意见》（以下简称《意见》），标志着新一轮考试招生制度改革全面启动。《意见》规定，2014年启动考试招生制度改革试点，2017年全面推进，到2020年基本建立中国特色现代教育考试招生制度，形成分类考试、综合评价、多元录取的考试招生模式，健全促进公平、科学选才、监督有力的体制机制，构建衔接沟通各级各类教育、认可多种学习成果的终身学习"立交桥"。新高考的重要变化之一就是考试科目的改革，由过去"3+文综/理综"模式，向"3+3"模式或"3+1+2"模式转型，这两种新高考选科模式不仅有利于提升学业水平等级性考试的地位，发挥学业水平考试的评价监测功能；还可以在学业水平等级性考试中赋予学生自主权，使学生可以自主选择科目参加学业水平等级性考试并将成绩计入高考成绩，最大限度地缓解学生的兴趣与国家考试的矛盾，实现学生的个性化发展。

（二）课程提供多样化选择，倒逼地理教学方式变革

学业水平考试采取每门课程学完即考的方式，在一定程度上缓解了学生的高考压力。课程提供多样化选择，学生对其偏爱的学科兴趣浓厚，就会多花时间与精力去学

习；考试提供了多样化的学科选择方式，学生可以根据自己的兴趣爱好选择学科进行深入学习。这样的考试使地理课程和教学方式也面临着挑战。这是因为学生拥有了"选科、选课、选师"的权利，学生的选择将影响教师的岗位需求，教师必须思考如何吸引学生来到自己的课堂，从而倒逼教师发展与完善教学方式，使地理课堂教学能应对学业水平考试的要求，提升学生的地理学科思维与核心素养。

1-3　数字资源

1-4 如何在教学设计中更加关注学生的学习过程？

关键问题的基本内涵

学习过程是指学生在教学情境中通过与教师、同伴以及教学信息的相互作用获得知识、技能和态度的过程。

过去的课程和教学强调"双基"，存在"重结论、轻过程"的现象，实验版课程标准提出了三维目标的概念。随着课程改革的深入，教师的教学观念发生了明显转变，以学生为本，关注学生的学习需求，关注教学的过程与方法，重视自主学习、合作学习和探究学习的理念日渐深入人心。

新版课程标准凝练了地理学科核心素养，提出要"创新培育地理学科核心素养的学习方式。根据学生地理学科核心素养形成过程的特点，科学设计地理教学过程，引导学生通过自主、合作、探究等学习方式，在自然、社会等真实情境中开展丰富多样的地理实践活动"。这对一线地理教师提出了更高的要求，要求教师能够创设真实的情境；能够引导学生分析情境，并在情境中发现问题、分析问题、解决问题、交流结果；能够把知识获取、技能掌握、能力提升、素养形成，纳入学生的学习活动中。

地理教学设计是运用现代教学设计理论和方法，系统规划地理教学活动的过程。教学设计是一个系统工程，具体包括目标设计、重难点确定、教学情境与策略选择、教学过程设计、教学评价设计等。或者说，教学设计就是一个详细的教学实施方案，它设计了学生按照什么样的程序、在什么样的情境下、通过什么样的方式进行学习，以及最终要达到什么样的目的。由此可见，教学设计的实施过程与学生的学习过程紧密相关。尊重学生的主体地位，关注学生的学习过程，重视学生的主动性和创造性，都要通过教学设计来体现。

怎样在教学设计中更加关注学生的学习过程呢？这需要我们在课标分析、教材分析、学情分析的基础上，合理选择学习方法，有效整合教学资源，巧妙设计教学情境，让学生深入参与学习活动，让学习真正地发生。

关键问题的解决途径与教学案例

一、恰当选择教学方法，体现学生的主体地位

新课程的地理教学方法是指向特定教学目标、受特定教学内容制约、为师生所共

同遵循的教与学的操作规范，是采用符合教育和认知规律的一系列活动方式、步骤、手段和技术的总和。[①] 可以看出，教学方法既是教的方法也是学的方法，初步规定了学生学习的过程；教学方法的合理选择主要考虑目标（课标要求）、教学内容、认知规律（学情）。教师要关注学生的学习过程，必然要注重教学方法的选择。

【案例1】

"内力作用与地表形态"的演示教学及问题链设计

在"内力作用与地表形态"一课中，教师制作了海绵教具，通过学生活动和问题引领，引导学生利用教具演示褶皱山脉的形成过程，从而认识褶皱的基本形态及其对地貌的影响。

学生活动一：用海绵模拟褶皱山脉的形成

问题1：如果海绵上不同的颜色代表不同时期形成的沉积岩层，那么它们形成的顺序应该是什么样的？

问题2：用海绵模拟褶皱的形成，观察岩层发生了什么样的变化，思考岩层受到了什么样的力以及这个力从哪儿来。

问题3：用海绵演示褶皱形成山地的过程，观察并说明褶皱形成的一系列山地在形态上有什么特点。

问题4：岩层发生弯曲时，其形态有哪两种弯曲方向？

学生活动二：探究地形倒置的奥秘

教师在教具的表面以相等间隔绘制标志线，在演示过程中通过观察向斜槽部、背斜顶部标志线的疏密状况，引导学生分析背斜成谷、向斜成山的原因，加深学生对这一自然现象的认识。

问题5：背斜和向斜在地表形态上是形成山岭还是山谷？

问题6：用海绵模拟向斜和背斜，观察向斜槽部和背斜顶部海绵的疏密状况，根据观察结果讨论分析背斜成谷、向斜成山的原因。

问题7：在野外看不到地质剖面的情况下如何识别背斜和向斜？

案例评析：内力作用的过程大多进行得极其缓慢，我们看到的地质构造与地表形态只是地表形态演化的一个阶段或一个结果。为了让学生有更为直观的认识，教师设计了海绵教具，并让学生通过演示实验理解山脉和地形倒置形成的过程及原因。而且每个活动都设计了相应的问题链，学生利用教具边演示、边讨论、边回答问题，在演示和讨论的过程中加深对知识的理解。

【案例2】

"太阳辐射对地球的影响"实验设计

第一步，明确实验目的是"验证太阳辐射对地球的影响"。

第二步，提供实验器材，学生自主设计实验方案。

器材：玻璃缸、保鲜膜、石块、沙子、小烧杯、分析天平。

---

① 李家清. 新理念地理教学论［M］. 北京：北京大学出版社，2009.

学生通过反复思考与验证设计出合理的方案：

（1）在烧杯中放入沙子，称取烧杯和沙子的质量。

（2）把装有沙子的烧杯置入装有水的玻璃缸中，用保鲜膜将玻璃缸密封，在保鲜膜上压一块小石头。

（3）把几组实验用玻璃缸放置在不同环境（室内、室外阳光照射下、室外背阴处）中，经过一段时间后拿出烧杯，用卫生纸擦干外侧水渍，再放到分析天平上称质量。

（4）计算前后质量的差异，并比较几组实验的结果。

第三步，统计实验结果，用问题引导学生思考太阳辐射产生的各种影响。

大多数实验结果证明，阳光照射下的烧杯质量增加得比较多，证明太阳辐射为水的蒸发提供了能量，但在天气不好的情况下做的实验，质量增加得不多。为了充分利用实验结果引导学生进一步思考，理解太阳辐射带来的其他影响，教师又设计了以下问题链。

1. 实验数据说明什么？

展示数据，如果烧杯质量增加，说明有水的蒸发。不用阳光照射，用其他什么方法也能让水明显蒸发吗？（加热，需要能量。）结论：太阳辐射为水的蒸发提供能量，为水循环提供动力。

2. 水汽是怎么跑到保鲜膜上去的呢？这个现象说明什么？保鲜膜上的水滴都滴到烧杯里了吗？这个过程有点像自然界中的什么循环？

说明大气在运动，是大气的运动把水汽带到了保鲜膜上。结论：太阳辐射为大气运动和水循环提供动力。

3. 猜一下室内对比组的实验结果如何，这说明什么？

质量增加比室外的少，但也增加了，说明在室温条件下水也会蒸发。那么，维持地球表面温度所需要的能量是从哪儿来的呢？结论：太阳辐射为地球提供光和热，维持地表温度。

4. 为什么有的组室内外对比实验差异不大呢？在什么样的实验条件下能让差异更加明显？

这两天以阴天为主，最好在天气晴朗、阳光充足的条件下进行对比实验。

5. 在天气晴朗的夏天和冬天室内外进行对比实验，哪个季节差异更明显？为什么？

夏季，阳光强烈，室内外温差小；冬季，阳光较弱，室内有暖气，蒸发更旺盛。

追问：暖气的能量从哪儿来？（煤或天然气）展示煤、石油、天然气的图片，煤、石油、天然气的能量从哪儿来？（绿色植物）绿色植物的能量从哪儿来？（光合作用）

结论：化石能源是太阳能的转化形式，风能、水能、矿物能、生物质能也是太阳能的转化形式。

学生思考：还可以设计什么样的实验来研究太阳辐射对地球的影响？

案例评析：在太阳辐射的影响部分，知识本身难度不大，也许学生看书就能理解，但是新课程理念下要关注学生知识获取的过程，培养他们实践和思维能力。因此，案例中采取了实验与问题启发相结合的方法来达到这一教学目标。

高中自然地理研究的空间和时间尺度大，地理事物的影响因素复杂，因此在过去的传统地理教学中很少设计实验，定量实验就更少见了。在这个案例中，教师采取自主设计定量实验的方法，提升学生的地理实践能力，加深学生对相关知识的理解，培养学生严谨的科学态度。

以上两个案例反映的都是高中自然地理部分教学方法的选择。自然地理侧重研究自然地理环境的构成，自然地理事物发展变化的基本规律、原理及其对人类生产生活的影响。要求学生逐步学会运用基本地理原理探究地理过程、地理成因以及地理规律等，对学生的空间思维、抽象概括、逻辑推理能力要求较高。因此教师可以选择讲解法、启发式谈话法、演示法、实验法、发现法、探究法等多种教学方法。可见，教学方法的选择要以教学内容本身的特点为依据。下面我们再来看一个案例。

【案例3】

"华北平原农业发展的条件与制约因素"的小组合作学习活动

这节课的一个核心任务是分析华北平原农业发展的制约因素形成的原因，这也是本节课的难点。怎么突破这一难点呢？

基本方法是：小组合作探究。

操作要点有三个：任务驱动，问题引领，平台支撑。

操作要点1：任务驱动。

每一组的资料袋内都有一张纸，上面写有本组的任务和具体要求。

设计意图：通过抽取任务的过程激发学生的兴趣，给每一个小组设定明确的、具有一定思维价值的任务。让每个小组、每个人都知道，在接下来的讨论中，我们要做什么，我们的目标是什么，以及我们要如何完成目标。

操作要点2：问题引领。

例如，对土壤盐碱化的问题，学生比较陌生，因此在任务要求后附加了三个问题。

(1) 地势高低和地下水位高低有什么关系？

(2) 盐碱化和地下水位高低有什么关系？

(3) 什么季节盐碱化问题比较严重？

设计意图：用问题启发学生的思维，引导学生更深入、更全面地分析，最终实现能力的提升。

操作要点3：平台支撑。

给学生提供资料包作为学习活动的材料支撑。

设计意图：学生的思维不是无源之水、无本之木，学生的讨论和探究必须建立在大量事实材料的基础上，用丰富的材料给学生的思维提供基础，培养学生从资料中获取信息的能力。

有了以上精心设计，学生在课堂上的讨论异常激烈，展示过程也非常精彩。最后一个环节是展示与汇报。在学生利用结构框图展示汇报的过程中，教师做了几件事：① 准确的表述（用红笔画出）——科学规范用语；② 明确的要素（用红笔圈出）——整体性思维培养；③ 新颖的创意（用语言赞扬）——创新意识培养；④ 要素不全（用红笔补全）——整体性思维培养；⑤ 叙述不正确，箭头不成立（用蓝笔画出）——及时订正。

案例评析： 上述案例采取小组合作学习法，通过设计讨论题目（开放性、关注度）、准备讨论资料（学生、教师）、课堂实施（预设、调控、生成）等环节展开，在教学实施过程中，教师给每个学生创造参与讨论和交流的机会，让每个学生都能有所收获。

上述案例属于高中"区域可持续发展"部分的内容。"区域可持续发展"部分以区域为背景，研究区域的各种地理事项，如自然环境变化、产业发展等的背景、问题、措施等议题，要求学生能够在一个具体真实的区域情境中，运用综合思维和区域认知这两大思维方法，分析区域发展的条件和问题，并能够从人地协调的角度对区域发展提出合理建议，学会全面正确地评析区域开发决策的得失。因此，学习活动适合采用案例教学、合作学习、小组讨论等方法。

总之，我们不仅要关注"教"的方法，更要关注"学"的方法，关注学生在教法和学法引领下动脑、动手、动口的学习过程。

二、通过教学资源整合为学生的思维提供基础

学生的思维不是无源之水、无本之木，学生的讨论和探究必须建立在大量事实材料的基础上。我们关注学生自主、合作、探究等学习过程，就必然要为学生的这一过程提供充分的素材，而且这些素材必须是隐含思维线索的、有层次结构的、有功能的。

新课程在教学内容或教学素材的选择上给了教师更大的空间，可以根据课标要求和学生的具体情况，选择合适的教学内容和素材。这些内容和素材可以来自教材，也可以是教师自己收集和整理的材料。

下面从三个层次讨论教学内容的整合问题：一是如何选择素材；二是如何整合素材并使其结构化、功能化；三是如何对教学内容进行深度解析。

（一）如何选择素材

教师往往需要创造性地自主选择教学内容来实现课标要求，尤其是高三的复习课是没有教材的。下面我们就来看一个自主选择并整合教学内容的案例。

【案例4】

"华北平原农业发展的条件与制约因素"的教学内容选择

选择华北平原作为本节课教学内容的原因主要有以下几点。

1. 符合课标要求。对华北平原的地理条件的分析、治理措施的探究，可以很好地完成课标对农业区域可持续发展部分的要求。

2. 符合学生的认知水平，有利于学生能力的培养。

3. 从华北平原的具体情况来看，具有以下教学特点。

(1) 典型性和思想性：华北平原地势平坦、土地肥沃、气候温暖、光照充足、雨热同期，是我国重要的农业生产基地。与此同时，农业发展又受到水资源短缺、旱涝

灾害等因素制约，因此将华北平原作为案例具有典型性。案例中隐含着许多问题需要去讨论和解决，同时又给学生一定的思维线索，具有较强的思想性。具有思想性就有探究的意义，具有典型性就有迁移的活力，学生对华北平原的探究和学习，必将对研究和探讨其他地区的农业可持续发展问题提供思路和帮助。

（2）真实性和实践性：课程标准提倡让学生关注身边的地理问题，培养学生运用所学知识解决实际问题的能力。华北平原是学生身边的真实案例，因为真实所以复杂，也因为复杂才更有利于培养学生的能力。

对华北平原可以选择的素材内容有：华北平原的各种农业数据、地形图、气候图、盐碱地分布图、气候资料、河流水系分布图等大量的图文材料。

案例评析：通过这个案例我们不难看出，在自主选择教学内容时要注意四点：一是内容要符合课标要求；二是内容要符合学生的认知水平；三是素材本身是真实的、典型的；四是素材要尽可能丰富，能够成为学生思考和讨论的基础。

（二）如何整合素材并使其结构化、功能化

在选择素材的基础上，对素材进行加工整理是非常重要的。教师要将所选的素材进行整合，使其情境化、结构化、功能化，从而完成培养学生思维能力的任务。首先对素材进行简单加工，使文字相对简洁、图片清晰，让学生能够从中获取有效的信息；其次根据地理教学主题和学生的水平删去一些可能会干扰学生思维的内容，让素材的指向性更明确；最后也是最关键的一点，就是通过合理的活动设计和问题设计在合适的时机呈现素材。

【案例5】

"华北平原农业发展的条件与制约因素"的教学素材整合

活动：小组合作分析华北平原农业发展的制约因素形成的原因

素材内容：华北平原地形图、河流水系分布图、气候资料、地下水埋藏深度、水盐运动原理图等图文资料。

素材呈现方式：把相关素材以材料包的形式（彩色打印在一张大纸上）呈现给各组学生。

素材使用方式：通过问题引领，让学生自主选择有用的素材来解决本组的问题。例如，第五组的任务是分析华北平原土地盐碱化的自然成因和人为影响因素。由于学生前期没有学习过土地盐碱化的相关问题，因此教师在呈现资料包的同时用以下几个问题作为引导：地势高低和地下水位高低有什么关系？盐碱化和地下水位高低有什么关系？什么季节盐碱化问题比较严重？帮助学生深入认识盐碱化的自然成因，为学生顺利完成任务和提升能力奠定基础。

案例评析：在这一教学设计中，教师在选择案例的基础上，收集了大量图文材料，然后对华北平原的各种素材进行有效整合，关注素材的真实性、全面性。最终用活动和问题使素材形成结构、发挥功能，使之成为培养学生思维的有力支撑。

（三）如何对教学内容进行深度解析

教师应对每一部分教学内容的地理知识进行结构分析。因为地理知识是有层次结构的，这种结构不是平行结构，而是具有上下位关系的知识结构。教师要多给学生上位知识，或者帮助学生实现知识的上下位迁移。

如图1-4-1所示，在金字塔形知识结构中，最底层的知识是事实性知识，对地理学科而言就是地理的事实和现象，也就是"有什么、是什么、它在哪儿"的问题；第二层是规律性知识，对地理学科而言就是地理的核心概念、原理、规律及一般方法，它解决的是为什么的问题；第三层是学科方法论，对地理学科而言就是地理的学科观念、基本的思想方法，如整体性、差异性、人地关系、因地制宜等，它解决的是怎么办的问题；第四层是哲学，这是最高层次的知识，对地理学科而言就是地理哲学。

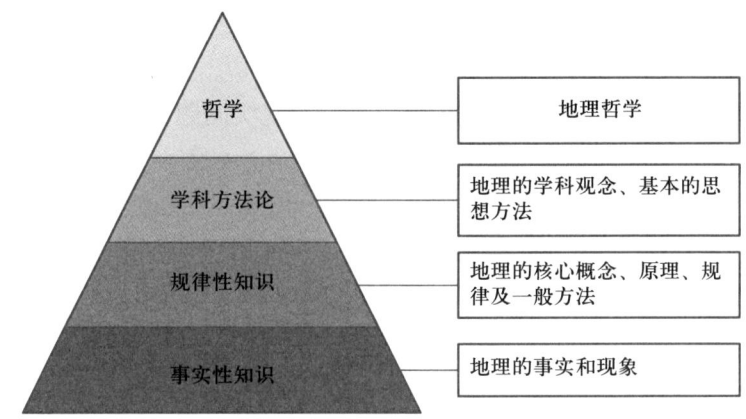

图1-4-1　金字塔形知识结构

作为教师，我们不能只给学生地理的事实和现象，还要帮助学生的理解向上位概念提升。

【案例6】

"旅游景观的成因"的知识结构

任务：分析九寨沟"五绝"中雪峰、彩林、藏情的成因。

第一层次，事实性知识就是某个景观的成因，如雪峰的成因，一方面是由于地球的内力作用形成高大的山峰，由于自然界的外力作用塑造了山峰的形态；另一方面是由于海拔高、气温低，固体降水长期积存形成永久积雪和冰川。

第二层次，上升到方法、规律的层次，和学生一起总结出分析景观成因的一般方法。第一步，分析景观的构成要素；第二步，分析影响各要素的因素；第三步，通过资料认识区域环境特征；第四步，结合区域环境特征分析景观的具体成因，并用准确的语言表述。

第三层次，继续提升，带领学生分析背后的地理核心思想"整体性"，即地理环境的气、地、水、生、土各要素组成一个相互联系、相互制约的整体；进一步形成"人地关系"的思想，分析景观形成的人为原因。

第四层次，如果上升到哲学层次，那就是"世界是普遍联系的，联系具有普遍性和客观性"。

案例评析： 如果教师仅停留在第一层次，无论给学生讲多少个景观的成因，如果学生遇到教师没讲过的景观，还是可能分析不出来。这必然会导致学生陷入题海和庞杂的低层知识点的学习中；如果上升到第二层，对于解决类似问题具有指导意义，学生就能够利用这一方法分析其他景观的成因；如果上升到第三层，就可以将整体性、人地关系等思想方法普遍应用到分析各种地理现象的成因上。

通过以上分析可以看出，高层次水平的知识是超越事实层面的上位知识，这样的知识统摄力、解释力强，越是上位的知识越具有迁移的活力，有结构的知识才有功能。因此，教师要善于总结和提升，这样才能帮助学生建立起立体的知识结构，增强理解能力，提高内在学习兴趣，进而提高学习效率。

三、通过情境设计增加学生体验，激发学生探究的热情

我们前面提到，核心素养是个体在解决复杂的现实问题过程中表现出来的综合能力。也就是说，培养学生地理学科核心素养最好的办法就是把学生放到真实复杂的情境中，通过发现问题、解决问题、总结提升的过程获得能力和素养的提升。

下面通过一些教学设计案例从三个方面谈一谈情境设计在学生自主、合作、探究等学习过程中的重要作用。

（一）通过情境设计激发学生的学习动机，提高学生的自主学习能力

地理情境最明显的作用就是能够引起学生的兴趣，激发学生的学习动机，促使学生从"要我学"转变为"我要学"，从而提高学生的自主学习能力。我们来看下面的例子。

【案例 7】

"密度流"的实验情境设计

第一步，创设情境，提出问题。

第二次世界大战时期，德国潜艇曾多次关闭发动机通过直布罗陀海峡，成功躲避英法盟军的雷达监测，对英法盟军进行打击。这是如何实现的呢？据说这与海峡两侧的海区差异有关，今天我们就通过实验来研究其中的奥秘。

第二步，自主选择实验器材，设计实验方案。

第三步，观察实验现象，分析实验原理。

第四步，分析海区差异，回答情境问题。

案例评析： 此教学设计最大的亮点就是通过创设情境提出问题，激发学生的学习动机。学生通过实验的方式，自主选择实验器材，自主设计实验方案，自主进行实验和验证，自主讨论和解释原因，最终成功地解决了问题，提升了学习能力，获得了素养的提升。

（二）创设复杂真实的情境，培养学生合作学习的能力

由于真实的情境往往具有复杂性，因此往往要求学生通过合作学习才能最终解决

问题，实现教学目标。当然这还需要教师能够把地理主题有机地融入复杂的情境中，通过素材整合、活动设计为学生搭建合作学习的平台。我们来看下面的例子。

【案例8】

"山区的可持续发展——以黔东南为例"一课中的合作学习

第一步，呈现大量的事实材料，创设情境，让学生对山区的"穷"有切身的体会。通过分析得出地形因素是山区穷的"罪魁祸首"。

第二步，通过大量事实材料（图文资料）分析黔东南区域发展的主要制约因素和优势条件。

在分析完发展的制约因素后，教师引导学生分析优势条件。学习地理让我们拥有了辩证的观点，请大家思考：山区真的一无可取吗？黔东南的地形给当地的发展提供了哪些有利条件？（从资源角度概括）除此之外，山区还有哪些有利的发展条件呢？学生经过分析和讨论，得出山区发展的有利条件。在这一过程中，学生首先是对山区的"穷"感到同情与绝望，尤其是分析完制约因素后认为"穷"是必然的；然后在教师引导下分析山区发展的有利条件后突然感觉到，山区穷，尤其是在现在的大好政策条件下还穷，绝不是一件理所应当的事！

在学生跃跃欲试，准备大显身手的时候，教学进入第三步。

第三步，为黔东南地区的发展出谋划策。这也是本节课最重要的学生活动。

首先，让学生根据制约因素和优势条件提出黔东南地区的产业发展方向；其次，根据学生的产业选择，把学生分组代表不同产业参加区域发展研讨会。

要求：

（1）学生分别代表第一、二、三产业及研讨会组织者（相应政府部门）。

（2）组内讨论本产业的发展方向和措施（哪些是本组能够实施的，哪些是需要其他小组配合的）。

（3）各组互派代表讨论本产业发展对其他产业部门和政府的要求。

（4）在各组汇报的基础上提出本区域的整体发展方案。

案例评析： 这个案例在黔东南地区的真实情境下又创设了区域发展研讨会这一类似角色扮演的情境。学生小组内部有合作、有分工，小组之间有交流、有互动，最后全班共同提出整体发展方案。在这一过程中，学生通过分工、合作，充分地讨论与思考，在小组合作和教师引领下，最终从产业联系的角度认识区域发展问题，提升了综合思维能力。

（三）创设问题化情境，培养学生探究地理知识的能力

学始于思，思源于疑，疑是启动思维活动的钥匙。在教学过程中，教师若能根据学生身边的地理现象，通过制造思维矛盾，引导学生提出地理问题，创设问题化情境，不仅可以激发学生探究的欲望，还能通过探究过程提升学生的地理学科核心素养。

【案例9】

"水资源和水循环"的教学情境设计

情境一："水乡"北京

不少来京旅游的人都会从北京地图上发现，北京有不少地名都与水有关。你也许会问："这北京城里也没什么江河湖海啊，为什么这些地名都以它们来命名？"没错，现如今的北京城是没什么大江大海，但在古时候北京城很可能是"水乡"。以海命名的有北海、中南海、什刹海、后海、西海、福海、玉海等；以河命名的有永定河、东坝河、西坝河、七里河、清河等；以湖命名的有昆明湖、西湖、南湖、窑洼湖等；以潭命名的有玉渊潭、积水潭、龙潭、黑龙潭等；以淀命名的有海淀、高桥淀、清淀、泗淀等；以湾命名的有毛家湾、紫御湾、百子湾等。其他与水有关的地名还有莲花池、南洼、玉泉、西泉、门头沟等百余处地方。

情境二："干渴"的北京——世界严重缺水的大城市之一（展示大量数据、图片）

提出问题：北京的水从哪儿来？北京的水去哪儿了？

案例评析： 首先，教师通过两个不同时期的情境，使学生产生思维矛盾，引导学生提出了相应的地理问题。接着，教师让学生通过查阅资料、实地考察等活动进一步探究问题的答案，在这一过程中落实了水循环和水资源相关知识的学习，同时提升了学生的探究能力。

教学建议

以上从教学方法选择、教学资源整合和教学情境设计等方面探讨了如何在教学设计中关注学生自主、合作、探究等学习过程。除此之外，教师还要关注问题链设计、活动步骤设计、过程性评价设计等内容。只有在教学设计的每一个环节都以学生为中心，从学生的需求出发，重视学生的学习体验，关注学生的学习过程，才能设计出真正有效的课堂实施方案。

学习的主体是学生，地理课堂教学的过程就是学生通过参与、思考、阅读、讨论、体验等获取知识和能力，不断提高地理学科素养的过程。教学设计就好比在学生的已知和未知之间搭建一个"楼梯"。第一，楼梯不能搭歪，这就需要正确的教学目标的引领；第二，楼梯的梯度要合适，太高了学生可能上不去，太低了学生的能力得不到充分培养；第三，楼梯一定要有扶手，让学生能够得到必要的支持和帮助；第四，楼梯旁最好还有一部电梯和一个专用通道，照顾不同层次学生的需求。教师设计出来的"楼梯"要让学生有一个美好的爬升体验，让他们由此获得能力和素养的不断提升。

1-4 数字资源

1-5 如何构建基于新课程标准的诊断与评价体系？

 关键问题的基本内涵

新版课程标准在"基本理念"部分明确指出："建立基于地理学科核心素养发展的学习评价体系。准确把握地理学科核心素养的水平划分，以学业质量标准为依据，形成过程性评价与终结性评价相结合的学习评价体系，科学测评学生的认知水平，以及价值判断能力、思维能力、实践能力等的水平，全面反映学生地理学科核心素养的发展状况。"

这一理念涵盖三个方面：一是学习评价体系的构成，即过程性评价和终结性评价相结合；二是学习评价体系的特征是以学业质量标准的水平分级为测评依据的，而学业质量水平反映的是地理学科核心素养水平；三是学习评价体系测评的重点是全面反映学生地理学科核心素养的发展状况。

课程标准提出学业质量标准，明确提出学生完成高中地理课程学习任务后，其地理学科核心素养应该达到的水平，各水平的关键表现构成评价学业质量的标准。学业质量标准可以引导教学更加关注育人目的，更加注重培养学生的核心素养，更加强调提高学生综合运用知识解决实际问题的能力，帮助教师和学生把握教与学的深度和广度，为阶段性评价、学业水平考试和升学考试命题提供重要依据，促进教、学、考有机衔接，形成育人合力。

课程标准每个模块或主题由内容要求、教学提示、学业要求组成。例如，地理1中的内容要求、教学提示、学业要求。

【内容要求】

1.1 运用资料，描述地球所处的宇宙环境，说明太阳对地球的影响。

……

1.12 通过探究有关自然地理问题，了解地理信息技术的应用。

【教学提示】

以认识自然地理要素及其与人类活动的关系为线索组织教学。充分利用地图、景观图像、地理视频、虚拟技术、地理信息技术和周边自然与社会资源支持教学。指导学生运用体验、观察、观测、实验、野外考察等方式开展地理实践活动。帮助学生理解自然环境是人类生存、发展的基础，辩证看待自然环境对人类活动的各种影响。

【学业要求】

学习本模块之后，学生能够运用地理信息技术或其他地理工具，观察、识别、描述与地貌、大气、水、土壤、植被等有关的自然现象；具备一定的运用考察、实验、调查等方式进行科学探究的意识和能力（地理实践力）。能够运用地球科学的基础知识，说明一些自然现象之间的关系和变化过程（综合思维）。能够在一定程度上合理描述和解释特定区域的自然现象,并说明其对人类的影响(区域认知、人地协调观)。

这种统一格式、通俗易懂、逻辑清晰的表述,突出了课程标准的可操作性,对教材编写、教学实施、考试评价切实加强了指导作用。

同时,地理学业质量水平分为四级。每一级水平主要表现为学生整合不同的地理学科核心素养,在不同复杂程度的情境中运用各种重要概念、思维、方法和观念解决问题的关键特征。例如,水平3对应的学业质量描述如表1-5-1所示。

表1-5-1 水平3对应的学业质量描述

水平	质 量 描 述
3	3-1 对于给定的复杂地理事象,能够说明自然环境对人类活动的影响,分析人类活动对自然环境影响的强度与方式,具备尊重自然规律、科学适应和利用自然的意识;对于给定的区域发展案例,能够说明自然资源、环境满足人们需要的潜力及有限性,分析区域环境治理和保护措施;能够说明资源和环境是影响国家安全的重要因素,理解个人、社会和国家在保护自然资源和环境中应担当的责任。(人地协调观) 3-2 能够说明地球运动与昼夜更替、四季变化等自然现象的关系,说明岩石、地貌、大气、水的运动与变化规律;能够分析不同区域发展中出现问题的原因,并对解决问题的对策作出解释;能够分析战略性矿产资源、耕地资源、海洋空间资源等与国家安全的关系,说明生态破坏、环境污染等问题产生的原因,并构想解决这些问题的主要途径。(综合思维) 3-3 能够从空间格局的角度,解释自然环境的整体性与差异性;能够根据不同类型区域的发展条件和现状,分类思考和分析区域发展问题及原因;能够筛选恰当资料,对某区域资源开发和环境保护决策是否合理进行论证。(区域认知) 3-4 能够与他人合作,设计和实施较复杂的地理模拟实验和考察方案,并独立、熟练地运用地理信息技术分析相关自然地理事象;能够搜寻不同类型区域的统计信息,收集相关区域发展规划,参与区域发展问题的调查;能够查阅相关政策法规文献,尝试运用所学知识,对某区域的资源合理化利用和生态环境保护提出构想;能够在地理实践中主动发现问题、探索问题,保持求真、求实的科学态度。(地理实践力)

地理学业质量水平分为四级,细化了评价目标,各层级之间各核心素养特征的差异易于区分,可操作性强,增强了对教学、评价及教学与评价融合的指导性,既可以用评价引导教师改进教学,又可以用评价引导学生在地理学习中学会认知、学会思考、学会行动,达成课程目标。因此,逐步构建基于新课程标准的诊断与评价体系是实施新课程标准过程中的关键问题之一。

 关键问题的解决途径与教学案例

新课程改革与考试改革的共同性在于倡导学科教学以学科核心素养的培养为根本目标,围绕学科核心素养进行教学设计,开展教学活动,并基于学科核心素养进行教学评价。因此,对教师而言,明晰高中地理课程总目标下学业质量标准及其维度和水平层级,是系统实施教学的首要任务;在教学过程中针对具体标准与恰当评价方式的结合,是精准完成教学目标的重要手段;依据学业质量标准研制阶段性评价试题,是统筹教、学、评一体化的有效途径。

一、以学业质量标准为依据,准确把握地理学科核心素养水平层级的划分

学业质量标准是以地理学科核心素养及其表现水平为主要维度,结合不同的课程

内容，对学生学业成就表现的总体刻画。依据不同水平学业成就表现的关键特征，学业质量标准将学业质量明确划分为不同水平，并用表现性评价的话语体系，描述了不同水平学习结果的具体表现。高中学业质量水平分为四级，水平1至水平4是由低到高逐渐递进的关系。

学业质量标准的层级与学科核心素养的层级水平对应；学业质量标准的内容与相应的课程内容对应，学业质量的描述重视对核心素养的落实；不同学业质量水平在一定程度上体现了进阶思想。

教师的教学会针对不同的教学内容、面对不同水平的学生、依托不同的真实情境、采取不同的教与学的方式，设定教学目标、选择学习方法、设计教学过程、进行诊断评价等，都要以学业质量标准为参照。因此，学业质量标准既是课程培养目标达成的标尺，又是教师完成教学过程的工具。以学业质量标准为依据，准确把握地理学科核心素养的水平划分，是课程实施和教师培训的首要任务。

【案例1】

地理1、地理2中区域认知核心素养落脚点的对比

地理1和地理2中的内容有差异，分别侧重自然地理和人文地理，因此学业要求中区域认知素养的落脚点就有所不同，如表1-5-2所示。

表1-5-2　地理1、地理2中区域认知核心素养落脚点的对比

模块	内　　容	学业要求（区域认知）
地理1	地球科学基础，自然地理实践，自然环境与人类活动的关系	学生能够在一定程度上合理描述和解释特定区域的自然现象
地理2	人口，城镇和乡村，产业区位选择，环境与发展	学生能够描述人文地理事物的空间现象及其变化

【案例2】

地理1、地理2和选择性必修2中综合思维素养水平层级的对比

地理1、地理2和选择性必修2的区域发展部分，学生学习这部分内容的先后顺序和年龄阶段有所不同，因此学业要求中综合思维素养的水平层级就有所不同，如表1-5-3所示。

表1-5-3　地理1、地理2和选择性必修2中综合思维素养水平层级的对比

模块	学习阶段	学业要求（综合思维）	水　平　层　级
地理1 地理2	必修（高一）	学生能够在一定程度上解释特定区域的自然现象；解释不同地方的人们对产业活动进行区位选择的依据	水平2：能够对给定的简单地理事象，从多个地理要素相互影响、相互制约的角度进行分析；能够结合时空变化，对其发生、发展进行分析，给出简要的地域性解释
选择性必修2	选择性必修（高二）	学生能够根据不同类型区域的发展条件和现状，分类思考和分析区域发展问题及原因	水平3：能够结合给定的复杂地理事象，综合各要素，系统分析其相互影响、相互制约的关系，从时空综合维度对其发生、发展和演化进行分析，给出合理的地域性解释

对标过程可以将不同的学习内容、学习阶段、问题情境、实践活动等维度作为出发点，对照学业质量水平对应的核心素养达成的表现描述来完成。在完成对标后，教师对高中地理课程总目标和不同学段的阶段目标，以及学生所要达成的学业质量水平和核心素养的对应表现就有了全面清晰的认识，从而使教学质量的把控有理有据。

二、将表现性评价方式融入教与学的过程，促进学生学科核心素养的达成和提升

地理学科核心素养是衡量教学质量的关键指标，是个体在解决复杂的不确定的地理问题时表现出来的正确价值观、必备品格和关键能力，是地理学的知识与技能、过程与方法、情感态度与价值观的整合，为探索有效合理的评价方式奠定了基础，而表现性评价比较适合评定学生应用知识的能力、整合学科之间内容的能力以及决策、交流、合作的能力等。

在以往的评价中，教师过于注重对知识学习结果的终结性评价，对学生情感态度与价值观以及学科核心素养的评价往往涉及较少、层次较浅。在实施新课程标准的过程中，教师不仅要评价学生的行为表现结果，更要注重对学生行为表现过程中的能力、情意、素养等内容进行评价。表现性评价在教学中与教学内容和情境相互配合，不仅可以呈现某阶段学习过程中学生学科核心素养不同维度的水平，还可以通过表现性评价任务量规，用评价引导学生学会认知、学会思考、学会行动，使教与学有机融合，实现学科核心素养的提升。表现性评价应该对学生地理基础知识、地理学习能力、情感态度价值观、地理学科核心素养进行全面的评价，如图 1-5-1 所示。

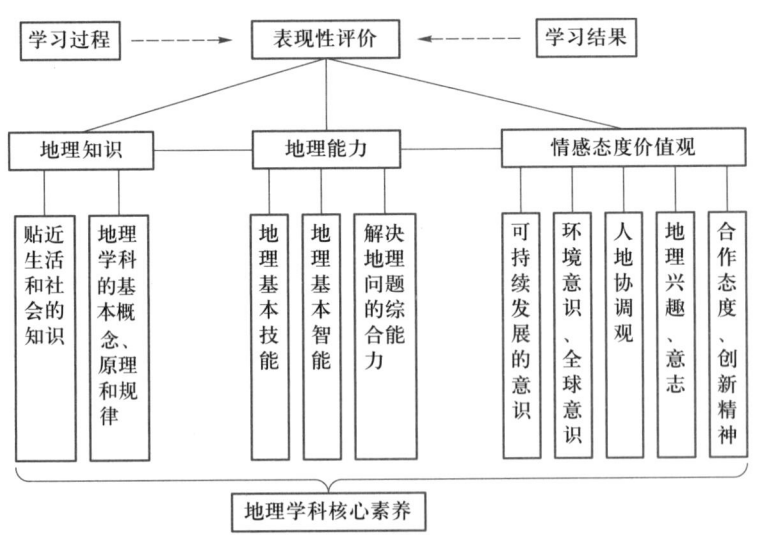

图 1-5-1　表现性评价的内容

表现性评价的方法通常包括：（1）对开放式问题的笔试评价；（2）对成果的实际操作过程及展示的评价；（3）对日常谈话和观察开展的评价；（4）对高层次学力状况的"思考能力、判断能力、表现能力"的评价；（5）对日常环境中的不同习惯的表现

评价。要准确评价学生在整个学习过程中的表现，教师应该了解"表现性课题"的必要条件和制作程序，才能设法创新表现性评价方法，让表现性评价变得有意义。必要条件是指课题必须具备"真实性""效度""评分准则"所要求的制约条件。制作程序包括：课题的目的是什么？学生在课题中扮演的角色是什么？课题面向什么样的"听众"？设定什么样的情境？形成怎样的表现和成果？评价的内容和标准怎样设定？等等。

【案例3】

表现性课题：一个漂流瓶的旅行游记

课程标准：运用世界洋流分布图，说明世界洋流的分布规律，并举例说明洋流对地理环境和人类活动的影响。

教与学的目标：能够绘制洋流分布图，说明世界洋流的分布规律；结合实例，从气候、海洋资源（渔场）、航运、海洋污染等角度分析洋流对地理环境和人类的影响。

课题任务：撰写一篇《一个漂流瓶的旅行游记》。

任务说明：据法国《20分钟报》8月22日报道，德国退休职员玛丽安娜·温克勒和老伴在德国北部海滩度假时，拾获一个108年前投放的漂流瓶。经过确认，该漂流瓶由位于英国普利茅斯的英国海洋生物学会投放。1904年至1906年期间，该学会共投放1020个类似漂流瓶以研究洋流走向。瓶内的信上用英文、德文与荷兰文标明，拾获者回信可得到1先令奖金（约合人民币0.51元）。信上署名为英国海员乔治·帕克，他是一位著名的动物学家和生物学家。多数漂流瓶在投放数月后被拾获，而这个漂流瓶在海上漂流了长达一个多世纪。

任务：请以英国西海岸为投放地点，为漂流瓶选择一条通过洋流到达中国渤海湾的旅行路线，并写一篇旅行游记，描述漂流瓶沿途经过地区的自然和人文景观。每位同学参照任务量规（表1-5-4）独立完成，按时提交到班级作业平台上。

表1-5-4 《一个漂流瓶的旅行游记》任务量规

指标	等级		
	精彩纷呈 （高水平）	清晰合理 （中等水平）	味同嚼蜡 （较低水平）
旅行路线（地理实践力）	旅行路线符合洋流分布规律，在地图上有清晰的标注	旅行路线符合洋流分布规律，没有使用地图或使用地图展示的路线不准确	旅行路线中有不符合洋流分布规律的情况，且没有使用地图展示路线
沿途景观（区域认知、人地协调观）	途经地点位置正确，从自然和人文两方面的景观进行描述，突出了自然和人文景观之间的联系	途经地点位置正确，从自然和人文两方面的景观进行描述，未突出自然和人文景观之间的联系	途经地点位置有误，从自然或者人文景观进行描述，描述较为简单
原因原理（综合思维、人地协调观）	在描述景观的过程中，突出了洋流对景观的影响，对景观的形成原因有正确合理的解释	对景观的形成原因有解释，但不充分，未体现洋流对景观的重要影响	未对景观的形成原因展开讨论
逻辑、排版	整篇游记文字通顺，逻辑合理，图文排版美观	整篇游记文字通顺，逻辑略差，版面美观度一般	出现若干文字不通顺的地方，逻辑较差，未进行排版

案例评析： 该课题是对成果的实际操作及展示过程进行的表现性评价，适用于选择性必修1模块。学生在地理1学习了海水性质和运动对人类活动的影响后，具有一定地理学科学习技能与方法的基础。教师设定适宜的学习目标，以真实情境为背景，保证了该课题任务的真实性。学生完成表现性学习任务的过程就是在评分指标引领下完成有效学习的过程，从而使在学习过程中达成的素养水平层级也作为结果清晰地展现出来。

从不同类型的表现性评价案例中可以发现，教师将表现性评价融入课堂，在课程实施过程中，将教学目标顺理成章地转化成学生的学习目标；教师对学生学习结果的评价，从判断解题是否正确，转变成复合多维的解决问题的策略、方法和结果中蕴含的核心素养水平；教师一言堂的讲师角色也自然而然地转变成为学生的学习提供工具、辅助方法，伴随对其学习的观察、评价，从而促进其学习能力提升的助学师。这些转变从根本上促使学生在学习目标引领下，通过自主学习不断提升学科核心素养。

三、研发与命制开放性试题，促进阶段性终结评价与学业水平考试对接

随着新课程的开展和推进，关注引导学生的学习过程，如何评价学生内在的探究能力和创造力的问题变得越来越迫切。封闭性试题在考查学生思维的严谨性、目标的客观性、方式的规范性上具有独特优势，因此在以往试卷中占据主导地位；而开放性试题相对以往的封闭性试题更符合社会和时代发展的需要，往往是整张试卷的亮点，因为这类试题的命制以引导学生培养创新精神和创新能力为主旨，更关注学生的认识过程、思想方法和思考深度，更重视理解，更强调阐释。因此，在评价研究与实践中，开放性试题受到越来越多的关注。

开放性试题可以是开放的试题背景、开放的条件、开放的解题方法与过程、开放的试题答案，这必然会使开放性试题具有灵活多变的特点。这一特点可以使题海战术无用武之地，有效避免在教学中模式化地训练解题技巧，从而引导教学回归到培养学生核心素养根本。这不仅有利于学生展现情感态度与价值观，展现解决问题的能力和方法，展现创新能力，激发学习的内动力，还有利于高考改革中"立德树人、服务选拔、导向教学"这一核心功能的落实。

【案例4】

海淀高三2019—2020学年第一学期期中试卷第23题

河北昌黎黄金海岸自然保护区内沙脊规模大、形态典型。研究表明，沿岸沙脊的沙源主要为滦河入海泥沙。阅读图文资料，完成下列各题。

（1）图1-5-2为该自然保护区沙脊局部等高线图（单位：米），绘制图中A、B两点间沙脊的地形剖面图。

（2）从分布、形态和物质组成等角度描述该地区沙脊地貌景观的特征。

研究者对沙脊中典型沙丘的发展变化进行了深入研究，发现研究区海岸线自2004年到2007年向陆蚀退，使沙丘向内陆迁移，海滩宽度减小，沙丘发育转入衰亡阶段。

（3）依据资料1和资料2（图1-5-3）说出该沙丘进入衰亡阶段的表现，对衰亡

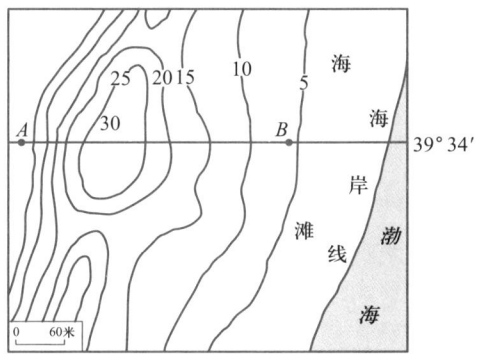

图 1-5-2 沙脊局部等高线图（单位：米）

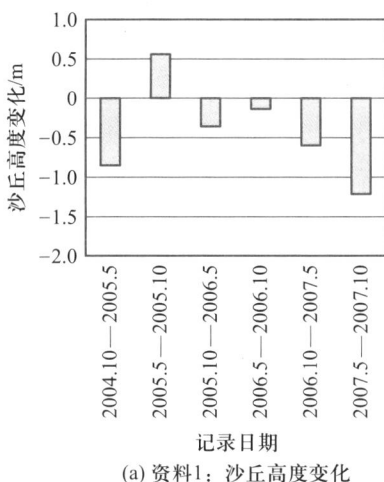

记录日期	向海坡/(°)	背海坡/(°)
2004年10月	18.28	27.9
2005年5月	12.01	26.36
2006年10月	11.85	26.29
2007年5月	11.02	26.26
2007年10月	9.74	25.98

(a) 资料1：沙丘高度变化　　　　　　　(b) 资料2：沙丘坡度变化

图 1-5-3

的原因提出假设并加以分析。

参考答案：

(1)(2) 略。

(3) 表现：高度降低，坡度减小。沙丘衰亡的原因如表1-5-5所示。

表 1-5-5 沙丘衰亡的原因评分表

分　值	评分标准	满分实例
4	能提出合理假设，紧扣问题深入分析，知识运用准确，逻辑严密，能分析两个以上的要素关系且合理，条理清晰	上游水库建设和植被覆盖率增加，滦河入海泥沙减少，使得形成沙丘的沙源减少，导致沙丘发展进入衰亡阶段。其他角度合理，即可按标准等级赋分，重点考查学生的逻辑思维和科学表达能力
3	能提出合理的假设，紧扣问题分析，知识运用较为准确，逻辑性较强，能分析1~2个要素的关系且合理，有条理	
2	有假设，论证不完整	
1	只有假设	
0	没有假设，或假设错误	

案例评析： 这道测试题考查的内容为地貌特点及形成、地理环境的整体性，以及流域内部协调可持续发展等多条课标要求的整合。第（3）问的具体任务是观察图文资料，说出沙丘衰亡的表现，并以开放性的设问方式，让学生对衰亡的原因提出假设并加以分析。试题情境以河北昌黎黄金海岸自然保护区内沙脊的特点、成因、变化及其原因为主导线索展开。所给的昌黎黄金海岸自然保护区及局部沙丘的等高线图的空间尺度较小，在2004年到2007年间向陆蚀退的沙丘的高度和坡度变化的时间尺度也不长，但是文字材料给出了沙丘形成的物质来源为滦河入海泥沙，空间尺度扩展到滦河流域，同时也挑明了人类活动对自然地理环境中物质运动能量转化的影响，从而引出对地貌产生的影响。该道题目的设计以地理特征和差异、地理过程和变化及地理联系三大要素为线索，从整体上把握地理学科内容的结构和关联，避免了孤立且过细地考查河流含沙量减少的人文原因。学生作答水平分为五个等级，除0分外，1~4分对应学业质量水平的不同层级。如果学生能回答出满分答案，说明他能够从自然环境各要素的物质运动和能量交换及各要素之间的相互影响角度，分析岩石地貌的运动与变化规律，并对其发展的条件、过程、问题及决策等进行系统的综合分析与评价（综合思维）；能够运用空间分析方法，分析特定区域的自然地理特征与环境演变过程，评估其发展问题，提出科学决策的依据（区域认知）；能够结合现实中的自然环境问题，从人地关系系统的角度，分析自然环境与人类活动之间的相互影响和作用，归纳人类活动遵循自然规律，制定区域特有的环境治理和保护措施（人地协调观）；能够独立利用地理信息材料，分析与处理相关数据和信息，并对地理事象进行科学解释与评价，对解决区域资源和环境问题提出建议（地理实践力）。因而从不同的核心素养维度看，这样的学生可以达到学业质量标准的4级水平。

课程标准明确指出："高中学业质量标准是学业水平考试命题的依据。学业水平考试分为合格性考试和等级性考试。学业质量水平2是高中毕业生在本学科应该达到的合格要求，在学业水平合格性考试命题中要重点理解和把握；学业质量水平4是选择地理作为学业水平等级性考试科目的学生应该达到的要求，在学业水平等级性考试命题中要重点理解和把握。学业质量水平1和水平3可作为教学过程中阶段性评价的依据。"由此可以明确的是，教师要在教学进程的不同阶段命制阶段性评价试卷，其中的开放性试题更能让学生深层次地理解题目考查的不是题面上的表层含义，而是题目背后的思想、方法和意境。逻辑思维、创新精神被藏在试题的背后；问题情境看似是一个小切入口，实则构建了一个思考问题的平台，问题的背后给学生呈现了一个更大的思考空间。这种试题研发和命制的过程既是针对教与学阶段成果的对标过程，又是与高考的对接过程，更是教与学有机融合的过程。

新版课程标准中的学业质量标准既是亮点也是难点。这部分内容明确了学生在完成各学段地理学习之后应达到的学业要求，使地理教学的方向和要求更加清晰。同时，由于学业质量标准的研究基础尚薄弱，需要教育教学理论研究者、教师、考试命题者共同努力，形成以学业质量标准为核心的教与学的结构体系，以及诊断与评价的结构体系，如图1-5-4所示，促使学业质量标准经过实践检验后不断完善。

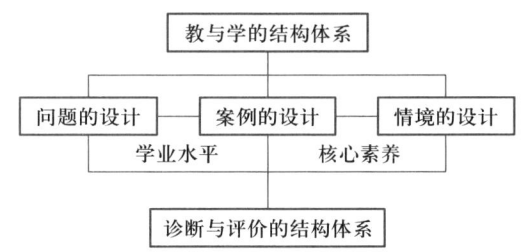

图 1-5-4 基于学业质量标准构建诊断与评价的结构体系

 教学建议

构建基于课程标准的诊断与评价体系是一个"立竿见影"的过程。学业质量标准维度层级是"竿",教与学过程中促进学生学科核心素养的发展就是"影",而这个"影"可以通过过程性评价和阶段性终结评价进行度量。

因此,首先要"立竿"。对于教师而言,学习学业质量标准是首要任务,了解核心素养内涵是关键。这是依据课程标准实施教学的重要抓手。课程标准提出了不同的内容要求,教材编者依据课程标准编写了对应的教材,但不同的内容也可以促进同一核心素养的形成和发展,不同的教材侧重提升的核心素养维度也可能是不同的。所以建议教师在分析课标、教材和学生之前,一定要全面深刻地分析学业质量标准,建立基于核心素养培养的整体教学观念,采用灵活、多样的教学方式,有效整合教学资源,为准确评价学生核心素养的达成与发展奠定基础。

其次,"见影"既反映了学生学科核心素养所处的水平状态,也是评估—反馈—再发展的过程。教师在实施过程性评价和阶段性终结评价时,要依据学业质量标准。尽管其表述是从人地协调观、综合思维、区域认知和地理实践力四个维度逐一表述的,但教师要切记这四个核心素养是一个整体,不能割裂。当把真实地理情境中的地理事象作为学习内容时,可以从不同的角度去分析它,因为它所承载的学科核心素养元素有多有少,并不均衡。因此,在命制过程性评价和阶段性终结评价的试题时,一般很难全面覆盖四个学科核心素养,而是有所侧重。

1-5 数字资源

1-6 如何有效地进行地理课程资源的开发与利用？

关键问题的基本内涵

《基础教育课程改革纲要（试行）》指出："积极开发并合理利用校内外各种课程资源。学校应充分发挥图书馆、实验室、专用教室及各类教学设施和实践基地的作用；广泛利用校外的图书馆、博物馆、展览馆、科技馆、工厂、农村、部队和科研院所等各种社会资源以及丰富的自然资源；积极利用并开发信息化课程资源。"由此可见，地理课程资源包括校内课程资源、校外课程资源及信息化课程资源三个类别。《普通高中地理课程标准（2017年版2020年修订）》指出，地理课程资源的建设可以考虑校内地理教学的环境条件建设、地理实践活动装备的配置、数字化课程资源的开发和地理实践基地的建设等。

地理课程资源是实现高中地理课程目标的重要保障。从上述地理课程资源的类别来看，地理课程资源包括图书馆、实验室、专用教室等在内的地理设施，也包括以计算机为代表和核心的地理教学信息的载体，还包括人类赖以生存和发展的地理环境。地理设施是地理课程实施与开展的硬件条件，构成了"有形"的地理教学环境，是地理课程发生的空间。地理教学信息的载体为地理课程进程中的地理信息传递与接收提供了物质保障。在现代地理教学环境中，信息技术为地理教学情境创设提供了丰富多彩的信息流动渠道和方式。地理环境可以开发为地理课程资源，为地理课程和教学提供丰富的教学素材和实践场所。

地理课程资源的开发与利用具有独特的育人价值。第一，地理设施类课程资源为地理课程和地理教学活动营造了独特的教学环境，可以使学生产生归属感和认同感。第二，地理教学信息载体类课程资源通过丰富的信息获取渠道为学生的课堂世界与现实世界建立联系，进而激发学生学习地理的兴趣。第三，地理教学环境往往也蕴含着一定的情感态度与价值观教育因素。例如，课堂中的一幅挂图、一幅景观照片，便可以激发学生对美的感受，进而提升学生的审美情趣和美学鉴赏力；大自然的鬼斧神工、不同地域文化影响下的城乡景观，在培养学生正确的审美观的同时，更能开阔学生的眼界，激发学生热爱祖国和家乡的情感，增强建设祖国和家乡的责任感。第四，地理课程资源的开发，尤其是地理实践类课程资源的开发，有助于培养学生的地理实践力、正确的劳动价值观和良好的劳动品质。

因此，地理课程资源的开发与利用，是地理课程建设的重要部分，是开展地理教学活动的重要保障，其最终目的是培养学生的地理学科核心素养。

关键问题的解决途径与教学案例

课程标准从校内地理教学的环境条件建设、地理实践活动装备的配置、数字化课程资源的开发和地理实践基地的建设四个方面提出建议。"这些建议以培养学生的地理学科核心素养为指向,合理挖掘和使用地理课程资源,从而构建以培养地理学科核心素养为主导的地理课程资源体系。"[①] 因此,有效开发和利用地理课程资源,首先应以地理学科核心素养为指向。只有以地理学科核心素养为基本目标开发地理课程资源,才能最大限度地提升地理课程资源的利用效率,体现其"有效"的特征。其次应注意地理课程资源在形式和运用上的多样性,以便最大限度地发挥不同类别课程资源的利用效率。

一、完善校内硬件条件,为课堂教学提供基础保障

地理课程资源的校内硬件条件包括校内地理教学的环境条件和地理实践活动装备两类。地理教学环境条件包括图书资源、地理教具、学具、地理园、气象观测站、天象馆、天文台、地理橱窗、地理实验室、地理专用教室等。地理实践活动装备包括"水、土、气、岩、化石"标(样)本以及野外实践工具等。

学校可以根据自身的校情和学情购置图书资源,购买地理教具、学具,逐步配置相应的地理实践活动装备,建设开展地理活动的各种场所。

【案例1】

某校地理专用教室的建设与利用

北京市某校历时两年建设了一间面积为 123 m² 的地理专用教室。地理教室的建设流程如表 1-6-1 所示。

表 1-6-1 北京市某校地理教室的建设流程

时间安排	工作要点
前期	走访兄弟学校、高等院校、相关博物馆,初步确定设计方案,进行校级、市级专项申报
中期	进行招标工作,与设计、施工单位沟通,实施项目
后期	配合监理单位、专项验收小组进行验收,建立教室使用管理制度,并进行试运行检测

该地理专用教室同期配置了多媒体教学专用设备、实验活动专用设备、北斗系统教学设备、气象云图分析设备、创新应用设备、模型与标本设备、教学挂图等。在教室空间有限的情况下,该校结合教室本身的特点,充分融合地理元素,精心布局各类

---

① 韦志榕,朱翔. 普通高中地理课程标准(2017年版2020年修订)解读 [M]. 北京:高等教育出版社,2020.

功能分区，营造学科氛围。例如，地理专用教室地面设计了可承重的玻璃灯箱，并配有定制的中国地形图灯箱片（图1-6-1）；将世界立体语音地图、中国立体语音地图放置在楼道；结合设备及主题，在教室的墙面上布置定制贴纸或标本展示柜；在屋顶空间设计投影区；在卷帘式窗帘上印制相关地理概念及原理（图1-6-2）。学生座椅也可作为储物箱使用，增加储物空间（图1-6-3）。教室内通往天文台的旋转楼梯内外侧则用来展示中外地理学家（图1-6-4）。

图1-6-1 地理专用教室地面

图1-6-2 教学环境示例1

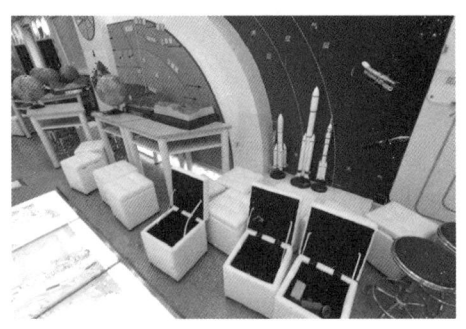

图1-6-3 学生座椅兼储物功能

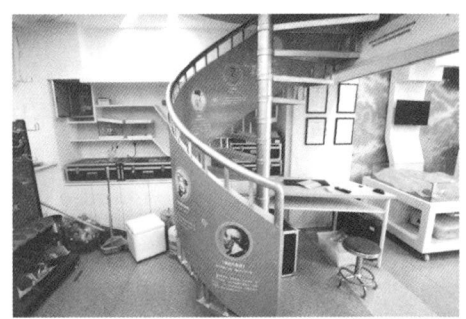

图1-6-4 教学环境示例2

表1-6-2是该校教师利用地理教室资源所上的自然地理基础模块中"洋流对地理环境的影响"一课的教学片段及其资源利用情况。

表1-6-2 "洋流对地理环境的影响"教学片段及其资源利用情况

教学环节	地理专用教室资源利用及目的
比较达尔文在南美洲沿线进行考察时不同路段的航行速度	使用数字星球立体展现达尔文的考察地点、路线图及沿线洋流分布图，有助于学生直观观察，突破空间想象的难点
分析洋流对沿岸地理景观的影响	在电子屏幕上分屏展示世界洋流分布图、达尔文考察路线图及各考察地点对应的景观图，形成不同尺度空间中地理要素的对应关系
探究问题：为什么秘鲁沿岸无寒暖流交汇却依然形成了大型渔场？	利用专用教室中的吹风筒、鱼缸、茶叶、水等设备自主设计实验，通过观察实验现象得出"离岸风会形成上升流，从而形成大型渔场"的结论

案例评析： 这所学校的地理专用教室建设有以下几个特点。

第一，地理专用教室的建设服务地理课程、地理教学的需要，符合该校校情。该地理专用教室中教学设备的配置既考虑初中、高中地理教学实际需求，购置地理教具、学具、挂图等课程资源；又考虑构建多样的地理教学方式，购置用于多媒体教学、实验活动等具有不同教学功能的专用设备；还考虑满足地理课堂教学、地理兴趣小组活动等多样的教学功能，优化教室内的功能分区，优化课程资源的摆放与配置。

第二，地理教室的建设将传统教学方式与现代教学方式相融合，丰富学生的学习体验。例如，在进行地球、地图的教学时，传统的方式是利用地球仪及制作简易地球仪套装（如乒乓球、铁丝等）。该校地理专用教室的数字星球系统可直观、立体地展现全球尺度的地理现象（如经纬网等），帮助学生从多角度实现对全球地理现象的观察，并对学生产生强烈的视觉冲击，突破在学生头脑中建立立体经纬网的空间想象难点，激发学生学习的兴趣。

第三，地理专用教室的使用以地理学科核心素养培养为目标。以"洋流对地理环境的影响"教学片段为例，该课中教师通过运用适当的地理课程资源，搭建教学活动所需的空间场景和地理信息传递平台，学生可以在不同类型的学习活动中，突破思维难点，锻炼地理实践力。地理课程资源的利用符合学生的认知规律和发展学生地理学科核心素养的根本目标。

二、立足乡土开发课程资源，使课堂内外的教学形成联动

地理是一门实践性很强的学科。在高中地理学习过程中，地理实践是支持学生地理学科核心素养发展的重要手段，主要包括地理考察、地理调查和地理实验等方式。教师充分利用人类赖以生存的自然环境、社会经济环境，从中收集素材，并将其开发为可供教学使用的地理课程资源，有助于学生在真实的世界和生活中获得直接经验，解决真实的问题。

乡土是学生熟悉的生活场景。立足乡土开发地理课程资源，不仅可以最大限度地节省课程资源开发的时空和经济成本，还可以拉近学生与研究对象之间的距离，增强学生的亲切感和研究动力，激发学生对家乡的热爱之情。

【案例2】

立足乡土的实践类地理课程资源开发

北京市某校校园建筑面积较小，教室内空间紧凑，但校园面积广阔。学校地处"三山五园"历史文化区，紧邻中关村高新技术产业园区，向西、向北可达北京西山，向东、向南可直通市区，地理位置十分优越。依托校园及其周边优美的自然环境和诸多社会经济环境，学校结合教学实际需要，历时四年，开发了一批实践类地理课程资源，开发流程如表1-6-3所示，已开发的实践类地理课程资源如表1-6-4所示。

表 1-6-3　北京市某校实践类地理课程资源开发流程

时间安排	工作要点
前期	梳理课程标准与课内教学内容，依据北京市地理环境选取具有开发价值的考察地点，结合考察地点可能开发的地理课程资源、考察地点与学校的距离等因素，从教学内容、课程对象、课程时长等维度构建实践类地理课程资源体系
中期	教研组教师进行实地考察，研讨可开发的课程资源，形成初步方案，并编制相关的地理实践考察手册
后期	带领学生开展地理实践课程活动，修订考察方案和地理实践考察手册，与考察地点建立长期联系，固化资源成果

表 1-6-4　北京市某校开发的实践类地理课程资源

资源类别	资源名称	主要功能
校内资源	实物资源：日晷、天文台、气象站、岩石标本、校园湿地、校内植被、校内古建 文本资源：课程开发后的地理实践考察任务单	供开展校内天文观测、气象观测活动及岩石、水循环与湿地、植被、地域文化等一课时教学内容学习使用
校外资源	单位资源：郎园、金中都遗址公园、永定门公园、海淀公园、中坞公园、爨底下村、花台、首钢。 野外考察点：灰峪、虎峪、下苇甸。 文本资源：地理实践考察手册	供开展半天至一天时长的自然或人文地理专项考察或综合考察使用
实践基地	国家天文台、北京天文馆、北京大学地空学院、海淀区少年宫	学生通过"走出去"进入实践基地参观学习，学校通过"请进来"聘请实践基地专家进入校园开展讲座，形成校园与实践基地的良性互动

每一项考察资源均由配套的考察前预习、考察中任务和考察后任务三个部分组成。考察前预习主要是了解考察地的相关背景，熟悉考察活动中涉及的核心知识；考察中任务以任务驱动的方式引导学生参与考察活动（图 1-6-5），并通过观察、记录、绘制、讨论等活动培养地理实践力；考察后任务主要是针对考察后回归课堂教学、对考察任务的再讨论及活动反思。

图 1-6-5　学生考察活动

案例评析： 这所学校对地理课程资源的开发具有鲜明的校本特色。学校由于客观条件限制，不具备建设地理教室的条件，但是学校得天独厚的校园环境是地理教学素材天然的源泉。由此我们看到，学校的很多地理课程资源是依托校园环境的。校园中的岩石、花草树木、古建筑、湿地均可开发成课程资源。此外，学校便利的交通区位使得校外考察成为可能。从市区到郊区，从自然到人文，该校充分利用了北京的公园、聚落、企业等多类型资源。

在课程资源的利用方面，该校有两个突出的特色：第一，结合校情、学情和资源现状，形成一课时实践活动以及半天或一天实践活动两种类型，长短课互补，灵活多样。第二，依托实物、考察地点开发了文本类课程资源，并使其成为沟通校内外实践活动和课堂内教学的桥梁。通过课堂内外教学的联动，课程资源从考察记录到深入分析，得以充分利用，从而将学生核心素养的培养落到实处。

三、打破时空限制，开发数字化课程资源

课程标准要求"加强数字化地理课程资源建设，逐步建设专门的地理学科数字化课程资源""研发地理课程情境资料库、课程实例或案例"。从课程标准的建议来看，数字化课程资源包括两个类别：一是辅助地理课堂教学的系统或软件，如用于天文、气象、野外实践相关数据分析的系统，它们可以提高地理实践活动中数据收集的效率和精度，更加迅速而精准地处理数据；二是地理数字化课程资源库，主要用于辅助教师教学和学生学习。

【案例3】

区级空中课堂资源包的研发与利用

为加强对新冠病毒引起的肺炎疫情的防控，2020年春季学期北京市中小学由线下教学调整为线上教学。为保证线上教学的质量，减轻教师线上教学的负担，北京市某区启动"空中课堂资源包"研发项目，研发项目的基本流程分为三个环节，如表1-6-5所示。

表1-6-5 "空中课堂资源包"研发项目基本流程

环　节	主　要　任　务
资源研发	（1）组建研发团队，确定资源专题和内容 （2）进行集体和个人备课，研制包含微课、课件、学习任务单在内的课程资源包 （3）资源审核：保证资源质量
资源上传	中小学资源平台
资源使用	指导教师使用 → 做好问题答疑 　　↑　　　　　　　　↓ 优化完善资源 ← 收集反馈建议

空中课堂资源包的研发组建了由学科教研员、核心成员、录课教师和审课小组成的研发团队。具体研发内容包括以教材为依托，基于单元的主题设计，凸显学科思

维和学习进阶的系列专题等多种形式，供教师们选择。资源的类型包括侧重新旧学习内容的衔接课、侧重新知识学习的新授课和侧重系统梳理所学内容的复习课，以及满足不同层次学生学习的拓展课。经过一年的持续研发与实践，立足区域和学校情况，区级空中课堂资源包形成了一套具有区域特色的课程资源体系，受到区内教师的广泛好评。

案例评析： 与非数字化课程资源相比，数字化课程资源具有显著的优势。该类资源可广泛存储于计算机网络空间，供不同地区的教师、学生随时使用，打破了课程资源的时空限制。教师、学生可根据自身的需求有选择地使用数字化课程资源，实现从供给导向到需求导向的转化。地方和学校还可采用学生自主学习和与课堂教学相结合的方式进行使用，充分发挥数字化课程资源的优势。

在本案例中，区级空中课堂资源包的研发汇集了区域内优质教育资源，形成了一批高质量、有体系的数字化课程资源，对该区的教育均衡发展具有很强的实践意义。

开放性是区级空中课堂资源包研发的核心特征。首先，资源包的使用对象是开放的。教师、学生甚至家长均可使用该资源包内的课程资源。其次，资源包的研发过程是开放的。从最初应对疫情研发的单节课的课堂资源，到形成空中课堂资源包并持续优化，在保证质量的同时，与时俱进，为师生提供了基础的地理课程资源；其研发方向也由最初应对疫情时把教学内容搬到线上的"内容导向"，转变为服务区内外师生地理学习的"学习导向"，实现了研发内容的转型升级。师生多样的使用方式也使其应用具有开放性和共享性。

 教学建议

为了最大限度地发挥地理课程资源的作用，地理课程资源开发与利用应注意把握两项基本原则。

第一，因地制宜原则。地理课程资源开发的服务对象通常是教师任教的班级、教研组所在的学校、研发部门所处的区域，服务对象具有特定的地域属性。因此，为满足服务对象的需求，地理课程资源开发要基于调研需求，因地制宜。本节课所示的三个案例，无论是学校的课程资源开发，还是区级课程资源开发，都符合自身的实际情况。

第二，开发与利用的内在一致性原则。开发地理课程资源是为了利用，只有以利用为目标导向的课程资源开发，才能够最大限度地满足使用者的需求，提升地理课程资源利用的有效性。

1-6　数字资源

单元 2　必修地理 1 的教学关键问题

2-1 如何组织与设计必修地理1的教学广度？

 关键问题的基本内涵

课堂的教学广度是指在教师研读课程标准的基础上对教学内容进行有效整合。课内教学素材、课后作业材料的选择均涉及对教学广度的把握。总体来说，必修课程的设计有三个特点：一是选材要宽而浅，为后续的选择性必修课程打好基础；二是围绕地理学科核心素养选材，注重素材的代表性；三是加强对地理实践活动的要求，注重实践性，改进学生的学习方式。

第一，地理1的内容覆盖面广，涉及自然地理各要素，并对要素概念的理解、要素之间简单相关性的认识提出了要求。地理1的内容并不涉及复杂的地理原理，但明确要求引导学生走出课堂，拓展学习内容和方法。从这个角度来说，考虑并设计教学广度就是为更好地帮助教师拓展课堂边界服务。

第二，但凡涉及教学广度的问题，总会有资料庞杂、难以取舍的问题，寻找拓展素材的大原则应当与地理学科核心素养相结合。在充分研读本模块地理核心素养培养要求的基础上，选择的教学素材要短小精悍并聚焦在一个点上，课外拓展活动适合多实践、真野外，教学素材最好与真实的区域背景相结合，在拓展延伸的过程中注重学生综合思维能力的锻炼和提升。

第三，增强学生的地理实践力在地理1中有很明确的落地要求。教师在设计教学广度的过程中，应注重增加地理实践活动，通过真实情境引导学生学习，而非通过教师讲授的方式完成教学。

因此，在教学广度的把握上，宽而浅、代表性、实践性是选材的主要标准，同时需要注意不能"为活动而活动"，切忌一味追求教学广度而偏离教学核心。以教学广度的把握作为一个关键点，旨在帮助教师进一步理清和聚焦必修地理1的教学内容，为其在课内外教学内容的拓展、教学素材的选择等方面提出一些可供参考的建议。

 关键问题的解决途径与教学案例

具体到如何组织与设计地理1的教学活动，我们主要从以下四个方面进行考虑。

一是关注内容变化，把握模块结构。在把握教学内容的基础上，明确本模块涉及的地理要素，建立模块的整体结构，以期形成一个完整的教学拓展素材目录，避免造成前期活动多且复杂，而后期课时不够的情况。

二是综合运用素材，丰富教学活动。在实际的课堂教学组织和实施过程中，我们特别强调对素材的综合运用，选取适合的音视频、图像资料等作为补充。这不仅可以有效提高课堂教学的效率，也是课堂教学拓展的重要环节。

三是适度拓展延伸，用好课后时间。课堂内外的有效配合是保证教学结构完整的重要方面，我们在讨论课后作业的素材选择和内容设计时，也在不断思考如何将课堂教学有效地延展到课下，使其成为课堂教学内容延伸的一个组成部分。

四是研读选择性必修模块，做好知识铺垫。新版课程标准中的"地理1"与"自然地理基础"共同承载了实验版课程标准中"地理1"的内容。从二者关系来看，"自然地理基础"的内容要求，在某些点上是对"地理1"的深化。因此，在进行地理1教学活动设计的过程中，我们也需要研读其与"自然地理基础"这个模块教学内容的异同，既不能在本模块中涉猎过度，把自然地理基础中的概念和原理提前讲授，也要明确两部分内容的关联，使本模块教学为后续学习奠定良好的知识基础。

一、关注内容变化，把握模块结构

从内容来看，地理1定位为地球科学基础、自然地理实践、自然环境与人类活动的关系三个部分的综合。内容覆盖的面比较广，内容知识的选择不是从学科系统性的角度考虑，而是从培养学生地理学科核心素养和时代发展需求的角度考虑，总体体现了宽而浅的特点。其中"宽"主要体现在地理1的扩充内容，适当增加了地球科学的部分内容，如地球科学领域里涉及的地质、地貌、大气、水、土壤、植被等主要自然要素都被列为地理内容要求，如图2-1-1。

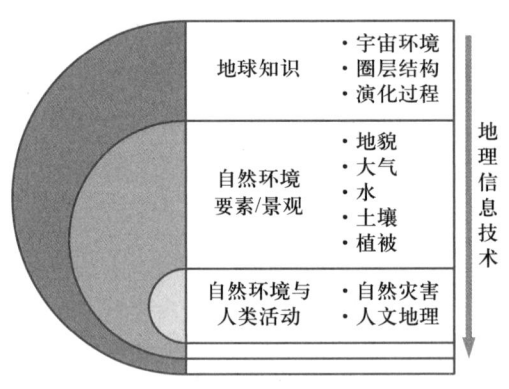

图2-1-1　地理内容要求

从教学内容来看，"地理1"共有12条内容要求，可分为4组：地球知识、自然环境要素/景观、自然环境与人类活动、地理信息技术。在课程标准中，"地球知识"的3条要求（1.1—1.3）从外到内，从静到动，构成了对地球自然状态的整体认识。"自然环境要素/景观"的7条要求（1.4—1.10）涉及地貌、大气、水、土壤、植被五大要素。"自然环境与人类活动"的要求（1.11）简述为"灾害"。"地理信息技术"的要求（1.12）简述为"技术"。

从教学目的达成的过程来看，地理1旨在帮助学生增强对生活中的自然地理现象进行观察、识别、描述、解释、欣赏的意识与能力。本模块的大部分要求均可通过探究的方式逐步落实，避免采用直接告知学生结论或单纯使用文字推理的方法。

从落实核心素养的角度来看，地理1在落实人地协调观培养时更多地通过生动现象（案例），使学生从表象认知出发，通过辨识、理解，逐渐形成相关的概念。在综合思维培养上，地理1则侧重分析地理要素的相互关系和时空变化。教师可以利用好每章节后面安排的问题研究，将综合思维培养与研究性学习结合起来。在区域认知方面，由于地理1侧重对地理基础概念、原理、规律等的讲述，在区域认知素养方面缺乏学科内容依托，因此教师应当在教学设计中，通过具体区域的情境案例和活动设计，使学生将基本知识与区域特点相结合，深化对区域的认知。在地理实践力培养方面，地理1针对地理实践力的培养设计了观察天文现象、观察家乡地貌、观察校园树木、调查家乡土壤、了解身边的应急避难场所等实践活动，可以作为拓展教学内容的素材。

基于这种内容和目标上的变化，教师在组织本模块教学时，要特别注意把握"宽而浅"的总体要求，注重实践活动的加入和区域案例的选择等。

我们可以根据"地理事物的空间分布""地理事物的时间演变规律""科学表达方式"三个维度认识地貌（如图2-1-2），并依此选取教学素材。以课程标准的内容要求"1.4 通过野外观察或运用视频、图像，识别3~4种地貌，说明其景观的主要特点"为例，可以通过对视频、图片等资料的选取和整合，提高学生对地貌景观的感性认识，使其能够对地貌景观的规模、形态、物质组成、成因等特点进行描述。

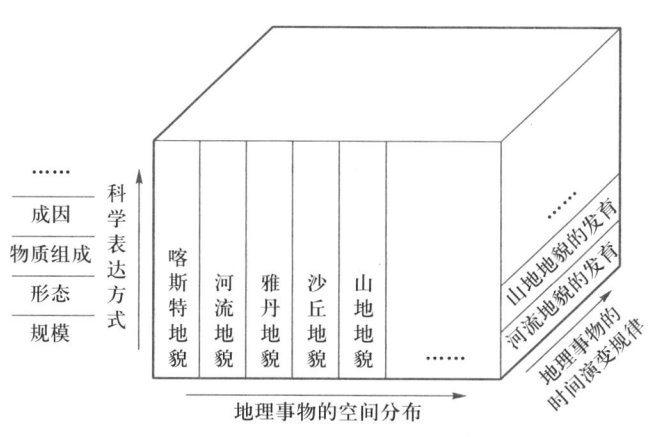

图2-1-2 认识地貌的三个维度

在整合教学素材的过程中，教师可以从三个方面着手：第一，在落实地理事物的空间分布方面，适当增加区域地图、区域景观图等图像资料，在空间分布上对典型地貌进行描述，同时通过各种图示的使用，从区域认知的角度引导学生理解地貌形态的分布与人类活动之间的相关性。第二，在理解地理事物的时间演变规律方面，通过视频、文字资料、示意图等方式，引导学生在更长的时间尺度上认识地貌的发育和演化，进而加深对地貌与自然地理环境要素及其演变之间的关系的认识。第三，在促进学生科学表达能力提升方面，可以通过野外调查、景观图分析等方式，增加学生的感性认识，引导学生用科学语言描述地貌特征。

二、综合运用素材，丰富教学活动

教学素材的选择非常重要，教学素材的选择和整合，会在很大程度上影响课堂教学的效果。在必修地理1的教学内容分析基础上，我们可以知道这本教材的编写意图之一，就是引导学生通过更多的方式、以更宽广的视野看待地理现象，深挖地理现象背后的科学问题。在课时安排上，教师们普遍感觉课时富裕。

那么，我们如何在必修模块中用好课时，选择更合适的教学素材来丰富教学活动呢？这里我们强调以下两个选材标准。

（一）选材应与教学内容密切相关，注重实践活动与教学目标的关联

教学素材的选择应注意与教学内容的相关性，这一点在教材中的素材拓展部分就可以看出，与本节内容关联度特别好的素材，会成为课堂教学的有效补充，并激发学生更大的学习兴趣。这就要求我们在拓展素材时，特别是在选择一些课本外的教学素材时，要注意素材的有效性。

下面我们结合案例来说明教学素材选择与教学内容的相关性。

【案例1】

"大气的受热过程"导入设计

探究这个实践活动选材的原因有两个：第一，大气受热过程的基本原理是地理1中非常抽象的概念，学生对辐射在太阳、地面和大气之间的传递关系难以准确把握，这个实践活动的目的在于帮助学生通过数据直观地获得地面先增温、大气后增温的感性认知，进而能够在教师的引导下思考大气增温的热量来源问题，这一实践活动与本节课的教学目标密切相关。第二，这个实践活动是初中学段"气温曲线绘制"活动的拓展延伸，在巩固旧知识的基础上增加新内容，符合学生的认知进阶规律，与地理实践力和综合思维等地理学科核心素养的培养密切相关。

教学环节	教师活动	学生活动
环节一：任务导入新课	播放地理兴趣小组进行气温和地温测量及方法解读的视频。设问：（1）如何正确描述一天中气温和地温的变化？（2）一天中气温和地温的变化规律有何异同？（3）出现这种现象的原因是什么？	观看视频，了解基本的气象测量和网络资料查阅方法，回忆初中学过的气温曲线绘制方法。观察图表，小组讨论，回答问题。对一天中气温和地温的变化规律形成感性认识，并能对变化规律的异同进行初步解释。

案例评析：在引导学生理解"大气受热过程"这一基本概念的过程中，教师适当引入一部分气象小实验，如测量气温、地温等，通过绘制基本的气温曲线示意图，巩固学生已有的知识基础，使其对新概念形成感性认识。这种教学素材的选择既是复习旧知识，又与气温、地温这些概念的辨析密切相关，学生通过绘图能够直观感受到气温升降与地温升降在时间上的不一致，从而对"引起气温和地温变化的原因究竟是什

么?"这个问题产生浓厚的兴趣。

除实践活动外,教师在课堂上还要多用音视频等资源辅助教学。但在使用这些资源的过程中要注意控制资源播放时间,一般适合使用小片段而非全集。短小精悍的片段可以将学生的注意力集中在有效信息上,同时也能更好地聚焦问题,与教学内容的相关性更强。

（二）选材应与区域背景相结合,强调基本原理与现象的关系

必修地理1的教学内容多为基本的地理原理,对部分学生来说,属于全新的概念。教师在组织教学的过程中适当增补一些真实的地理情境,引导学生运用原理解释现象,能够有效提高学生的获得感。

【案例2】

"大气的受热过程"教学设计片段

在达成"理解大气受热过程"这一目标的过程中,教师选择非常有代表性的青藏高原大气受热问题这一素材,设计了难度逐级提升的三个问题:为什么青藏高原大部分地区太阳辐射强?为什么青藏高原夏季气温低?为什么青藏高原昼夜温差大?（表2-1-1）引导学生运用原理解释现象,并组织科学语言进行表述。

表2-1-1 "大气的受热过程"教学设计片段

教学环节	教师活动	学生活动
环节三：运用原理	播放以青藏高原为背景的藏族牧民照片。 设问：为什么这张照片中的藏族牧民穿的衣服明显比较多？藏族牧民经常穿可以露出一只胳膊的"不对称"大袍,这又是为什么？现在我们利用刚才学习的大气受热过程的原理来解释一下。 1. 为什么青藏高原大部分地区太阳辐射强？（第一组） 2. 为什么青藏高原夏季气温低？（第二组） 3. 为什么青藏高原昼夜温差大？（第三、四组）	第一组：青藏高原地势高,空气稀薄,晴天多,云少,大气对太阳辐射的削弱作用弱,到达地面的太阳辐射强。 第二组：青藏高原地势高,空气稀薄,晴天多,对地面辐射吸收较少,故气温低。 第三组：青藏高原地势高,空气稀薄,白天太阳辐射强,气温较高,夜晚保温作用弱,气温较低,所以温差大
	活动意图：本环节旨在引导学生观察生活中的地理现象,并运用一定的原理进行解读。学生通过思考,结合本节所学内容对问题进行阐述,不仅能提升综合思维能力,还能强化运用基本原理为生活实际服务的人地协调观	

案例评析：这一探究活动的选材背景与区域认知结合得非常紧密,既能引导学生应用大气受热的基本原理解释生活实际中的问题,又能通过大气受热这一载体增强学生对青藏高原地区基本地理特征的认知,落实提升学生区域认知素养的要求。在这一课时内,同一类型的探究活动还可以涉及四川盆地和西北干旱、半干旱地区等区域。

三、适度拓展延伸,用好课后时间

教师对教学内容的组织不仅应关注课堂上的实施过程,还应关注课后的拓展延伸。

在地理 1 中，教师更应该注重课内外课时的延续性，将一些有探究价值的、开放性的命题留给学生课后进一步拓展。

那么，什么样的内容适合作为课后拓展学习的素材呢？我们有以下三点建议。

（一）以深化概念认知为目的的活动

地理 1 中有不少重要的地理基础概念，如宇宙环境、圈层结构等，学生对这些概念虽然并不陌生，但只有通过实践活动把握概念细节，才能够更好地建立正确的认知。

以"描述地球所处的宇宙环境"为例，学生都知道太阳系有八大行星，并对它们的物理特性、运动特征等有一定的了解。在课堂上，教师一般会采用视频、图片辅助讲解的方式来展开本教学内容。但从实际获得的角度来说，仅让学生调用视觉和听觉去认识"宇宙环境"这个概念是不够的，对描述地球所处宇宙环境的指标选取（体积、质量、与日距离等）、天体之间相对位置关系的空间尺度等概念，包括资料的获得和取舍能力，仍需要更多的教学手段辅助。这类活动就非常适合作为课后拓展的内容展开，如可以让学生自选指标、动手制作相关模型，并用科学语言描述地球所处的宇宙环境。

图 2-1-3 展示的是首都师范大学附属中学高一学生制作的太阳系模型。通过学生的实践活动成果可以看出，为了准确描述地球所处的宇宙环境，需要综合考虑体积、质量、距离等指标，并对这些指标进行判断和取舍，将多个要素综合成一个复杂的系统结构。通过这样的实践活动，学生对宇宙环境的广度有了更深的理解和认识。

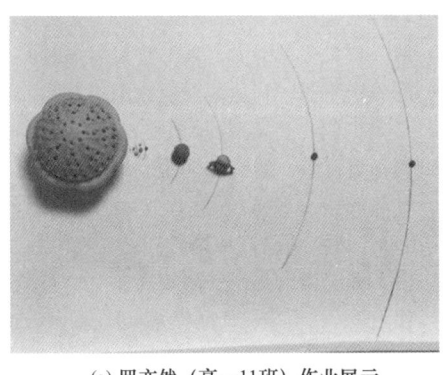
(a) 罗亦然（高一11班）作业展示

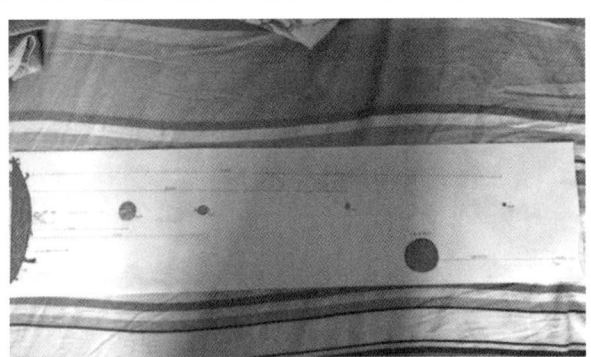
(b) 明宇飞（高一11班）作业展示

(c) 李欣阳（高一11班）作业展示

图 2-1-3 高一学生地理实践作业示例

这类探究活动与教学目标高度一致，不仅有助于加深学生对概念的认知，还有助于培养学生求真求实的科学精神。从资料的搜集整理，到指标的选取使用，再到结论的科学表达，都与提升地理实践力这一核心素养的要求保持一致。

（二）以观察地理现象发生过程为目的的活动

地理 1 中涉及的教学活动有很多不能在课堂内完成。对于这类活动，我们可以让学生在课后的一段时间内观察完整的地理现象发生过程。

【案例 3】

"月相观测"实践作业设计

月相观测实践任务单如图 2-1-4 所示。

	观测点经纬度和海拔	观测日期（公历和农历）	观测时段（具体到分钟）	月球的方位	月球的高度	月亮的形态	月相
观测 1							
观测 2							
观测 3							

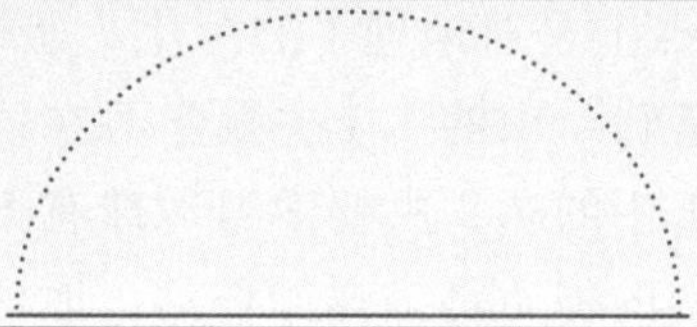

1. 可以使用手机 App 确定坐标和方位
2. 高度为距离地平线的角度，可以用拳头估算法估算
3. 在图中正确位置画出观测的月相，并标注地平线方向
4. 最少观测 1 次

图 2-1-4　月相观测实践任务单

案例评析： 月相观测是一个较为长期的观测项目，需要连续一段时间进行观测和记录，才能得到月球运动规律。案例中的教师要求学生在一段时间内连续观察月球的运动情况，观测项目明确，具有很强的可操作性。学生通过连续的观察，就会发现月相与农历日期之间的关系，从而产生进一步探究地月系统的运动规律的兴趣。

观察地理现象的发生过程，是在时空尺度上理解复杂地理现象背后的基本原理的过程，从地理 1 "宽而浅"的内容结构角度看，设计这一类型的课后活动，有助于增强学生继续深入学习地理原理的兴趣，从而为探究"自然地理基础"中的复杂原理奠定兴趣基础。

（三）以观察和探究较为复杂的地理现象为目的的活动

自然地理现象的发生需要漫长的时间，地理事物背后可能有错综复杂的因果联系。学生对一些地理现象的认识不太容易在课上通过教师讲解或音视频等方式获得，因此，这类活动适合放在课后，通过各种生活实例帮助学生理解。

以"常见地貌类型"为例，本单元内容要求"通过野外观察或运用视频、图像，识别 3~4 种地貌，描述其景观的主要特点"。在条件允许的情况下，观察和辨识地貌的活动如果能在实地环境下进行，就能更直观地让学生看到现象，并建立起地貌发育与周边自然环境之间关联的概念，进而更好地理解地貌的形成过程。因此，很多学校会尽可能创造机会带学生开展野外实践，以增强学生的感性认知。

观察和探究较为复杂的地理现象，是在不同空间尺度上综合思考地理现象影响因素的过程。囿于空间限制，很多自然环境中发生的地理现象无法在实验室内再现，学生只有在更大的空间尺度上去亲身体验和观察，才能对地理现象影响因素的复杂性产生直观感受，从而为后续运用"自然地理基础"中的复杂原理解释现象奠定基础。

四、研读选择性必修模块，做好知识铺垫

研读选择性必修1（以下又称"自然地理基础"）和地理1的内容变化，是为了更好地理解本模块的教学内容和定位，进而对必修模块的教学广度进行限定。

经过对新版课程标准的分析可知，地理1的内容覆盖面比较广，地球科学领域里涉及的一些主要自然要素，如地质、地貌、大气、水、土壤、植被都被列入内容要求，但是要求都比较浅显，更重要的是强调把学生引向课堂外，在真实的情境下学习。1.4、1.9、1.10三条内容要求都明确提出"野外观察"。这种安排在一定程度上解决了大多数教师反映的地理1容量大、内容多的问题，也响应了课程标准中提高学生"地理实践力"素养的要求。

相比而言，"自然地理基础"的内容要求在某些点上是对地理1的深化，如地理1中的1.1主要学习地球的宇宙环境，而"自然地理基础"中的1.1主要学习在这样的宇宙环境下，地球的运动特征及其地理意义；地理1中的1.2主要学习地球有哪些圈层，而"自然地理基础"中的1.2则主要学习岩石圈的物质是怎样循环的；地理1中的1.4主要学习如何识别一些地貌形态，而"自然地理基础"中的1.3主要学习如何用内力和外力作用来解释地貌的成因。

从这些对比中我们可以看出，与"自然地理基础"模块相比，地理1在教学过程中更强调基础概念的认知和落实，并尽可能多地用实例和事实，以"宽而浅"作为教学设计的主要原则。在教学组织过程中，课程标准明确提出了"野外实践"活动的要求，这也是地理1教学中必须注意增加的活动内容。

通过对选择性必修1的研读，教师可以更有针对性地确定地理1的单元和课时教学目标，避免讲得过深过难。

 教学建议

综上所述，作为自然地理教学整体内容中的一个组成部分，地理1的教学素材选择应注重基础性、概念性定位，通过更加多样的地理实践活动、真实的区域背景案例配合教学，激发学生进一步探究地理学基本原理的兴趣。

2-1 数字资源

2-2　如何在内容上把握必修地理1的教学深度？

关键问题的基本内涵

在新版课程标准中，自然地理的教学内容被划分到地理1和"自然地理基础"两个模块当中，同时在内容要求、教学方式和学业要求等方面也做了较大调整。

地理1和"自然地理基础"性质接近，前者是后者学习的基础，后者是前者的螺旋上升和拓展。[①] 地理1侧重从地球科学的角度选择内容，遵循"宽而浅"的原则设计。"浅"体现在内容要求明显减少，知识深度明显降低，知识间缺少紧密联系。例如，原有难度较大或较系统的地球运动、地壳内部物质循环、气压带与风带、天气系统等内容被调至"自然地理基础"模块中。

面对新的变化调整，很多教师在地理1的教学中遇到了"如何把握教学深度""如何处理内容少、课时多的问题""如何科学评价学生的学习情况"等困惑。如果不能科学合理地解决上述问题，会直接影响教学效果，进而影响学生地理学科核心素养的培育。

关键问题的解决途径与教学案例

教师要想在内容上把握必修地理1的教学深度，需要基于必修课程的性质和内容特点，明确地理1设置的初衷，熟知课程内容的变化，明确教学的要求，才能把握教学深度，安排教学进度，设计教学活动，才能更好地发挥地理课程的育人价值。具体可以从以下四个方面展开。

一、研读内容要求，明确教学方向

地理1旨在帮助学生了解基本的地球科学知识，理解一些自然地理现象的过程与原理。它既是全体学生地理学科核心素养形成的基础模块，也是学生参加学业水平等级性考试的基础。因此，与实验版课程标准相比，该部分的知识深度明显降低，教学要求难度下降，每个知识点的内容要求相对基础，主要侧重基本概念、基本过程等。

新版课程标准中的内容要求采用"行为条件+行为动词+认知内容"的方式陈述。在地理1的12条内容要求中，共使用了5种行为动词，运用次数占前3位的是说明（9

[①] 林培英.《普通高中地理课程标准（2017年版）》"地理1"研制背景与实施建议［J］.中学地理教学参考，2018（7）：4-6.

次)、描述（3次）、识别（3次），"说明"一词的运用频率最高。根据布鲁姆的教育目标分类理论，认知过程的维度可以划分为记忆、理解、应用、分析、评价和创造。地理1的内容要求的行为动词集中在理解和记忆两个维度上，没有出现分析维度，体现了必修课程"浅"的设计原则。

在教学中，教师必须掌握好教学内容对应的认知程度要求，不可过度提高教学难度。同时，必须明确行为动词针对的主体是学生，需要为学生提供"说明""描述""识别"的学习活动，带领学生经历行为动词表示的学习过程。

以地理1中"1.4通过野外观察或运用视频、图像，识别3~4种地貌，描述其景观的主要特点"为例，说明如何对地理1的内容要求进行科学合理的解读，从而明确教学要求。

【案例1】

运用图像资料培养学生识别、欣赏地貌景观的地理实践力

地貌景观是人们在生活中常见的自然景观，学会从地理视角观察、识别、描述、欣赏地貌景观，突出了对地理实践力素养的要求。通过对内容要求的分析可知，教学目标是学会观察地貌景观，从地理视角掌握地貌景观的主要特点，培养识别、欣赏地貌景观的地理实践力。教学途径是"野外实践活动"或"运用视频、图像创设野外情境"，要求学生能够在野外环境中，对当地的地貌景观进行观察、识别、描述，若无外出条件，则可以考虑一些替代方式，如观看视频、地貌模型和景观图等。不论是室内教学还是户外教学，教师都要创设情境、设计活动，先由学生对地貌景观进行观察、分类，而后逐步引导，使学生最终学会识别、描述地貌的基本方法。

在充分研读课程标准，明确教学要求后，设计指向地理核心素养培育的教学目标如下：

1. 观察生活中常见的地貌景观图，感知地貌景观的主要特点，初步形成从地理视角观察地貌景观的地理观察力。

2. 观察典型的丹霞地貌、雅丹地貌、喀斯特地貌景观图，掌握三类地貌景观的主要特点，归纳描述地貌景观主要特点的角度，形成地理综合思维，提升从地理视角识别、欣赏地貌景观的地理实践力。

3. 增强关注生活中地理事物的意识，学习生活中有用的地理，形成终身受用的综合素养。

案例评析： 通过研读课程标准、设计教学目标、组织教学活动，引导学生学习"生活中有用的地理"，形成终身受用的欣赏自然景观的意识及地理实践力。同时，激发学生的学习兴趣，培养学生的审美情趣及热爱自然的情感，突出立德树人的育人价值。

由于自然地理环境的四大圈层和五大要素相互联系、相互作用，因此地理1的教学不可避免会涉及选择性必修1的相关内容，如大气运动、水循环、地貌等。教师可以从以下两个方面把握教学深度。

第一，教师需要在深度解读内容要求的基础上，了解必修和选择性必修教材在编写过程中的分工和衔接，把握教学的侧重点，实现对学生的进阶培养。例如，在地理1

"海水运动对人类活动的影响"和选择性必修1"举例说明洋流对地理环境和人类活动的影响"中,都要讲到洋流,地理1侧重洋流对人类活动的影响,而选择性必修1侧重洋流的分布规律和洋流对自然环境的影响。

第二,教师可以根据教学需要和学情特点,适当渗透选择性必修1的内容,但一定要明确:拓展内容是为地理1的教学服务的,不能偏离教学的内容要求。例如,关于地貌成因的内容,为了与选择性必修1区分,教师可以围绕地貌现象来讲述地理1的内容。同时,教师要从不同学段和不同模块的教学目标和内容结构去把握教学重点,也就是从地理1自然环境要素学习的共同目标去思考地貌学习的重点,而非仅从地貌知识本身考虑。例如,对于河流地貌,教师可以围绕河谷、河床、河漫滩、河口地貌进行教学,让学生形成这些地貌概念;也可以结合具体地貌类型和学生的水平适当提及形成原因,但不建议从成因入手构建教学体系,这是区分必修课程和选择性必修课程两个阶段学习的教学重点。

二、挖掘育人价值,精研教学设计

课程标准凝练了地理学科核心素养,并将地理学科核心素养的培养作为课程的基本理念与课程目标。因此,教师对地理学科核心素养的内涵、表现以及水平划分的理解程度,直接影响着学生地理学科核心素养的培育。在教学中,教师要围绕地理学科核心素养的内涵,深入挖掘教学内容的育人价值,设计指向核心素养培育的教学目标,通过问题式教学、项目式学习等方式,组织教学活动,促进学生进行深度学习,实现由教书到育人的转变。

以内容要求"1.3 运用地质年代表等资料,简要描述地球的演化过程"为例,介绍如何充分挖掘内容要求的育人价值,设计符合内容要求与学情特点的教学活动。

【案例2】

利用地质年代表等资料培养学生的综合思维和地理实践力

1. 内容要求的独特价值

从知识层面来看,本部分内容属于地球的圈层结构中的地壳这一圈层的知识。本部分内容与学生初中所学的海陆变迁,高中学习的地球的圈层结构、地壳运动、地质构造、岩浆活动、沉积岩特征等内容关系密切。地球演化过程中的每一个阶段都有一定的地壳运动和生物演化特征,故地球的演化过程体现了不同阶段地理环境的整体性特征。根据岩层组成物质的性质和化石特征,我们可以推知岩石沉积的环境特征。

2. 内容要求承载的地理学科核心素养

从地理学科核心素养的培育来看,本部分内容着重培养学生的综合思维和地理实践力素养。地壳从简单到复杂,生物从原始到高级,经历了数十亿年的发展过程。大量的地质现象清楚地表明,地球尤其是地壳的发生、发展有其内在的规律性。地球演化过程的每一个阶段都有一定的地壳运动和生物演化特征,学生通过利用地质年代表,初步建立相应地质年代地球表面的自然图景与不同地质年代之间的关系,需要运用综合思维的方法。学生运用地层与化石的有关知识确定地层新老关系，进而分析地质构造，推测古地理环境，进一步提高综合思维素养。

3. 教学片段展示：地质年代表

课前准备：让学生查阅资料，了解不同地质时期的地质现象和化石，初步了解地球演化过程。

思考问题：根据资料，从5.7亿年前至今，地球经历了哪些主要的变化阶段？

学生活动：绘制一张地球和生物演化的时间坐标图，把从5.7亿年前至今地球演化的过程直观地表达出来。

案例评析：研究地壳的演化过程具有重要的思想教育意义。学生了解地球的演化过程，可以初步培养唯物的、辩证的科学观念——地球有其自身的演化规律，并且在不同的演化阶段有不同的生物进化特点，进而让学生明确新陈代谢是宇宙万物的普遍规律。

同时，本课的教学要求是学生学会运用地质年代表来描述地球的演化过程。教师在教学中可以运用地质年代表培养学生使用地理工具解决地理问题的地理实践力，也可以结合参观地质公园或博物馆、野外考察、研学旅行等活动进行野外地质实习。

学生在问题引导下查阅资料，绘制地球和生物演化的时间坐标图，初步梳理地球的演化过程，为在课堂上学习和使用地质年代表打下基础，同时提高地理实践力。

三、借助多种途径，开展实践活动

课程标准将地理实践力作为地理学科核心素养的重要组成部分。地理1的必修性质和内容特点，使其成为落实地理实践力培养的重要模块。地理1重在强化对地理实践力培养要求，增强学生对生活中的自然地理现象进行观察、识别、描述、解释、欣赏的意识与能力，能够带动高中地理教学方式和课程评价方式的改革。为此有意减少了地理1的知识容量，为学生地理实践力素养的培养提供基本保障。

在课程标准的内容要求中，"运用资料""通过野外观察"等多次出现，暗示教师在教学过程中要通过真实的案例和翔实的资料，让学生在案例和资料的分析中获得认知。同时，要充分利用地图、景观图、地理视频、地理信息技术等资源支持教学，避免采用直接告知学生结论或单纯仅用文字推理的方式。

下面以内容要求"1.6 运用示意图等，说明大气受热过程与热力环流原理，并解释相关现象"为例，介绍如何在课堂教学中综合利用多种教学手段提升学生的地理实践力。

【案例3】

借助生活化情境开展教学——以热力环流为例

1. 课标解读

从知识上看，要求落实热力环流原理；从方法上看，要求运用示意图等，示意图可以由教师出示，也可以由学生自己绘制；从掌握程度上看，学生要学会绘制示意图和用文字或口头描述热力环流原理，并应用该原理解释地理现象——小到城市热岛环流，大到全球性大气环流，最后的落脚点都是学生能运用热力环流原理解释地理现象，并从时空综合的角度认识热力环流。

基于以上分析，本课的教学目标设定为：结合生活中观察到的大气运动现象，猜想大气运动的原因，设计实验进行验证；绘制并运用热力环流示意图，说明热力环流的形成过程；能运用热力环流原理解释相关地理现象。

2. 教学设计

教学环节	教与学过程	点评
第一环节：关注现象，提出问题	教师组织学生进行头脑风暴，列举生活中反映大气运动的现象（如烧水时热气向上运动，当教室内外温差大时门的上方和下方有风），在水边感受到的风（如海边的风、河边的风、水库边的风），等等。提出问题：这些现象是生活中常见的，其原理是什么？	通过头脑风暴，引导学生思考与大气运动相关的生活经验，激发学生的学习热情
第二环节：分析问题，提出假设	选择学生旅游时拍摄的白天在海滩凉亭等处的照片，让学生观察、分析近岸的风向。补充物理知识：流体流动是由于密度差产生的，密度差是由系统内的温度梯度或浓度梯度造成的。引导学生提出假设：海风是由空气密度差产生的，空气密度差是由海洋和陆地间的温度差产生的	创设学生体验过的简单生活情境，在观察现象的过程中引导学生进行感性思考
第三环节：设计实验，模拟验证	有多种实验方案（图 2-2-1），可以由学生自主设计。在实验过程中，教师通过问题引导学生观察现象，选择合适的方法描述现象，对实验结果进行反思，改进实验设计	地理实验是培育地理实践力的有效方式之一。学生自主设计实验，通过观察、对比和分析解决地理问题，实现知识的自主建构，从而培养学科核心素养
第四环节：探究分析，绘图明理	根据实验现象绘制热力环流示意图，探究热力环流的形成过程	从生活中的地理现象到用示意图表示地理原理，是学生思维再次深化的过程

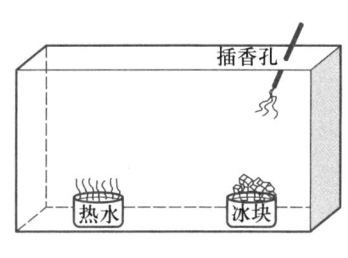
(a) 方案1

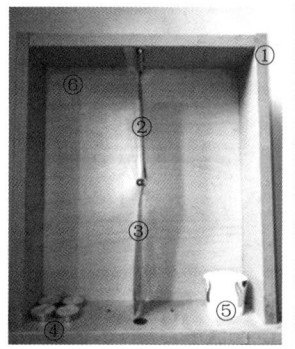
(b) 方案2

(c) 方案3

图 2-2-1　实验方案

案例评析： 本节课选取学生生活中常见的大气运动现象为切入点，并有针对性地选择了学生旅游时常见到的海滩凉亭的草被海风吹拂的照片切入，引导学生提出问题，利用物理学知识进行推理，设计实验验证，绘制热力环流示意图说明形成过程。整节课力求将生活化的学习情境和教材中的知识点进行深度融合，做到使知识从生活中来，再回到生活中去，引导学生体会所学的地理知识是有用的，有效地培育了学生的地理实践力。

四、立足学业标准，研制评价任务

教师要想更好地把握地理1的教学深度，还需要关注教学评价的要求，实现教、学、评的一致性。

课程标准在内容要求的基础上，增加了学业要求，增强了对教学的指导性。地理1的学业要求如下：

学习本模块之后，学生能够运用地理信息技术或其他地理工具，观察、识别、描述与地貌、大气、水、土壤、植被等有关的自然现象；具备一定的运用考察、实验、调查等方式进行科学探究的意识和能力（地理实践力）。能够运用地球科学的基础知识，说明一些自然现象之间的关系和变化过程（综合思维）。能够在一定程度上合理描述和解释特定区域的自然现象，并说明其对人类的影响（区域认知、人地协调观）。

课程标准还研制了学业质量标准，明确了学生在完成某阶段地理学习之后应达到的学业要求，是对学生学业成就的总体刻画。学业质量标准综合了学科的内容要求和核心素养，从问题情境、知识和技能、思维方式、实践活动和价值观念等维度，描述了不同水平学习结果的具体表现。必修模块完成时，需要达到学业水平合格性考试的要求，对应学业质量水平2的要求。

学业质量标准水平2对地理1的质量描述如下：

2-1 对于给定的简单地理事象，能够简单分析地貌、大气、水、土壤、植被等自然地理要素中多个要素之间的关系，解释地球演化、热力环流、水循环等的时空变化过程，辨识某些自然地理要素与人类活动相互作用的主要方式和结果。（人地协调观、综合思维）

2-2 能够归纳某些自然地理要素的空间分布特征，自主辨识给定区域的某些自然要素特征。（区域认知）

2-3 与他人合作，能够使用遥感图像等地理信息技术手段和其他地理工具，对地貌、土壤、植被等自然要素和相关自然现象进行深入观察，并设计实验，作出简要解释；能够在地理实践中表现出独立思考的意识、求真求实的科学态度，以及灵活运用知识的能力。（地理实践力）

【案例4】

"借助生活化情境开展教学——以热力环流为例"的教学评价设计

在本课中，教师依据学业要求和学业质量标准，设计了以下评价任务。

1. 课堂中的表现性任务

第1组：依据所学知识解决导入中提及的问题。

第2组：唐代诗人李商隐在《夜雨寄北》中写下了"君问归期未有期，巴山夜雨涨秋池。何当共剪西窗烛，却话巴山夜雨时"的诗句。据统计资料显示，四川盆地的夜雨量占总降水量的60%~70%。请运用热力环流原理试述巴蜀地区多夜雨的原因。

第3组：呈现北京城郊之间的气温分布图，有条件的学校也可以统计城郊温度差异，分析城郊之间的热力环流现象。然后和城市的工业区布局相联系，考虑有大气污染的工业布局问题。

第4组：通过海陆风的形成过程引导学生探究太平洋和亚欧大陆间季风的形成过程。

第5组：假设大气是在均匀的地球表面运动，不考虑地转偏向力，赤道和极地之间会形成什么样的环流？

设计意图：通过表现性任务，评价学生合理描述和解释不同尺度的自然地理现象及其变化过程的综合思维和地理实践能力，进一步感受热力环流对人类活动的影响。第1—3小组的任务为分析中小尺度热力环流现象，第4—5小组的任务为分析大尺度热力环流现象。

学生完成表现性任务后，教师进行如下总结，进一步提升学生的认知水平。

从空间尺度看，海陆风、山谷风、城郊风为小尺度热力环流现象，季风为中等尺度热力环流现象，单圈环流为全球性大尺度热力环流现象。

从时间尺度看，海陆风、山谷风是短时间一日内的热力环流变化，季风则为一年内的热力环流变化，全球性大气环流是更长时间的稳定的热力环流。这几种现象很好地体现了地理过程的时空尺度的综合。

2. 课后的终结性评价任务

试题情境：穿堂风也叫过堂风，是气象学中的一种空气流动现象，是流动于建筑物内部空间的风。我国许多地区的民居设计都充分考虑了穿堂风。图2-2-2为我国西南山区的传统民居景观图和该民居穿堂风示意图。

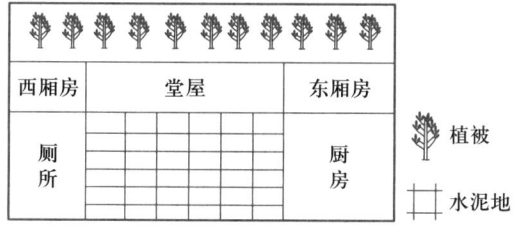

图2-2-2

问题设计：

(1) 与穿堂风的形成关系最密切的自然地理原理是什么？
(2) 白天穿堂风近地面的气流运动方向是什么？
(3) 夏季穿堂风有哪些好处？

（4）如何增强穿堂风的效果？

案例评析：依据学业要求和学业质量标准，选取生活中与人类活动密切相关的简单自然地理现象，通过由浅入深、由原理到实践的问题链设计，考查学生对所学原理的理解程度和解决实际问题的能力水平，进而评价学生的地理学科核心素养水平层级。

 教学建议

地理1并非传统的自然地理体系，而是有着自身的具体目标和独特的育人价值，可以帮助只在必修阶段学习地理课程的学生获得有关自然环境的较为系统的知识。同时，它又与选择性必修1有一定的进阶关系，学生在地理1中学习的知识、方法、能力和观念是学习选择性必修课程的基础。在教学中，教师一定要精准研读课程标准的要求，明确各个模块的课程定位，把握教学深度，精心设计地理实践活动，挖掘其育人价值，达成学业质量标准的要求。

2-2 数字资源

2-3　如何理解自然地理实验的必要性与教学意义？

 关键问题的基本内涵

地理实践是支持学生地理学科核心素养发展的重要手段，既内化为隐性的素质，又外显于具体的行为。自然地理实验是地理实践教学的方法之一，既能培养学生科学探究精神，培养在实验过程中认真严谨、求真求实的科学品质，又能通过实验设计、操作、观察现象、描述现象、记录等实验环节，培养学生能够应对现实问题的能力。在教学中注重自然地理实验的应用，可以有效提升学生的地理实践力。

自然地理实验具有很强的直观性、实践性和探究性，可以改善学生现有的学习方式，在地理教学中的作用和地位日益重要。首先，地理实验改变了传统的教学方法，如"水土流失的影响因素""水循环"这类从自然地理环境整体性的角度考虑，且属于长时间、大尺度的地理问题，教师可以通过设计地理实验使漫长的地理过程和宏观的地理现象变得形象、直观，激发学习的兴趣，同时帮助学生用更短的时间理解地理规律及原理，提高课堂效率。其次，很长一段时间以来，"传递—接受"式教学在我国高中地理教学中占据主导地位，课堂教学以教师的"教"为中心，以课本的文字知识为主要教学内容，以讲授为主要的教学方式，学生常常被动地、机械地学习，看上去貌似有利于提高学生的成绩，却忽略了学生的地理学习需求、动机和兴趣。自然地理实验教学能更好地激发学生的学习兴趣，鼓励学生把更多的精力投入探索知识的过程中，更有助于培养学生的探究能力、自主学习能力等综合能力。再次，多项研究结果表明，我国地理课程的难度偏小（自然地理难度大的问题是因为与初中衔接问题和学科间衔接问题所致），与美、英、德、法、日等国相比，教材的纯文本学习难度处于中等偏易水平，因此在教师授课过程中，需要选择更为合理的教学方式以弥补教材难度不够而导致的学生思维含量不足的问题，自然地理实验教学则是对现行教材的合理挖掘，可以帮助学生通过实验设计、模型操作等环节有效提高课堂思维含量，辅助教师调控教学难度。最后，以往的地理教学普遍关注较多的是情境下的讨论和探究，但是让学生在真实自然和社会中用眼看、用手摸，最终认识和理解真实世界中的地理现象的实践还不够，因此，课程标准针对地理实践力特别强调了考察、实验和调查三种类型。这里强调的实验，特指某种自然现象的模拟实验，可以是实验室内的仿真模拟实验，也可以是野外真实环境下选择局域空间进行的模拟实验。模拟实验的目的是训练学生设计实验，学习控制变量，掌握科学实验方法，以及熟悉动脑设计、动手操练、观察记录、研究分析的科研过程。自然地理实验教学作为探究式教学的重要方式之一，既能督促教师的教学行为发生明显改变，也是培养学生地理实践力素养的重要手段。

关键问题的解决途径与教学案例

"如何理解自然地理实验的必要性与教学意义?"这个关键问题在实际教学中有较为丰富的案例资源可供讨论,下面将结合高中地理重点教学内容,了解自然地理实验在实际教学中是如何辅助教学的。

一、梳理可实施自然地理实验教学的相关知识点

地理学科与大自然联系紧密,在实际教学中,有较多的知识点是可以采用自然地理实验进行教学的,尤其是在自然地理领域,例如,"地球运动"中昼夜交替现象的演示实验,"地转偏向力"的验证试验,"立竿见影"的观测实验,证明"热力环流"存在的实验,"季风成因"探究实验,"大气温室效应"模拟实验,"常见的天气系统"观察实验,"褶皱与断层"形成过程的模拟实验,"水土流失"影响因素的模拟实验,"河流地貌形成过程"模拟实验,"火山喷发"模拟实验,等等。另外,自然地理实验的内容除了可以根据教学知识点进行设计,还可以从一些经典的地理实验考题中选取,还原题目中的实验情境,通过实际操作得出答案。作为提高学生地理实践力的方法之一,自然地理实验可根据教学内容、学情、教学条件等灵活应用,以获得更好的教学效果、学习效果为最终目标。

二、在实际教学中有效实施自然地理实验

地理实验环节主要有三种教学方式,即教师设计—学生观看、学生设计—教师演示、学生设计且操作。教师设计和演示实验的最大优点是可以通过准确的操作最大限度地保证实验效果(尤其是展示地理现象呈现时间较短的实验),使"地理环境"与真实的地理环境基本保持一致,实现模拟实验的目的;而学生操作的实验可以使学生产生身临其境的感受,从而加深其对客观地理现象的理解。在实际教学中教师应创设更多的机会让学生参与完成实验。

下面将结合热力环流、水循环等具体案例,探究自然地理实验设计、实施、结果分析、改进等环节的具体操作方法,通过各环节讨论,进一步理解自然地理实验在实际教学中的影响与意义,同时最大化地挖掘自然地理实验教学的潜力。

(一)研读课程标准——明确"热力环流""水循环"在地理教学中的地位

教学方式的选择应因材施教,研读课程标准,明确知识点在整体教学中的地位及其重难点内容,再结合学情确定适宜的教学方式。

"热力环流"对应课程标准的内容要求:"1.6 运用示意图等,说明大气受热过程与热力环流原理,解释相关现象。"此条内容要求不再强调大气部分知识的体系性,缩

减了大量较难的知识点,降低了难度,但是"热力环流"原理依然是本节教学的重点和难点,它承接大气受热过程,更是学生学习选择性必修 1 大气运动部分的重要基础,教学时要特别注意强调地理事物发生、发展变化的时间顺序,同时要特别关注地理事物发生的时间和空间尺度上的差异,帮助学生形成良好的地理时空观念。大气运动状况复杂、运动形式多样,将热力环流的原理借助模拟实验加以演绎,可以将抽象的原理具象化,大大降低思维的难度,有助于学生应用原理解释真实的地理现象。

"水循环"对应课程标准的内容要求:"1.7 运用示意图,说明水循环的过程及其地理意义。"此条内容要求包含两个层面内容的学习,对水循环过程的学习,要求学生了解地球表面各种水体的名称和含义,明了水循环各环节包含的概念,认识这些名称和概念是理解水循环的重要基础。水循环的地理意义是本条要求的重点。水循环过程是基础知识,为说明水循环的地理意义做铺垫。并且,从高中地理知识体系来看,水循环是自然界最基本、最重要的物质循环之一,水循环运动规律是阐明地理环境中物质运动和能量转化的重要理论,可以说,水循环促进了自然界的物质运动和能量交换,同时,水循环对气候、生态、地貌等都有影响,水循环几乎伴随着一切自然地理过程,促进地理环境的发展。因此,"水循环"内容是高中地理学习的核心内容之一。运用实验演示法更能体现其发展变化的过程性,对学生理解水循环过程的地理意义较示意图法更直观形象,可以帮助学生更好地建立水循环模型。

(二) 实验前充分设计与讨论——提升学生兴趣,促进实验开展

以水循环为例,要想设计出有效且能够实际操作的模拟水循环过程的地理实验,学生在实验前要完成预习与资料查阅工作,同时还要进行生生讨论、师生讨论,提高实验的成功率和实验结果的准确率。以下是两种水循环实验设计方案。

【案例 1】

两种水循环实验设计方案

	实验设计方案 1	实验设计方案 2
实验器材	足够冷的小石头、塑料薄膜、装干沙子的小盆、水、橡皮筋、透明平底盆(常温下做实验) 方案 1 实验器材	玻璃缸、玻璃板(或塑料薄膜)、水、土、支架、泡沫板、托盘、鹅卵石、锡纸 方案 2 实验器材
实验目的	1. 通过实验模拟海陆间水循环过程。 2. 对比下垫面不同时的实验效果	1. 通过实验模拟海陆间水循环、海上内循环过程。 2. 观察实验效果,理解水循环的地理意义

续表

	实验设计方案 1	实验设计方案 2
实验步骤	1. 在两个透明容器 A、B 中分别放入小容器，其中 A 容器土多水少，B 容器水多土少。 2. 将两个透明容器用塑料薄膜封盖，并在薄膜中间压上小石子。 3. 将两个容器放置在阳光下。 4. 每间隔相应的时间，观察并记录实验效果	1. 在玻璃缸中利用实验器材布置陆地与水域。注意，将沙土铺设在泡沫板上，泡沫板与缸底留好一定坡度。 2. 将锡纸做成凹槽铺在沙土上。 3. 用塑料薄膜封盖，并在薄膜两侧（即沙土上方和水域上方）分别压上小石子。 4. 每间隔相等时间，观察并记录实验效果
探究问题	1. 塑料膜内水珠是怎样形成的？ 2. 实验中有水滴落下吗？	1. 塑料膜内水珠是怎样形成的？ 2. 锡纸的作用是什么？ 3. 表层沙土有什么变化？
实验效果	方案 1 实验效果	方案 2 实验效果

案例评析：以上两种实验设计方案各有千秋，方案 1 准备器材较少，实验过程简单易操作，实验结果相对稳定。学生在方案 1 模拟海陆间循环的设计中，重点关注了下垫面的对比，由此进一步推断水汽的主要来源。同时，有学生提出应设计 C 号器皿，下垫面全是水域环境，模拟海上内循环，此建议比较容易实现，可以布置课后探究作业，实验效果探究可参考视频中的课堂实录。方案 2 准备器材较复杂，在实际操作中，学生发现想要在有限的空间内模拟出水循环的三种类型较为困难，因此不断地改进局部设计以便获得更佳的实现效果。对比两种实验设计方案不难发现，两者都能很好地演示出海陆间水循环的主要环节和水的三态变化，即海陆间水循环的发生过程，但方案 2 通过改良下垫面设计，还展现出水循环的地理意义，如水对地貌的塑造等，实验效率更高。学生在设计、制作、展示实验的过程中，已经将水循环的主要内容了然于心，并且通过不断讨论与改进，挖掘知识间的关联，提升对知识的理解。在实验设计与实施阶段，学生对知识有较为强烈的探究意愿，学习主动性更强。

以"热力环流"为例，在实际教学中此部分内容可以利用实验演示教学的知识点很多，网络上有很多经典的实验设计案例，学生在设计时可以参考，当然，教师要鼓励学生对这些现有案例进行改进。以下提供两种可操作性较强的热力环流演示实验设计方案。

【案例 2】

两种热力环流演示实验设计方案

	实验设计方案 1	实验设计方案 2
实验准备	装满烟雾、上下开洞后密封的矿泉水瓶 2 个、冰水、开水、毛巾 2 条	长方形的玻璃缸（长 100 cm，宽 30 cm，高 40 cm 左右），塑料薄膜，一碗开水，一盒冰块
实验过程	1. 矿泉水瓶底打洞后塞好纸巾密封； 2. 在瓶中充满烟雾； 3. 用开水浸湿毛巾后包裹矿泉水瓶（用冰水浸湿毛巾后包第二个瓶子）； 4. 打开水瓶盖和下方纸塞	1. 将一碗开水和一盒冰块分别放置在玻璃缸的两端； 2. 用平整的塑料薄膜将玻璃缸上部开口处盖严； 3. 在塑料薄膜的一侧（装冰块的盒上方）开一个小洞； 4. 将一束香点燃，放进小洞内
教学方式建议	1. 可以在授课之初作为演示实验创设情境，也可以在原理讲解之后作为验证实验，教师可先提出问题，让学生推测不同温度矿泉水瓶中烟雾的运动方向。 2. 请学生描述实验过程和实验现象。 3. 组织学生就实验的科学性谈谈自己的看法	1. 本实验是热力环流中的一道经典试题的实验版，学生根据教师提供的实验器材设计实验，之后进行操作和演示实验。 2. 观察烟雾在玻璃缸内是如何飘动的。回答问题：你发现了什么规律？（引导学生提炼此实验过程和结论，从中抽象出一般规律）

案例评析： 以上两种实验设计方案具有较强的可操作性，有较直观的实验现象，便于学生观察，教师可根据实际学情及实验器皿情况选择其一。演示实验在实际教学中可以起到事半功倍的效果，目前实验器材的开发也越来越专业化，可以帮助师生解决准备实验器皿较为困难的问题。以热力环流为例，有条件的学校可以购买和使用专门的热力环流教学实验器材辅助学生完成实验（图 2-3-1）。

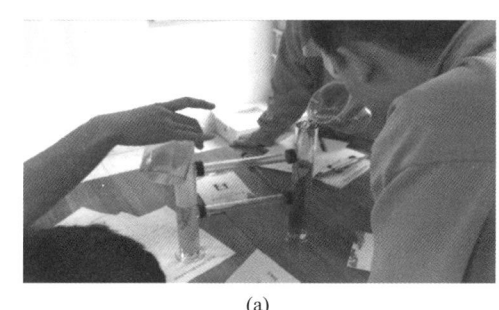
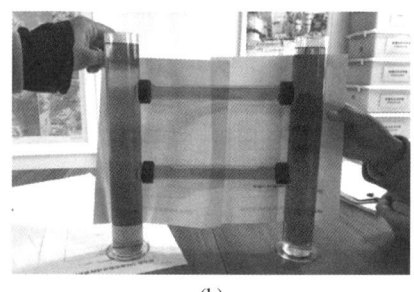

(a)   (b)

图 2-3-1 热力环流教学实验

（三）实验中认真观察与记录——锻炼动手能力，保障实验效果

实验设计固然重要，但如果没有对实验现象的观察与记录，则无法将演示实验的教学效果充分发挥。以水循环实验设计方案 2 为例，水循环实验观察记录表（表 2-3-1）体现了水循环的发展变化过程。通过连续观察，学生可以直观地捕捉到水循环过程，进而完善水循环模式图，将形象化的实验结果抽象化。并且，观察与记录的过程有助于培养学生认真严谨的科学探究态度。

表 2-3-1　水循环实验观察记录表

	第 1 次观察	第 2 次观察	第 3 次观察	……
时间				
现象				
原因分析				
实验反思：				

如图 2-3-2 所示为学生实验报告示例。

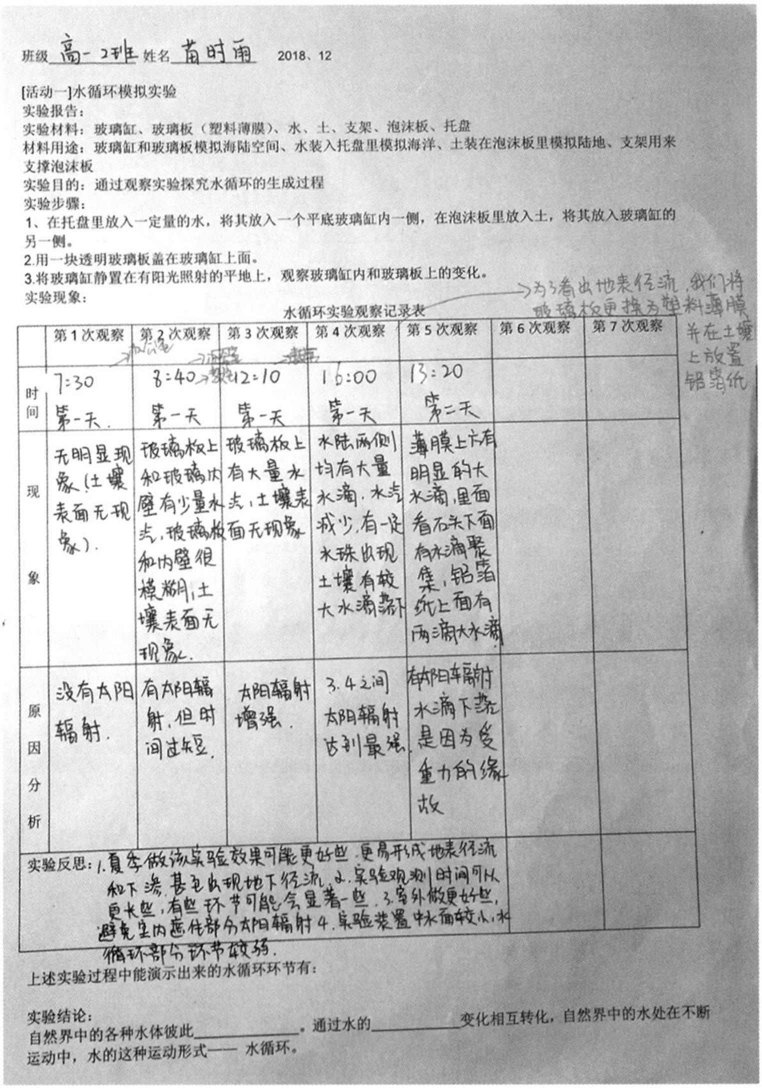

班级 高一2班 姓名 苗时雨　2018、12

[活动一]水循环模拟实验

实验报告：

实验材料：玻璃缸、玻璃板（塑料薄膜）、水、土、支架、泡沫板、托盘

材料用途：玻璃缸和玻璃板模拟海陆空间、水装入托盘里模拟海洋、土装在泡沫板里模拟陆地、支架用来支撑泡沫板

实验目的：通过观察实验探究水循环的生成过程

实验步骤：

1、在托盘里放入一定量的水，将其放入一个平底玻璃缸内一侧，在泡沫板里放入土，将其放入玻璃缸的另一侧。

2.用一块透明玻璃板盖在玻璃缸上面。

3.将玻璃缸静置在有阳光照射的平地上，观察玻璃缸内和玻璃板上的变化。

实验现象：　→为了看出地表径流，我们将玻璃板更换为塑料薄膜并在土壤上放置铝箔纸

水循环实验观察记录表

	第 1 次观察	第 2 次观察	第 3 次观察	第 4 次观察	第 5 次观察	第 6 次观察	第 7 次观察
时间	7:30 第一天	8:40 第一天	12:10 第一天	16:00 第一天	13:20 第二天		
现象	无明显现象（土壤表面无现象）。	玻璃板上和玻璃内壁有少量水汽，玻璃板和内壁很模糊，土壤表面无现象。	玻璃板上有大量水汽，土壤表面无现象	水陆两侧均有大量水滴，水汽减少，有一定水珠出现土壤有较大水滴蒸发	薄膜上方有明显的大水滴，里面看不到下面有水滴聚集，铝箔纸上面有两滴大水滴。		
原因分析	没有太阳辐射。	有太阳辐射，但时间过短。	太阳辐射增强。	3.4之间太阳辐射达到最强。	有太阳辐射水滴下落是因为受重力的缘故		

实验反思：1.夏季做该实验效果可能更好些，更易形成地表径流和下渗，甚至出现地下径流。2.实验观测时间可以更长些，有些环节可能会显著一些。3.室外做更好些，避免室内遮住部分太阳辐射 4.实验装置中水面较小，水循环部分环节较弱。

上述实验过程中能演示出来的水循环环节有：

实验结论：

自然界中的各种水体彼此＿＿＿＿＿＿。通过水的＿＿＿＿＿＿变化相互转化，自然界中的水处在不断运动中，水的这种运动形式——水循环。

图 2-3-2　学生实验报告示例

（四）实验后有效反思与改进——培养地理思维，提升地理素养

以水循环实验设计方案 2 为例，想要在有限的空间内模拟出水循环的三种类型较为困难，其中海上内循环模拟效果最好，海陆间循环效果次之，陆地内循环效果最不明显，这就需要学生主动思考如何改进实验设计方案。例如，可以调整水土面积比例，增加水域的面积以获得更多的水汽量；通过在器皿顶部密封的保鲜膜上放置石头，增加水滴的重力使其快速下落；通过在土壤表面铺设铝箔纸凹槽，增强海陆间循环的效果等，进而获得更好的实验效果。在设计和改进实验的过程中，学生自主学习了水循环的过程和主要环节，而且改进的过程就是思考自然界各要素相互影响的过程，例如通过调整土壤部分的倾斜角度可以增强实验效果，即是模拟地形对河流流速的影响；有的学生要在土壤处增加小草等植被，更接近真实环境，说明学生思考了植物与气候的关系；还有的学生建议，为了增强实验效果改用沸水，说明学生想到了气候中气温对水的蒸发量的影响；有的学生考虑实验设备的摆放，应摆放在教室中阳光最为明媚的朝南的窗台处，说明学生想到了太阳辐射对水循环的影响等。这些细节之处都是对自然要素间相互联系、相互影响的理解。此时，学生已经由探究水循环过程过渡到了探究水循环的地理意义。对地理实验的改进过程即是学习能力的提升过程。

为了进一步巩固实验效果以及考查学生理解情况，教师还可以将实验过程编制成题，例如下面的案例。

【案例3】

水循环实验情境试题

综合题：北京某学校学生利用身边的材料制作了研究水循环的地理小实验，图 2-3-3 是水循环实验装置的图片，请结合图片内容回答下面的问题。

图 2-3-3 水循环实验装置

1. 观察图片，说一说这个实验装置使用了哪些材料，分别模拟的是现实中的哪些地理环境，并在图中画出水循环的主要环节。

2. 该模拟实验揭示了自然界中的各种水体彼此相互联系，通过水的三态变化相互转化，自然界中的水在不断运动，水的这种运动形式即是水循环。请你通过分析和想象，描述该实验中水循环的过程及可以观察到的现象。

3. 为了获得更好的实验效果，同学们在设计实验装置时做了很多尝试和改进，比

如将实验装置放置在朝南的窗台上；在玻璃缸顶部的保鲜膜上放置小石子；在土上用锡纸做出一个凹槽等。你还发现了哪些精心设计之处，想一想同学们为什么这样设计。

4. 你觉得该实验还有哪些改进之处呢？提出你的改进建议。

案例评析： 将实验过程编制成题的活动，使学生从教师的视角，回顾水循环模拟实验的设计、实施、反思，从而进一步加深对水循环相关知识的理解。在命制试题的过程中学生充分调动水循环模拟实验过程中的体验和思考，基于思考编制问题和答案，并尽量使用标准的地理语言进行表述，有利于强化学生的地理表达能力，培养学生科学严谨的实验态度，最终促使学生实践力素养的提升。

三、开展自然地理实验的注意事项

开展自然地理实验教学的目的是更好地辅助学生自主学习，所以在实验教学的过程中需要注意以下几个问题。

第一，实验的设计要贴近生活。教师在创设情境进行演示实验时，可以选择贴近学生知识水平、生活实际的自然现象，客观上强化学生与真实世界的联系，引发其感悟、体验和理解。

第二，实验过程要操作方便。无论演示实验还是学生实际操作的实验，都应该符合学生现有的学科储备和实验能力，操作简单、结果明显，尽量避免因实验器材操作不当带来的结果失实或失准。

第三，受实验场地、实验器材或实验经费所限的学校，可以借助现代化信息技术辅助教学，例如从网络中检索画质较好、科学性强的演示实验视频在课堂中播放，引导学生观察和思考。

第四，根据学情，控制实验设计的难度。前边已经谈到，我国地理教材的纯文本学习难度处于中等偏易水平，因此教师可以在教学设计时，针对不同学生基础，选择不同难度的实验教学（如学生按教师设计的实验进行操作或学生自行设计并操作等），以增加学生的思维含量，辅助教师调控教学难度。

第五，实验教学与问题式教学配合使用更加相得益彰。"问题式教学"以"发现问题"和"解决问题"为要旨，在实验教学中，教师以"问题"激发学生学习和探究的兴趣，借助实验模拟地理原理和规律解决"问题"，从问题中来、到问题中去，运用地理的思维方式建立与"问题"相关的知识结构，两种教学方法相辅相成、相得益彰。通过真实情境设计问题，再通过实验演示回答问题，学习过程流畅且使学生充满探究热情。

 教学建议

综上所述，自然地理实验在实际教学中是培养地理实践力的重要手段之一，运用得当可以获得很好的学习效果。目前，在中学课堂上的实验以模拟实验为主，其中较

多的实施过程还是教师演示或者提前录制视频在课上播放,并没有实现实验的主体是学生。教师应尽可能创造机会使每位学生独立进行或分组操作实验,并且实验不应仅限于理解课本中的知识,还应用来解决某个实际问题或者学生自发提出的疑问。因此,自然地理实验教学的设计与实施任重道远,在今后的教学中,教师应深耕实验教学,引导、辅助学生通过实验自主探究,提升能力。

2-3 数字资源

2-4 如何提高学生调查自然地理现象的地理实践力？

关键问题的基本内涵

在中学地理教学中，考察、实验、调查等地理实践活动是地理课程学习的重要方式，也是培育学生地理学科核心素养的重要手段。新版课程标准在教学建议中强调加强地理实践，将实践的内涵提升到行动落实的层面，并从提升素养的高度强调实践行动的重要性。地理1的必修性质和内容特点使其成为落实地理实践力培养的重要模块，该模块大部分要求均可用探究的方式逐步落实。

在当前的高中地理教学中，由于时间、经费、学生安全等原因，地理野外考察活动一直是地理教学的短板。虽然近年来部分学校利用寒暑假开展地理研学或地理游学活动，受到部分地理教师和学生的欢迎，但部分活动也存在与地理教学的关联不够紧密、旅游意味更加浓厚等问题。同时，无论采用何种方式来开展活动，活动是否有助于培育学生的地理学科核心素养等问题，也值得我们进一步思考。

因此，对于中学地理教育工作者而言，如何紧密联系学科教学内容和学生实际，设计有针对性的地理野外考察活动，以及如何让地理考察成为面向所有学生的常态化课程学习方式，是亟待解决的关键问题。

关键问题的解决途径与教学案例

野外考察也称现场考察、实地考察，其目的是记录被考察地的自然地理和生态环境，这种学习形式是高等专业院校必要的实践教学环节，有助于学生通过直接了解所学专业的现场情况获得课堂上很难学到的实际知识、技能和经验。例如，地质专业的学生到野外考察地质、地貌的情况，生物专业的学生到山区考察植物或到海边考察海洋生物并采集动植物标本。

一次地理野外考察可以简单分为三个环节，即前期设计、活动实施、活动总结与反思。首都师范大学附属中学地理教研组曾开展过赴北京市门头沟区爨底下村的野外考察、赴北京市海淀区鹫峰国家森林公园的认识土壤实践等活动。下面结合典型案例，探讨如何在中学开展自然地理野外考察活动。

一、地理野外考察的前期设计

开展地理野外考察活动，要进行精心的筹备和设计，教师应对活动进行整体把握，特别要关注学生的实际情况，充分发挥学生的主体地位。考察方案的设计也可以让学生参与，由教师和学生共同完成。

（一）明确考察目的

野外考察活动的内涵和外延相当丰富。总体来看，开展地理实践活动的目的应围绕加强地理实践的总体目的进行把握，即：加深对地理知识体系的理解，挖掘地理实践活动的内在价值，促使学生切实关注人地关系的和谐，在地理实践活动中提升学生的地理学科核心素养。

由于一次考察耗费的时间、精力、成本较高，因此我们需要考虑活动的必要性。从组织形式来看，还应当明确要开展的野外考察活动是单学科地理实践活动，还是多学科融合的综合实践活动；是探究性考察和调研，还是实证性深化对某些知识的理解；是通过开展活动来学习野外考察的一般方法，还是在学生已经具备一定考察基础的情况下，调查自然地理环境的特点等。活动的目的不同，侧重开展的任务和目标也有差异。

【案例1】

依据活动目的设计考察活动——爨底下村综合实践考察

爨底下村位于北京市门头沟区，是一座明清时期的古村。村落至今保存着七十余座完整的山地四合院民居建筑，兼具居住和防御功能。前往该地区开展的实践活动分为单学科地理实践活动和多学科融合综合实践活动。

单学科地理实践活动主要是借助该聚落在地理教学中的研究价值，带领学生实地考察，了解聚落特征，观察部分地质构造，考察流水侵蚀地貌——壶穴，引导学生探讨聚落在民居建筑材料、院落结构等方面与环境的关系。

多学科融合综合实践活动是将语文、历史、地理等多学科内容相结合，给学生布置综合的、开放的学习任务。考察后，教师根据学生的记录情况，基于学生的生成性感受、问题等教学素材，开展分学科课堂教学活动。

案例评析：这两类活动都体现了综合性、实践性，但侧重培养学生的能力不同。单学科地理实践活动侧重培养学生地理学科的实践能力，深化学生对地理学科知识的理解。多学科融合综合实践活动则侧重培养学生综合运用多学科知识与技能的能力。

即便是单一的地理学科考察活动，也应明确是侧重某一地理要素的考察，还是对区域环境的综合考察。教师在开展相关实践活动时，应明确目的，结合教学意图有针对性地开展考察活动。

【案例2】

认识土壤实践活动设计意图

课程标准在必修地理1安排了"1.9 通过野外观察或运用土壤标本，说明土壤的主要形成因素"内容。我们希望学生通过室内实验的形式，结合不同土壤标本，从土壤的颜色、粒径大小等方面认识土壤，进而说明土壤的形成因素。但若想通过颜色、粒径大小对土壤进行分类，可能存在准确性及科学性问题。根据土壤的分层特点，不同层位土壤的性状也有差异，体现出土壤发育的阶段特点。在中学阶段，我们虽不能让学生熟练掌握土壤的分类方法，但通过探究和野外考察，应当让学生具备认识土壤的视角，即认识土壤具有分层的特点，来探究影响土壤形成的因素。为此，我们决定带领学生观察土壤剖面，考察目的包括学习挖掘土壤剖面的方法以及运用剖面来认识土壤的性状。

案例评析： 在上述活动中，教师依据设计教学内容过程中出现的问题，确定考察目的，有利于获得教学素材，也便于突破教学难点，如果是学生在学习过程中自主发现的问题和困惑，并尝试开展地理实践进行解决，则更有利于学生能力的提升。

（二）确定考察内容

教师应深入挖掘考察资源，使其成为适合中学地理实践活动的素材。课程标准和学生的心智发展水平是确定考察内容的重要依据，教师应结合考察区域特点，选择具有代表性的地理事物作为考察内容。高中自然地理野外考察课的考察内容大致有以下几种。

（1）地质地貌类，如对岩石种类的观察及判断，对地质构造的观察及判断，对地质成因的判断等。

（2）水文类，如对河流侵蚀、河流堆积地貌的观察及判断，对水流速度和含沙量的测定等。

（3）土壤类，如对土层剖面的观察等。

（4）植被类，如观察和调查植物群落的外貌和结构特征等。

（三）制订考察计划

1. 明确考察目标

在明确活动目的之后，需要确定具体的考察目标。确定考察目标要结合课程标准的内容要求并配合教学内容，力争做到可操作性强、适合学生发展水平，确定考察目标的过程最好有学生参与讨论。下面以挖掘土壤剖面活动为例，探讨确定考察目标的过程。

【案例3】

认识土壤实践活动目标设计

我们决定带领学生观察土壤剖面后就开始思考：如何有效地开展这次活动？怎样让活动达到我们的目的？之后，我们便与学生共同计划这次活动。在计划这次活动的过程中，学生在教师的引导下开展头脑风暴，想到了以下问题：

① 如何在自然界找到典型的土壤剖面？

② 是否需要人工挖掘剖面？

③ 剖面是否具有典型性？

④ 挖出剖面后要看什么？

⑤ 是否需要带回样本进行具体分析？
⑥ 如何在剖面中采集土壤样本？
⑦ 如何对样本做进一步分析？

经师生商定，最终确定以下考察目标：

（1）通过查阅资料，寻找能够代表北京低山区地理环境的区域进行野外考察，并选择适宜挖掘土壤剖面的地点，培养查阅资料、分析问题的能力。

（2）通过查阅资料，学会选择土壤剖面、挖掘土壤剖面、采集土壤样本、恢复土壤剖面的一般方法，逐步提高观察能力，树立人地协调观。

（3）通过野外土壤速测法检验土壤样本，学会运用pH试剂、土壤质地测量方法识别土壤的类型，逐步提高地理实践力。

案例评析：从确定考察目标的过程来看，学生的主体地位得到充分体现，学生对考察目标也更加清晰明了，学生的地理实践力特别是设计考察方案的能力得到了提高和加强。

2. 开展预考察活动

在明确考察目标之后，还需要制订具体详细的考察计划。有条件的情况下，教师应提前到考察地点进行预考察。预考察也可以由师生共同完成，应围绕考察区域的具体情况展开，如线路安排、时间安排、安全注意事项等，以便在制订具体考察计划时有针对性地解决好预考察时出现的问题。

【案例4】

认识土壤实践活动的预考察实录

在认识土壤实践活动中，教师选择北京鹫峰国家森林公园作为考察区域，但区域内部考察线路，剖面选择的地点，是否需要提前与公园管理处报备等客观问题，需要前期进行了解。兴趣小组借助预考察契机，拍摄了活动短片作为野外考察的一手资料，供不能参与实地考察活动的同学观看。

案例评析：活动中，学生结合不同尺度区域环境特点，针对土壤剖面的选址问题，拍摄活动短片，启发未能到场的同学进行思考。这也为开展课堂教学提供了良好的教学素材。

3. 制订具体的考察方案

通过预考察活动，考察内容会更加明确。为保障实践活动的顺利开展，教师还应制订完整、详细、可操作性强的考察方案。

在安全保障方面，自然地理野外考察需要活动组织者、学校后勤部门共同关注学生的安全、交通、食宿等问题。组织者应提前规划好出行时间、出行路线，制订好安全预案，并依据学校规定进行前期报备，以保障活动安全。教师团队应进行前期分工，如可以划分为学术指导组、安全保障组、后勤宣传组等。活动之前，应给学生家长发放活动通知及回执，留存学生和家长的联系方式，并细化到每位学生由哪位老师负责。

在活动内容方面，教师应紧密围绕考察目标来设计活动，充分考虑活动的时间、地点及其与考察内容的关系，明确考察需要携带的用具、装备，如认识土壤活动需要使用的工具有铁锹（用于挖掘土壤剖面）、pH试剂、稀盐酸、洗瓶、蒸馏水、记号笔、小刀、土壤袋、钢卷尺、摄录设备及记录本（或记录单）等。

教师应尽量给学生提供一些考察指导文本材料，如考察任务书，用于指导学生活动，明确职责，标注需要学生在考察点观察、记录的内容、思考题及考察记录表，使学生能按照规范完成考察活动。

二、地理野外考察的活动实施

（一）按计划开展考察活动

教师应充分了解考察计划，以保障有序、顺利地开展自然地理野外考察活动。为避免因错过考察地点、忘记考察内容等失误影响考察效果，建议学生分组、分批次进行考察，避免学生在考察点扎堆。指导学生以小组为单位自主选择一些考察主题，尊重学生的个体差异，强调学生的主动探索、发现和体验。

（二）注重地理实践力的培育

自然地理野外考察是培育学生地理学科核心素养的重要途径，在野外考察中教师要关注学生地理实践力的培育形式及视角。

1. 注重学生实践体验，选择适当的实践模式

野外考察是学生难得的体验契机，教师应在野外考察中注重学生的实践体验。常见的野外教学方式有现场授课、学生动手实践、学生自主探究等基本模式。

模式一：教师现场授课，学生听课记录。到达野外考察点后，教师给学生讲解某种自然地理景观的特点及形成原理等。其优点为方便教师组织，学生只需要认真听、认真记，便能够了解到自己平时关注不到的现象。但这种模式给予学生观察、动手、实践以及发现问题的空间较小。

模式二：教师现场指导，学生动手实践。这种模式给予学生一定的自主学习空间，教师用现场指导的形式启发学生用多种途径去观察，鼓励学生动手操作。例如，在挖掘土壤剖面的活动中，教师在现场启发学生选择并挖掘土壤剖面。

【案例5】

选择挖掘土壤剖面地点过程实录

鹫峰国家森林公园虽然相对平坦，但基本都已经被开发，建设了道路或者建筑。在选择自然地理考察地点时，教师启发学生选择受人类活动影响较小的区域作为挖掘土壤剖面的地点。

案例评析：在案例中，有学生认为可以往园区内人迹罕至的山上找一个缓坡，然而，缓坡地区与平坦开阔区域的土壤剖面挖掘方式有很大不同，因此，教师又进一步启发学生思考如何结合地势特点来挖掘土壤剖面，同时鼓励学生亲自动手挖掘土壤剖面。这个过程可以使学生对选择考察区域的原则有更深入的思考和理解。

模式三：教师现场管理，学生自主探究。这种模式的实施难度较大，但可以给予学生较大的自主空间。具体来说，教师应提前对学生进行培训，告知学生考察地的具体情况及调查方案。考察期间，学生根据前期搜集的资料进行自主调查。当学生遇到不懂的问题时，教师可以进行点拨，或者不给出答案，只提醒学生将所听、所见、所闻、所想认真记录在记录本或考察记录表中，给予学生充分的合作探讨机会。考察结束后，教师可以将学生在野外获得的一手资料筛选整理为课堂教学素材。

在实际开展考察活动的过程中，教师要放开手脚，尽量多地给予学生自主探究、自主考察、自主思考、自主记录的空间和时间。

2. 注重落实核心素养要求，培育学生的地理实践力

在考察活动过程中，教师要关注学生必备品格和关键能力的形成过程，本着行动、独立、自主的原则，多维度培育学生地理实践力，提高实践思维含量。在野外考察活动中，教师要挖掘活动的内在价值，通过设计实践过程的探究任务、观察问题，提升学生独立行动、自主思考的意识和能力。

教师在开展自然地理野外考察时要关注学生观察和记录、标本采集、动手实践等能力的培育。

第一，观察和记录能力。

野外记录是独立取得第一手资料的重要手段，主要依靠敏锐、准确、周全的观察和及时的访问和记载。在野外记录时，要绘清野外土壤剖面示意图，以表现地形的垂直变化情况、各种地形的位置等。必要时还需要通过图像、声音素材来表达景观特点，这也是撰写考察报告和论文的初级素材。在撰写野外考察报告时最好按照统一的格式进行，除记载线路（如从……出发，经……到……)，观察地点的编号、气压、高度以及观察时间、天气等一般项目外，专业考察还要结合考察内容记录以下各项：

① 观察点的地理位置，所属行政单位和明显的自然单元。

② 基岩岩性、风化程度，或疏松沉积物的成因、类型、岩性等。

③ 地形的成因、类型和形态名称、现代地貌过程，如风化、侵蚀、沉积的特点和强度等。

④ 坡向和坡度。

⑤ 湿润条件、水分来源（如大气降水、地表径流）、排水条件、潜水埋藏深度等。

⑥ 土壤各种发生层的厚度、颜色、质地、结构、湿度、新生体、pH 等，特别注意表土的机械组成，如壤质、砂质、黏质等。

⑦ 植被群落名称等。

区域综合考察：除包含以上信息外，还应描述自然地理单元的名称以及利用和改造情况等。除了用文字描述外，还可以用示意图、剖面图、素描图等多种形式进行描述，以提高描述的准确性。

第二，标本采集能力。

教师应指导学生寻找典型的观察地点，根据考察内容选择有代表性的、新鲜的事物进行观察和采集。例如，采集土壤标本时，要用小刀刮出新鲜剖面，自下而上分层取土，避免标本被污染，各种标本应予以详细登记说明，特别是对需要进一步化验的土壤、风化壳和岩石标本等，避免因采样地点不够确切、采样不够标准、采样层次不全等影响后续实验结果。

第三，动手实践能力。

在实践过程中，有些野外考察方法需要反复多次尝试，需要教师多次耐心地指导学生动手实践，这也是培养学生科学精神、科学态度的重要途径。以下是在认识土壤实践活动中，教师指导学生动手实践的案例。

【案例6】

认识土壤实践活动中教师指导学生动手实践的实施策略

1. 测量土壤的pH。提醒学生注意待土壤充分沉淀后，再取上层清液进行测试，避免土壤本身的颜色对pH试纸显示的颜色造成影响。同时，滴入pH试剂的土壤上层清液需要快速观察，判断其pH，避免时间过长造成测试不准的情况。

2. 运用野外速测法判定土壤质地。需要考察者凭借经验，采用干试法、湿试法进行判定。例如，考察者需要取算盘珠大小的土块，而算盘珠大小的土块是多大，则根据个人的经验来判断。

干试法是指在干燥状态下，以手掌中研磨时的感觉来初步判断土壤属于哪一类质地，主观性更强。一般来说，土壤质地的判断应以湿试法为准，特别是对初学者来说。

湿试法是指给土壤标本进行加水，采用搓条、弯环、压扁等方式进行判断。需要给算盘珠大小的土块加多少水？揉搓到不粘手是何种程度？这些问题对于土壤专家来说都是很难定量的，而且这种方法受个人经验、主观感受影响较大，需要教师不断进行指导。

案例评析：除上述实践能力外，教师还应关注学生在实践活动中处理数据的能力、表达地理现象的能力、使用仪器设备的能力、采集标本的能力以及寻找实践活动材料的能力等方面的表现。这些都是地理实践力素养的具体体现。

（三）逐步树立人地协调观

自然地理野外考察是培育人地协调观的地理实践活动方式之一。在考察过程中，教师应引导学生观察地理各要素之间的联系，探讨人类活动与自然环境的关系，从而逐步树立人地协调观。特别是专业性野外考察，为了深入观察某一地理现象，可能需要对地理环境造成一定的改变或破坏。虽然这种改变或破坏对自然环境的影响范围较小，但教师仍要借助该契机引导学生思考如何将不利影响降到最低，帮助学生逐步树立人地协调观。

【案例7】

认识土壤实践活动中人地协调观的培育

在挖掘土壤剖面之前，教师便启发学生思考：如何防止因挖掘土壤剖面而对人类和牲畜造成的安全隐患？学生认为，需要回填土壤。然而，由于土壤具有分层性特点，如果将表层土填入底层则影响土壤的肥力。在教师的启发下，学生在挖掘土壤剖面时，便能注意分层放置土壤并按顺序回填。

案例评析： 案例呈现了学生思考如何将环境影响降到最低的过程，既提升了学生的地理实践力，也起到了培育人地协调观的作用。

（四）关注学生的生成性问题

教师在考察活动中应详细记录学生的生成性问题，并适时地将学生的生成性问题进行归类，在课堂上进行讨论或解答。这对提升学生的思维品质和改进考察方案都会起到良好的作用。例如，在开展认识土壤的活动中，学生观察土壤剖面提出了以下问题：为何土壤剖面分层不明显？枯枝落叶是否属于土壤？如何减少在不同的光线、湿度情况下比较土壤颜色时出现的偏差？这些问题都是非常好的学习资源，教师在课堂上可以让学生进行充分讨论，提高学生的思维品质。

三、地理野外考察的活动总结与反思

外出考察是完成地理野外考察的重要环节，教师应引导学生在考察后做好总结工作，通过成果展示、学生评价等活动及时激励学生，提升学生的学习兴趣，巩固学习成果。这也可以为活动的再设计提供借鉴。

（一）调查结果分析

（1）分析野外记录材料。考察结束后，要及时整理一手素材，以便及时发现问题，不能凭印象或记忆修改实地观察的结果。

（2）整理野外采集的标本。野外采集的岩石、植物、动物、土壤等标本，有的需要翻压，有的需要鉴定。整理标本时，应秉承该留则留、当弃则弃的原则，这既能保证标本具有代表性，又可以节约运输和化验费用。有条件的学校还可以对标本进行加工处理，以便进行展示。如图 2-4-1 为首都师范大学附属中学地理教室中展示的学生制作的土壤剖面标本。

图 2-4-1 学生制作的土壤剖面标本

(3) 绘制相关图件。绘制各种图件，既是综合又是总结工作，表现在图上的内容是经过分析综合后的产物。专业考察侧重呈现考察内容。例如，在认识土壤的活动中，学生绘制了土壤剖面的示意图、考察点分布图等。综合地理调查需要绘制土地类型平面图、自然区平面图、综合垂直剖面图、聚落分布图、城市布局图等。

（二）调查结果呈现

野外考察的结果常用调查报告或专题论文等形式呈现。调查报告应涵盖考察的区域、考察方法、考察的主要内容、考察的现象记录、考察总结等。专题论文与考察报告不同，不要求以全部实习区域为对象，只要求选择其中收获最大的方面进行深入论述，选题要具体，不宜过大，要选择内容感兴趣、考察详细、搜集资料多的方面来写。

四、如何评价和改进中学自然地理野外考察活动

（一）地理野外考察评价的方法

地理野外考察评价是中学地理实践考察教学活动的必要环节，不仅有助于教师和学生采用相应的教学和学习对策，还有助于对野外考察实践活动进行改进。

1. 地理野外考察的教学评价

开展地理野外考察的教学评价可以促进教师更新地理教学观，形成地理实践教学思想，培养地理实践教学能力。这不仅有利于实现地理教学目标，还可以引导教师不断探索创新，积极开展地理教学研究工作。

教学评价应从野外考察的教学目标、教学内容、方案设计、过程安排、学生反馈等方面展开。可以采用观察法、访谈法、问卷法等方法，定量评价和定性评价相结合，了解学生对地理野外考察开设效果的反馈。例如，可以采用定量评价的方式，编制认识土壤野外考察活动教学评价量表对教学进行评价，同时采用教师自评、同行评价、专家评价、学生评价等多种评价方式对教学进行定性评价。

2. 地理野外考察的学习评价

地理野外考察的学习评价意在通过评价发现学生在野外考察学习中的优点和不足，引导学生掌握正确的地理野外考察方法，促进学生学习。因此，教师在构建评价指标体系时，要考虑学生表现的等级，合理制定等级标准，同时注重地理实践的过程性评价，发挥评价对学生学习的导向功能，反映活动对促进学生地理实践力素养提升的作用。

（二）地理野外考察的再设计

基于考察评价，教师可以进一步思考如何改进活动或重新设计新的考察活动。在考察活动的再设计方面，教师应梳理实践经验，反思活动的目的。

【案例8】

认识土壤野外考察活动的再设计

我们在开展完认识土壤的野外考察活动后，提出了以下问题：

① 我们设计的认识土壤考察活动是为了培养今后的土壤专家吗？
② 我们设计的活动究竟培育了学生的哪些素养？地理实践力素养的内涵是什么？
③ 学生如果不参与土壤考察活动，能否关注到不同区域的土壤特点？
④ 这次活动的开展对学生今后走进自然界欣赏自然环境提供了哪些帮助？

案例评析： 上述问题的提出就是对活动进行再设计的出发点或切入点。如果今后再次开展类似活动，我们可以尝试开展一个包含土壤考察的综合活动，前期可通过微课等形式教授学生挖掘土壤剖面的方法。教师在开展活动的再设计时，不妨尝试让学生自主设计一个考察活动，既便于改进活动本身，也可以促进学生策划能力的提高。

 教学建议

地理实践是获取直接经验和训练学生科学思维、科学品质的过程。野外实践考察活动是学习地理课程的重要方法，是学生在自然、社会课堂中接触自然、了解社会，进而学以致用的有效途径。

地理野外考察活动涉及面广，教学组织比较复杂，需要精心策划。教师在组织活动时，要解放思想，让学生"走出去""动手""行动"，在实践中获得直接经验和对真实生活的"真"认识、"真"感觉，提升考察自然地理现象的意识，获得解决问题的真实能力。

2-4 数字资源

2-5 如何运用视频、图表等资料开展问题式教学活动？

关键问题的基本内涵

问题式教学是一种基于建构主义理论的教学方式。它通过问题来整合相关学习内容，以发现问题和解决问题为主旨，在解决问题的过程中建立与问题相关的知识结构，并能由表及里、层次清晰地分析问题，最终解决问题。

课程标准在实施建议中强调，高中地理教师要重视问题式教学。地理问题式教学是一种素养培育导向的教学，与传统教学方式相比，更能体现其特有的育人价值。首先，问题式教学突出教学内容的结构化和关联性。基于真实情境设置的问题可以覆盖多项内容要求或者涵盖教材的不同章节，甚至可以跨学科、跨学段，能引导学生综合认识自然、社会、经济、文化之间的相互作用与协调关系，避免了知识点的孤立化和碎片化。其次，问题式教学可以优化学生认知结构加工的路径。学生不再按照教材和教师的讲授去学习知识，转而根据问题的需要调用头脑中不完善的、有限的学科知识甚至跨学科知识与现实中的问题去碰撞、去批判，并在此过程中通过同化与顺应，实现个性化的、独特的认知结构的不断优化和完善。最后，问题式教学能帮助学生加深对地理学科知识价值的领悟。在问题式教学中，基于真实情境的问题将知识拓展到现实领域，学生在解决问题的过程中实现教材与社会、理论与实践的融合，加深对知识的理解，认识到地理学科知识在解决问题中的科学价值。

运用图表、视频等资料呈现地理信息，引导学生发现问题，带着问题查阅并收集相关信息，解决问题的过程中还会出现新的问题，可以促进教师变革传统教学方式，进一步落实问题式教学，对学生的学习产生积极影响，逐步培育学生的地理学科核心素养。

关键问题的解决途径与教学案例

问题式教学，问题的设计是基础，而问题的设计需要依托情境，情境可以通过视频、图表、文字等多种形式来呈现。我们根据问题式教学的一般流程和实际教学经验，就如何运用视频、图表等资料开展问题式教学活动提出三条途径：一是运用视频、图表等资料创设问题情境，激发学生的探究欲望；二是设计问题链条，帮助学生破解图表阅读之谜；三是促进学生在自主建构中形成对图表阅读和知识的深层理解。下面结合地理1中的有关章节，介绍本教学关键问题的解决途径和具体过程。

一、运用视频、图表等资料创设问题情境，激发学生的探究欲望

（一）运用视频创设问题情境

随着信息技术的发展，视频资源种类不断推陈出新。地理教学中常用的视频资源包括新闻资讯、纪录片、动画片、模拟动画等。在地理教学中应用视频资源可以在短时间内再现自然地理事物的变化过程，展现人类生产和生活场景，弥补时间和空间对学生学习的限制。例如，中央广播电视总台制作的《航拍中国》系列节目，从空中视角展示了中国的自然地理和人文景观，为地理教学提供了优质的教学视频资源。而一些模拟动画视频可以展示原理和过程，方便学生多视角观察，有利于解决教学难点。在地理1和自然地理基础模块的教学中，许多自然原理和规律可以通过模拟动画视频的方式辅助学生学习。下面我们以"地球的宇宙环境"一课的问题情境创设为例进行简要分析。

【案例1】

"地球的宇宙环境"情境创设

课程标准对地理1"地球的宇宙环境"的内容要求为：1.1 运用资料，描述地球所处的宇宙环境。

该条内容要求中的"运用资料"，是指教师可以使用文字、图像、视频等不同的资料，帮助学生从宏观层面认识地球在天体系统中所处的位置，从微观层面知道地球是太阳系中的一颗既普通又特殊的行星。在教学活动中，教师可以从《央视教育视频资源库》的"宇宙与地球"系列中选择相关视频片段，经过编辑后用于教学情境的创设，提出问题：宇宙中有哪些物质？地球在宇宙中处于什么位置？宇宙是如何运转的？

案例评析：这种情境创设方式克服了学生受所处空间的限制，不能观察宇宙全貌，要通过想象来认识宇宙等不利条件，有助于促进学生从宏观和微观层面观察和认识地球所处的天体系统，引导学生形成对地球所处宇宙环境的直观认识，激发学生对探索宇宙空间奥秘的兴趣。

（二）运用图表等资料创设问题情境

必修地理1旨在帮助学生了解基本的地球科学知识，理解一些自然地理现象的过程与原理，增强对生活中的自然地理现象进行观察、识别、描述、解释、欣赏的意识与能力，树立尊重自然、顺应自然、保护自然的观念。课程标准在教学内容要求和教学建议中多次强调运用示意图和图表说明相关自然地理现象的过程和原理。例如：

1.2 运用示意图，说明地球的圈层结构。

1.3 运用地质年代表等资料，简要描述地球的演化过程。

1.4 通过野外观察或运用视频、图像，识别3~4种地貌，描述其景观的主要特点。

1.5 运用图表等资料，说明大气的组成和垂直分层，及其与生产和生活的联系。

1.6 运用示意图等，说明大气受热过程与热力环流原理，并解释相关现象。

1.7 运用示意图，说明水循环的过程及其地理意义。

1.8 运用图表等资料，说明海水性质和运动对人类活动的影响。

在高中地理教学涉及的地理图表中，最基本、最常用的是统计图表和示意图。下面我们以"大气受热过程"为例说明图表在问题情境创设中的运用。

【案例2】

"大气的受热过程"情境创设

源于生活中的问题是学生感兴趣的话题，在学习"大气受热过程"前，教师可以创设这样的情境：测量并记录或查询天气预报，获得某日的气温变化数据，并根据数据绘制气温曲线图，描述气温的日变化规律，提出本节课的核心问题——气温是怎么产生的？大气是怎样受热的？然后出示大气受热过程原理示意图。

案例评析：从生活实际中的天气现象提出问题，导入新课，增强学生的问题意识，激发学生的学习兴趣；通过绘制气温曲线图，提高学生的实践能力。大气受热过程原理示意图可以简单明了地表示能量的传递和转化过程，有利于学生直观地观察近地面大气受热过程。

二、设计问题链条，帮助学生破解图表阅读之谜

（一）地理过程示意图的阅读

示意图是地理教材和地理教学中最常见的图形之一。它用简明、形象、直观的图形来说明地理事物的概念和结构，或说明内容较复杂的地理事物的成因、原理、运动过程、分布规律和发展演变过程。地理教材中的示意图形式多样，主要包括关联图、原理概念图、过程示意图、结构示意图。下面以"大气受热过程"的教学为例，运用大气受热过程示意图，设计问题链条，使学生明晰大气受热过程原理，并学会阅读地理过程示意图的一般方法。地理过程示意图体现了地理过程是如何发生的，反映了地理要素在时空方面的变化。在读图时，关键是抓住各个地理环节发生和发展变化的先后顺序，进而分析地理事象的发展及变化的时空规律。

【案例3】

"大气的受热过程"示意图阅读

在阅读大气受热过程示意图（图2-5-1）时，教师依据太阳辐射能进入大气层后的流动和转换过程，设计了层层递进的问题链，引导学生阅读思考。

（1）大气受热过程共涉及几种辐射？

（2）近地面大气最重要的能量来源是什么？

（3）太阳辐射穿透大气层全部到达地面了吗？为什么？太阳辐射在到达地面的过程中，大气对其有何影响？

（4）达到地面的太阳辐射是不是全部被地面吸收了？为什么？

（5）地面辐射的去向是哪里？大气为什么少量吸收太阳辐射而大量吸收地面辐射？

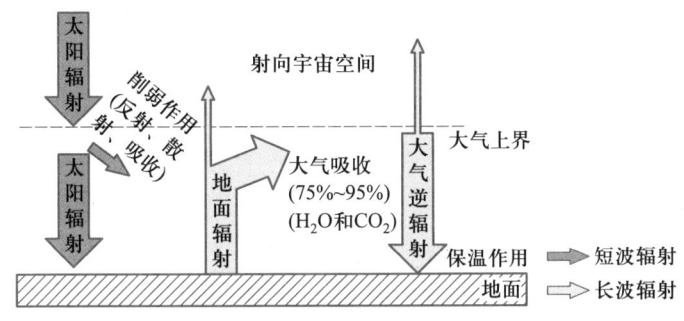

图 2-5-1 大气受热过程示意图

(6) 近地面大气主要的直接热源是什么?
(7) 大气升温后形成的大气辐射去哪里了?对地面有什么影响?
(8) 用语言概括大气受热过程,并尝试用箭头绘制大气受热过程示意图。

案例评析: 学生通过对问题链的探究,深入挖掘地理过程示意图中的地理信息,理解大气受热过程中太阳辐射、地面辐射、大气逆辐射三者之间的转化关系,以及大气受热过程中各个地理要素之间的相互联系,明晰大气升温的过程和原理,并从原理角度理解气温的影响因素,最后通过文字描述和示意图绘制,将学习成果进行展示。

(二) 等值线图的阅读

等值线图是一种以相等数值的连线表示制图对象数量特征的图形,常用来显示地理现象的地面和空间的连续分布及其均匀渐变的现象。它是专题地图的重要图形,很多地理要素的时间和空间变化都是通过等值线图来表示的。常见的等值线图包括等高线图、等温线图、等降水量线图、等压线图、等太阳辐射量线图等。学生应掌握阅读等值线图的一般方法,并能够熟练地获取地理要素的时空分布特征。下面以"太阳对地球的影响"一课中"太阳辐射分布图的阅读"为例,通过设计问题链,使学生明确阅读等值线图的一般方法。

【案例4】

太阳辐射分布图的阅读

太阳作为离地球最近的恒星,通过太阳辐射与太阳活动影响着地球,与地球关系密切。太阳辐射为人类的生产和生活提供能源,同时又对地理环境的形成和变化起着关键作用,该部分内容是学生学习自然地理的基础。本节课以"太阳能利用方案设计"为项目开展问题式教学,学生可能会提出"什么是太阳辐射?""太阳辐射能量来源于哪里?""太阳辐射的时空分布有何特征?""太阳辐射对地理环境的影响有哪些?""人类是如何利用太阳辐射的?"等一系列问题。以太阳辐射为主题的项目式教学又可以分为太阳辐射的来源、太阳辐射的分布、太阳辐射的影响、太阳辐射的应用四个子项目,通过对以上小问题的探究可以达到对大问题的深化认识。

太阳辐射分布子项目的探究过程要用到太阳辐射分布图,所以应用阅读等值线图的一般方法描述太阳辐射空间分布特征并总结一般规律,成为一个核心问题。教师在指导学生阅读该等值线图时,可以设置以下问题:

(1) 一般的等值线图有什么特点？

① 同一条等值线上各点的数值有何特点？

② 同一幅等值线图上的等值距有何特点？

③ 两条相邻的等值线数值有何特点？

④ 等值线的疏密反映地理要素的什么特点？

(2) 如何阅读等值线图？

① 读图名，识要素。

② 读数据：最大值、最小值、递变规律。数据判读具体还涉及以下方面：绝对值（点不在等值线上）如何判读，相对值如何判读，弯曲处如何判读，两条等值线之间的闭合区域（标数值、不标数值）如何判读。

③ 看分布：等值线在走向、疏密变化等方面有何特点？

④ 析原因：哪些因素影响了该要素的分布特点？

(3) 阐述地理事物的变化规律：从等值线图的数值变化中可以归纳出哪些特点？特殊的区域要结合具体情况推理后描述。

案例评析： 通过阅读太阳辐射分布图，学生不仅可以明晰全球太阳辐射分布的规律及影响因素，同时强化阅读等值线图的一般方法，还可以通过分析中国太阳辐射分布的等值线图，对等值线图的阅读方法进行运用和迁移。

三、促进学生在自主建构中形成对图表阅读和知识的深层理解

问题式教学以问题为引领，以问题整合内容，用地理思维解决实际问题，从而形成独特的地理学习路径，使学生在发现、分析、解决问题的过程中掌握知识、促进思维、增进能力、全面发展。

从实施问题式教学的一般流程（图2-5-2）"提出问题—分析问题—解决问题"来看，能将分析问题过程中学习到的知识和方法应用于解决问题，是问题式教学的最终目标。这需要学生将知识和方法同化、内化，建构自己的认知结构，形成对该问题解决的深层认知。而更高的要求是将问题解决的成果及所学到的知识迁移到其他新的真实情境中，解决新的问题。下面以"大气受热过程"的教学为例，说明在促进学生构建知识、加深深层理解方面的教学活动设计。

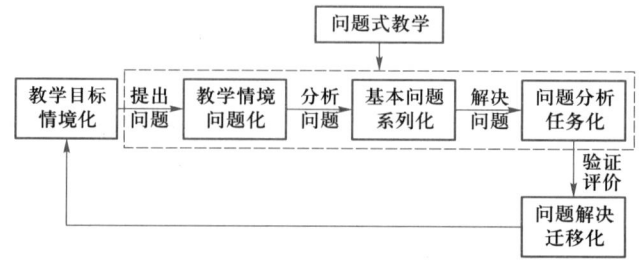

图2-5-2 问题式教学设计的一般流程①

---

① 李春艳. 中学地理问题式教学的研究与设计［J］. 中学地理教学参考，2020（21）：4-7.

【案例 5】

大气受热过程学生活动设计

为促进学生构建大气受热过程原理的知识框架，本课设计了以下教学活动。

1. 图文转换

学生任务：根据教材示意图，使用地理专业术语描述大气受热过程。

设计说明：描述地理示意图时，学生要将读图时获得的显性信息、隐性信息及其逻辑关系、形成过程表述出来。用准确的地理术语对地理现象和原理进行演绎和归纳，是对地理过程进行分解和重组，能增强学生对地理过程的理解。

2. 思图绘图

学生任务：根据大气受热过程原理，绘制大气受热过程示意图（变式图）。

设计说明：在学生绘图过程中，教师应及时关注学生绘图的思路及方法，即画哪些、为什么画、怎么画，让学生边想边画、边说边画，亲身体验知识的建构过程，帮助学生形成良好的地理思维习惯。绘制示意图尤其是变式图，是学生展示学习成果的过程。

绘制示意图后，学生可以通过评价量表（表 2-5-1）互评地理绘图技能。

表 2-5-1　示意图绘制评价量表

评 价 内 容	是	否
1. 正确标注地面、大气和大气上界，表示大气受热过程的范围		
2. 正确绘制太阳辐射、地面辐射、大气辐射、大气逆辐射的框图		
3. 正确运用箭头标注三类辐射的方向		
4. 正确运用箭头的粗细表示三类辐射大小的变化		
5. 正确标注削弱作用、保温作用的位置		

3. 应用原理解释地理现象

学生任务：结合大气受热过程原理和示意图，解释以下地理现象。

（1）1 日内最高气温通常出现在 14 点后，最低气温通常出现在日出前后。

（2）在对流层，气温随海拔升高而降低（诗句"人间四月芳菲尽，山寺桃花始盛开"描述的现象）。

（3）青藏高原是我国太阳辐射能最丰富的地区。

（4）同一地区晴天昼夜温差比阴天大。

（5）二氧化碳增多会加剧全球气温升高。

（6）人造烟雾可以用来预防霜冻。

案例评析： 从内容要求上看，大气受热过程原理的落脚点是学生可以运用原理解释生产和生活中的一些地理现象，知道这些知识在生产和生活中有什么作用以及如何运用。教师联系生产和生活中的实例设计探究问题，不仅可以增强课堂的趣味性和吸引力，让学生运用地理知识解决生产和生活中的问题，实现深度学习，还可以使学生加深对知识的理解和重构，在此过程中感受地理学科的实用性。

 教学建议

在地理教学实践中，问题式教学的设计和实施过程还存在很多需要不断改进的地方。例如，从问题的提出看，仍以教师创设问题情境、提出相关问题并请学生思考回答为主，问题的提出者主要是教师而不是学生，部分学生缺乏地理问题意识，提问的积极性不高。从教学过程看，主要还是教师根据自己的理解来判定教学目标、重难点，设计教学问题，教学过程只是将问题作为组织教学的线索，主要过程仍由教师讲解完成。从思维过程的发展来看，仍是学生的思维围绕教师转，课堂的主体仍然是教师。

在问题式教学实施中，问题是学习过程的起点，如何设计出驱动性强的问题，激发学生的认知冲突，唤醒学生的创造性思维，让学生在真实的学习情境中分析、探索与实践，最终获得问题的答案，提升问题解决能力，是值得教师去探索和研究的方向。

2-5 数字资源

2-6　如何辩证地看待自然环境与人类活动的相互关系？

关键问题的基本内涵

课程标准明确指出：人地协调观指人们对人类与地理环境之间关系秉持的正确的价值观。人地关系是地理学研究的核心主题。面对不断出现的人口、资源、环境和发展问题，人们越来越深刻地认识到，人类社会要更好地发展，必须尊重自然规律，协调好人类活动与地理环境的关系。人地协调观有助于人们更好地分析、认识和解决人地关系问题，成为和谐世界的建设者。因此人地协调观是地理学科育人价值的集中体现。因此，如何辩证地看待自然环境与人类活动的相互关系是地理学科培养目标的核心点之一。

自然辩证法是马克思主义关于自然界和科学技术发展的一般规律以及人类认识和改造自然的一般方法的科学。自然辩证法在马克思主义理论体系中占有重要地位，对我们国家的建设和发展产生了重要影响。其中包含的联系观、发展观、矛盾观、辩证观，不仅对地理学科发展有指引作用，对中学地理课程实施及学生地理学习也有一定的指导作用。

马克思主义经典作家提醒人类不要过分陶醉于对自然界的胜利。党的十九大将"人与自然是生命共同体"作为社会主义生态文明建设的理论依据，蕴含着人与自然是有机整体、人与自然和谐共生等内容，是对《自然辩证法》中"我们连同我们的肉、血和头脑都是属于自然界和存在于自然界之中的"[①] 思想的继承和发展。继承主要表现在三个方面：第一，铭记过分陶醉于对改造大自然的胜利而会遭到大自然报复的警告；第二，人是自然的一部分，人与自然应和谐相处；第三，只有按照自然规律和社会规律办事，才能处理好人与自然的关系。创新主要表现在两个方面：一方面是对人与自然的关系的认识更深刻，提出人与自然是生命共同体，人类必须敬畏自然、尊重自然、顺应自然和保护自然等；另一方面是提出更加深入、系统、具体、有效的观念和举措，实现人与自然和谐发展和建设生态文明（包括树立绿水青山就是金山银山的绿色发展观，坚持满足人民对优美生态环境需要的基本民生观，坚持统筹山水林田湖草系统治理的整体系统观，实行最严格生态环境保护制度的严密法治观，建设清洁美丽世界的共赢全球观，并采取很多举措）。这为我国现阶段可持续发展指明了方向和前进的道路。

---

① 恩格斯. 自然辩证法 [M]//马克思恩格斯选集：第3卷. 北京：人民出版社，2012：998.

关键问题的解决途径与教学案例

辩证地看待人地关系是人地协调观核心素养的重要组成部分。人地协调观的培养应贯穿不同模块学习的始终,将它作为一条重要线索串联起广泛的地理知识内容,使其"形散神聚"地突出地理学科的育人价值。同时,必须考量学生的身心发展水平和认知规律,以及具体的地理学习需求。因此,该核心素养的进阶培养应以学生认知规律为路径,展现地理学习的进阶过程,如表 2-6-1 所示。

表 2-6-1 各模块内容对应人地协调观的进阶培养

水平	人地协调观	各模块内容对应人地协调观的进阶培养
水平 1	能够结合简单、熟悉的地理事象,认识人类活动要在一定的地理环境中开展;能够简单辨识人们生产活动和生活习惯与地理环境之间的联系,说明人类对环境施加影响的方式及其带来的影响	必修地理 1 主要包括三方面内容:地球科学基础,自然地理实践,自然环境与人类活动的关系。旨在帮助学生了解基本的地球科学知识,理解一些自然地理现象的过程与原理,增强对生活中的自然地理现象进行观察、识别、描述、解释、欣赏的意识与能力,树立尊重自然、顺应自然、保护自然的观念
水平 2	能够结合给定的简单地理事象,理解人类影响地理环境的主要方式,阐述人类活动对地理环境的积极与消极影响;认识人类活动要遵循自然规律,与自然和谐相处,理解人地协调发展的重要性	必修地理 2 主要包括四方面内容:人口,城镇和乡村,产业区位选择,环境与发展。旨在帮助学生了解基本社会经济活动的空间特点,树立绿色发展、共同发展、人地协调发展的观念
水平 3	能够结合给定的复杂地理事象,认识地理环境对人类活动的影响以及人类活动影响环境的方式和强度;理解自然资源和地理环境满足人类需要的潜力及有限性	自然地理基础模块主要包括三方面内容:地球运动,自然环境中的物质运动与能量交换,自然环境的整体性和差异性。旨在帮助学生了解人类生存的自然环境特征,理解自然环境及其演变过程对人类活动的影响,提升认识自然环境的能力与意识水平,树立人与自然是生命共同体的观念
水平 4	能够通过对现实中人地关系地域系统的简要分析,理解区域中人口、资源、环境、发展之间的相互关系,理解人地关系是对立统一的;评价分析人地关系中存在的问题	区域发展模块主要包括三方面内容:区域的概念和类型,区域发展,区域协调。旨在帮助学生了解区域特征及发展路径,理解区域创新发展和转型发展的重要意义,树立因地制宜、人地和谐的区域协调发展观
		资源、环境与国家安全模块主要包括三方面内容:自然资源开发利用,环境保护,资源、环境对国家安全的重要意义。旨在帮助学生了解资源、环境与国家安全的关系,增强保护资源与环境的意识,树立维护国家安全、发展利益的观念

地理学的研究对象是地理环境,而自然环境是由自然要素构成的,是地理环境的重要组成部分。自然环境和自然要素相互作用、相互影响,使自然环境具有整体性和差异性。自然资源、自然灾害均来自自然环境,却是人地相互作用、相互影响的纽带,体现着人地关系的空间差异及时间上的发展与变化。对应这部分内容,课程标准对各模块的教学提示和学业要求如表 2-6-2 所示。

表 2-6-2 各模块的教学提示和学业要求

模块名称	人类活动与自然环境的辩证关系	教学提示	学业要求
必修地理1	落实自然地理要素的特征，初步了解自然地理要素特征及变化（自然灾害）对人类的影响	以认识**自然地理要素**及其与人类活动的关系为线索组织教学。充分利用地图、景观图像、地理视频、虚拟技术、地理信息技术和周边自然与社会资源支持教学。指导学生运用体验、观察、观测、实验、野外考察等方式开展地理实践活动。帮助学生理解自然环境是人类生存、发展的基础，辩证看待自然环境对人类活动的各种影响	学生能够运用地理信息技术或其他地理工具，观察、识别、**描述与地貌、大气、水、土壤、植被等有关的自然现象**；具备一定的运用考察、实验、调查等方式进行科学探究的意识和能力（地理实践力）。能够运用地球科学的基础知识，说明一些自然现象之间的关系和变化过程（综合思维）。能够在一定程度上合理描述和**解释特定区域的自然现象，并说明其对人类的影响**（区域认知、人地协调观）
必修地理2	落实人类活动与自然环境提供的自然条件评价为抓手，看二者之间的辩证关系	以基本社会经济活动的空间特点为线索组织教学内容。采用案例学习的方法，具体分析体现**人类活动与自然环境关系**的典型实例，帮助学生理解党和国家提出的新的发展理念，掌握分析人文地理问题的思路和方法，实现知识迁移和能力提升。注重社会调查等方法，联系生活实际，解决现实问题。帮助学生形成人文地理空间思维习惯，强化人文地理信息的运用	学生能够运用地理信息技术或其他地理工具，收集和呈现人口、城镇、产业活动等人文地理数据、图表和地图（地理实践力）。能够描述人文地理事物的空间现象及其变化，解释不同地方的人们对产业活动进行区位选择的依据（综合思维、区域认知）。能够形成判断**人类活动与资源环境问题关系**的初步意识（人地协调观）
选择性必修1	落实人类针对地理环境整体性和差异性及发展变化，尊重自然规律，调整人类活动，从而达到辩证处理人与自然环境关系的新高度	以自然环境系统及其要素发展、演变过程对人类活动的影响为线索组织教学。提倡用"任务驱动""案例分析""专题研讨"等方法，设计特定的学习情境，引导学生关注**自然环境各要素的特征、演变过程及自然环境的整体性和差异性**。注重运用现代地理信息技术、模拟实验、野外考察等方法，提高学生解释地理事物和现象与认识自然环境的能力。引导学生从生态文明建设的角度，理解人与自然的关系	学生能够运用地理信息技术或其他地理工具，结合地球运动、自然环境要素的物质运动和能量交换，以及自然地理基本过程，分析现实世界的一些自然现象、过程及其对人类活动的影响（综合思维、地理实践力）。**能够运用地球运动、自然环境的整体性等知识，说明自然环境与人类活动之间的关系，以及尊重自然规律的重要性**（人地协调观）。能够运用自然环境的整体性和地域分异规律，认识区域的自然环境，掌握因地制宜等基本地理思想方法（区域认知）

在理清了人类活动与自然环境的辩证关系的不同侧面与高中地理学习模块内容、学业要求及教学提示之间的对应关系后，针对"如何辩证地看待自然环境与人类活动的相互关系？"这一教学关键问题，我们策略性地给出三种进阶途径。

一、走近自然，观察自然要素特征及变化

【案例1】

图 说 自 然

任务一：看图说话。教师向学生提供若干电子或实体自然景观图（图2-6-1），学生观察、辨识景观图中各要素的特征，找出主导因素，初步了解各要素之间的相互作用和影响。

1. 景观图

图 2-6-1　景观图

2. 自然环境要素特征描述表

根据个人选择的景观图，参照表 2-6-3 给出的项目尽可能多地填写其地理特点，并从中选出典型特点（打√）。

表 2-6-3　自然要素特征描述

项　　目	信　　息	
景观图		
地理位置		
季节		
自然环境要素	地理特点	选出典型特点（打√）
气候		
地形		
水文		
生物		
土壤		

对学生填写的表 2-6-3 进行评价，评价量规参见表 2-6-4。

表 2-6-4　景观图读图评价量规

	优　秀	达　标	待 改 进
描述	能够全面、准确描述景观图中各自然环境要素的地理特征，并明确图示区域的突出要素与典型特征	能够提炼景观图中的部分自然环境要素并进行一定的描述	对自然环境要素不敏感，对要素的描述不够科学、准确
分析	能够运用各圈层所学相关知识综合解释各要素特征的成因，建构要素之间的联系，理解地理环境整体性的内涵	能够运用所学知识将部分要素的特征进行联系，并对其进行分析，初步认识地理环境整体性	无法运用已学知识，不能将各个要素的特征进行联系，尚未建立地理环境整体性的认知

任务二：根据所选景观图，查找资料，说出一种或两种发生在该地区的自然灾害，对比自然灾害发生前后的景观照片，从自然和人文角度简述自然灾害的形成原因。

案例评析：课程标准中地理1的内容覆盖面较广，地球科学领域涉及的地质、地貌、大气、水、土壤、植被等主要自然要素都被列入内容要求，但是要求比较浅显，更重要的是强调把学生引向课堂之外，在真实情境下学习。

课程标准明确提出了野外观察的内容要求：

1.4　通过野外观察或运用视频、图像，识别3~4种地貌，描述其景观的主要特点。

1.9　通过野外观察或运用土壤标本，说明土壤的主要形成因素。

1.10　通过野外观察或运用视频、图像，识别主要植被，说明其与自然环境的关系。

这样的内容完整、难度较低，而学习方式却强调开放性、多样性与实践性，恰恰凸显了课程标准对提高学生学科核心素养，特别是地理实践力素养的要求。

由于各方面条件的限制，不能保证每个要素的学习都能通过野外观察实践来完成，因而教师采取整体设计的方式，给出学习工具和对应的评价量规，让学生从景观图中找出要素，描述要素的特征，挖掘景观图背后蕴含的时空地理信息，展示各自不同的学习结果，体会不同空间的自然环境都是由自然要素构成的但却表现出不同的特点；再通过查找对应景观图所示地区发生自然灾害后的景观图，感悟地理环境在发生变化，这种变化会对人类产生影响，同时也可能是由人类引发的。自然环境的异常变化会给人类社会造成破坏，灾害的孕育和发生往往涉及多种因素，是一种复杂的系统行为。教师把关于自然灾害的成因的学习设计成开放式、探究式任务，有助于引导学生从现实出发，辩证思考自然灾害的形成及其对人类社会的影响。从自然和人文两方面探究自然灾害的成因，不仅可以帮助学生理解防灾避灾的措施，还可以为学生提供批判性思维训练的内容。

景观图可以拉近学生与自然环境的距离，使学生看到自然环境的空间差异和时间上的变化，辩证地看待自然环境对人类活动的各种影响，同时为后续学习地理环境的整体性，以及形成尊重自然、和谐发展的态度奠定基础。

二、走进自然，认识地理环境与人类活动的相互影响

【案例2】

从地理视角看永定河的昨天、今天和明天

教学目标
1. 在探究永定河水患原因的过程中，通过填绘水循环示意图、季风环流图、河道剖面图等，综合运用水循环、大气环流、流水作用等相关原理阐释河流的水文特征，进而理解地理环境要素通过运动实现物质循环和能量交换，认识地理环境的整体性。 2. 在探究永定河断流原因及整治过程中，从地理环境的整体性及人地协调观出发，系统分析开发利用永定河面临的问题，落实综合思维及人地协调观等地理核心素养。 3. 运用评价量规进行学习评价，学会思考、学会表达。

教学过程			
教学环节	教师活动	学生活动	学习资源	设计意图
环节一：引入	通过PPT逐条展示某河流的特征	根据这些信息竞猜河流名称	PPT展示：位于中国的某外流河 ① 有结冰期 ② 太平洋水系 ③ 自西北向东南流 ④ 发源于黄土高原 ⑤ 旧称清泉河、浑河、无定河，被称为北京的母亲河	1. 创设有挑战性的学习情境，开启自主学习系统。 2. 回顾河流特征以及区域差异对河流特征的影响，落实区域认知、综合思维等核心素养
环节二：任务驱动式自主学习	创设学习情境，布置学习任务 任务1：填绘水循环、东亚季风环流示意图，结合示意图说明永定河水患的原因。 任务2：利用地理环境整体性原理，绘制关联图，说明永定河断流的原因。 任务3：有人认为从黄河调水能根本上恢复永定河的生机，你是否同意该说法，请表明观点，并说明理由。 深入学生当中，对学习过程进行观察，发现问题，给予指导。 对学生的汇报进行点拨、引领、总结	1. 填绘水循环示意图、季风环流图，分析河流特征及洪涝的自然原因。 2. 在河道剖面图上分析河流地貌的空间差异。 3. 从地理环境的整体性出发综合分析断流的自然和人为原因。 4. 结合水循环示意图，从要素综合的角度分析永定河全流域通水的措施及面临的困难	学案：永定河流域的自然环境特点，以及历史上人类开发对环境的破坏、突出的危害及问题。 永定河断流的历史及生态补水的新举措	提供充足的图文资料，便于学生从中获取地理信息；综合运用资料信息解决实际问题以及课外知识储备不足的问题。 系统复习主干知识。 落实空间综合、要素综合。 落实综合思维及人地协调观等核心素养

续表

教学环节	教师活动	学生活动	学习资源	设计意图
环节三：小结	结合板书内容突出整体性及人地关系	内化地理环境要素相互作用、相互影响的整体性关系，从地理环境整体性的角度理解人地协调观		点拨、提高，帮助学生形成系统、综合分析问题的意识，树立人地协调观

案例评析：河流对地理主干知识具有很好的连接作用。例如，通过水循环研究河流的水文特征，就可以把大气的运动、水的运动、地壳的物质运动等关联起来。本案例就是以身边的地理事物——永定河为载体，分析了不同时期永定河为人类发展提供的优越条件以及发生水患等突出问题，在此基础上，从地理环境整体性的角度融合季风环流、水循环、地壳物质循环等主干知识，从人类活动与自然环境关系的角度辩证分析永定河在人类发展的不同阶段的利与害，以及目前对永定河的综合整治。在解决实际问题过程中，以人地协调观的建立为引领，落实综合思维、区域认知、地理实践力等素养的提升。

本案例沿时间轴展开，以问题引领把学生"带入"特定的地理空间范围内，使其经历人类发展的不同阶段，感悟人类与自然环境的关系：人类与自然环境始终相伴、相互联系且相互影响；人类与自然环境的关系越来越紧密；人类与自然环境的关系在不同阶段可能表现出不同的特点，人地协调则共同发展，人地不协调则自然环境恶化，制约人类发展；人类必须遵循自然规律，调整自身行为，谋求与自然环境的协调可持续发展。

三、走进自然，体验人类与自然的和谐共生

【案例3】

海绵小区（或校园）

核心任务：设计一个"海绵小区（或校园）"。

任务说明：结合水循环的原理，将你所在的小区（或校园）改造为"海绵小区（或校园）"，制作海报并展示。

要求：参照"海绵小区（或校园）"设计图量规（表2-6-5）绘制"海绵小区（或校园）"设计图，用文字说明设计原理、思路和可行性；海报大小为宽29.7 cm×高42 cm（约A3纸张大小），手绘或电脑绘制后打印均可。

表2-6-5 "海绵小区（或校园）"设计图量规

指标	等级		
	明星设计	普通设计	糟糕设计
功能完备（吸蓄渗净）	能够完全实现吸水、蓄水、渗水和净水等功能	能够实现吸水、蓄水、渗水和净水的部分功能	无法实现良好的吸水、蓄水、渗水或净水功能

续表

指标	等级		
	明星设计	普通设计	糟糕设计
生态优先	优先利用自然排水系统与低影响开发设施,实现雨水的自然积存、自然渗透、自然净化和可持续水循环	未充分利用原有的自然排水系统和设施,改造力度过大,原有的生态平衡遭到破坏(如部分湿地、湖泊等被填埋)	完全推翻原有结构,改造原有的生态系统,基本上采用人工设施实现海绵功能
安全为重	设计体现了安全的原则,综合采用了工程和非工程措施提高建设质量和管理水平,保障水安全	考虑了安全问题,但部分设施可能存在安全隐患	存在的安全漏洞比较多,威胁水安全、人身安全或财产安全
版面美观	海报非常美观,结构性强,图文搭配合理	海报较为美观,结构性一般,缺乏必要的文字解释	海报美观度和结构性一般,排版粗糙

案例评析: 本案例是半开放型学习任务。生活小区或校园就是学生周围的环境,是他们最熟悉的地理环境。学生了解自己生活的地理环境的各要素的特点,也了解自己生活的环境是人类对地理环境进行改造的结果。用学习任务作为驱动,用评价量规引导学生复习自然环境中水循环具有自身运动、变化和发展的内在规律。建设人居环境时,应遵循人与自然和谐相处的基本原则——在顺应自然的客观规律的前提下,适当地改造自然,使人与自然环境紧密联系、和谐相处。

本案例设计了真实任务情境,引导学生通过自主、合作、探究的学习方式,在自然、社会真实情境中开展地理实践活动,辩证地认识人与自然环境的关系,强化人类与环境协调发展的观念,形成关注所生活的地区、国家乃至全球地理问题及可持续发展问题的意识。

教学建议

首先,辩证地看待自然环境与人类活动的相互关系,是人地协调观核心素养的重要部分,因此,素养的培养不是通过一个单元或几堂课的学习就能一蹴而就的,而是要有一个在学习进程中逐渐加深理解、认识提升的过程。这需要教师在设计中长期教学计划时,配合学习内容,结合学习资源,有意识地把辩证地看待自然环境与人类活动的关系作为线索,由浅入深、适时适度地促进学生人地协调观的进阶提升。

其次,地理学科核心素养包括人地协调观、综合思维、区域认知和地理实践力。这四个方面是相辅相成的。特别是培养学生辩证看待自然环境与人类活动的关系时,综合思维与联系观、区域认知与发展观的融入,能更好地促进学生思维能力的提升和正确价值观的形成。因此,教师在确定教学目标时,要注意四个核心素养培养的融合,选取真实情境案例组织教学。地理信息丰富多样,有时会包含一些不良结构的信息,教师如果能合理有效地利用这些信息制造矛盾冲突,则更有利于学生核心素养水平的综合提升。

2-6 数字资源

单元 3　必修地理 2 的教学关键问题

3-1 如何以社会经济活动的空间特征为线索组织教学内容？

关键问题的基本内涵

地理学科蕴含的最为核心的价值观是人地协调观，具体包含正确的人口观、资源观、环境观和发展观等。同时，地理学科具有鲜明的区域性和综合性，两者在时空上的动态性是其核心内容，由此形成的综合思维和区域认识是学生分析和理解地理过程、地理规律、人地关系的重要思维方式和能力。学生在探究地理过程、规律以及人类活动与地理环境的关系的过程中，要设计和实施探究实践方案、收集和处理地理信息，从而使地理实践力得到提高。

地理2模块主要侧重人文地理。人文地理学是地理学的重要支柱学科，它以人类的各种社会经济活动为研究对象。经济活动是指在一定的社会组织与秩序之下，人类为了求生存而经由劳动过程或支付适当代价以取得及利用各种生活资料的一切活动。在地理学的视角下，经济部门主要包括农业、工业、服务业和交通运输业等。地理2选择人文地理部分的分支学科的内容，课程标准中的内容要求有11条，大致可以分为人口、聚落、文化、产业、战略和发展、地理信息技术六个方面，也可以概括为四个方面：人口、城镇和乡村、产业区位选择、环境与发展。该模块重点从人文地理要素的角度加以阐述，分析社会经济活动的空间特征、原因和发展变化，尤其是突出人类的各种社会经济活动与地理环境的关系，旨在帮助学生了解基本社会经济活动的空间特点，树立绿色发展、共同发展、人地协调发展的观念。该模块的教学内容和教学过程应结合真实案例进行分析，通过多种途径，帮助学生理解一些社会经济活动的空间特征、发展过程以及背后的地理原理，提高学生综合分析问题的能力。因此，该模块是落实地理学科核心素养培养的重要模块。

地理2的内容要求是，学生学习本模块之后，能够运用地理信息技术或其他地理工具，收集和呈现人口、城镇、产业活动等人文地理数据、图表和地图（地理实践力）。能够描述人文地理事物的空间现象及其变化，解释不同地方的人们对产业活动进行区位选择的依据（综合思维、区域认知）。能够形成判断人类活动与资源环境问题关系的初步意识（人地协调观）。在探讨人类的各种社会经济活动与地理环境的关系的过程中，首先要分析社会经济活动的空间特征，因此，如何以社会经济活动的空间特征为线索组织教学内容？这一关键问题贯穿了整个地理2的教学过程。

关键问题的解决途径与教学案例

依据课程标准对地理2的内容要求，该模块第一部分是人口，主要内容为人口的地理空间分布、人口的地理空间位移、人口与资源环境的关系。在探讨这些内容时，要结合区域的空间差异，将基本知识与区域空间特点结合起来。第二部分是城镇和乡村，主要从空间的角度认识土地利用的空间差异，探讨城镇和乡村空间结构的形成和变化，从时间的角度分析城镇化的过程和特点，从景观的角度介绍城乡景观与地域文化的关系。第三部分是产业区位因素，主要分析农业、工业和服务业的区位因素及其变化，重点探讨不同产业的空间布局与地理环境之间的关系，通过区位选择决策，将空间分析思维与区域视角结合起来。第四部分是交通运输布局与区域发展，主要分析区域发展与交通运输布局变化之间的关系。第五部分是环境与发展，主要探讨环境问题产生的原因和实现可持续发展的途径，并运用不同的专题地图，说明国家重大战略的地理背景。

通过对该模块内容的分析可以看出，教学内容是我们生活中的各种人文现象，各部分内容都涉及分析其空间分布特征，因此，应选取学生熟悉的热点话题和真实案例，组织相关教学内容，提高学生的学习兴趣；运用多种专题地图，在不同的时空尺度，从空间定位、空间比较、综合分析等角度来设计教学过程，分析社会经济活动的空间特征。

一、挖掘学生熟悉的真实案例，组织相关教学内容

在地理2的11条内容要求中，有10条要求运用资料或结合实例，描述或说明人口、城镇和乡村、产业等社会经济活动的空间特征及发展变化。基于此，在课堂教学中，教师要挖掘学生熟悉的真实案例，创设真实的、复杂的、结构不良的情境，激发学生的学习兴趣，在探究过程中引导学生通过自主、合作、探究等学习方式，分析实际地理问题，逐步学会分析社会经济活动空间特征的方法，将所学的地理知识与生活实际联系起来，提升解决现实地理问题的能力。

【案例1】
乡村和城镇的空间结构

在"乡村和城镇空间结构"这节课的教学中，教师使用了下面两个活动案例贯穿课堂，引导学生分析乡村和城镇的空间结构特点。

活动案例1 北京门头沟区灵水村土地利用空间结构

资料1：灵水村是北京远郊区的一个山村，村域面积6.4万平方米，距北京市中心78千米。灵水村始建于辽金时期，位于京西古道上，村民多以耕作、经商为生计来源，明清两代最为兴旺。灵水村一共出过22名举人、2名进士。近代交通发展后，古商道没落，灵水村也逐渐走向衰败。2000年灵水村以丰厚的文化遗产发展旅游产业，并于2005年被列为"全国历史文化名村"。

资料2：灵水村村庄卫星遥感图（图3-1-1）和基于无人机遥感影像图制作的"灵水村村庄土地利用分布图"（图3-1-2）。

图 3-1-1　灵水村村庄卫星遥感图

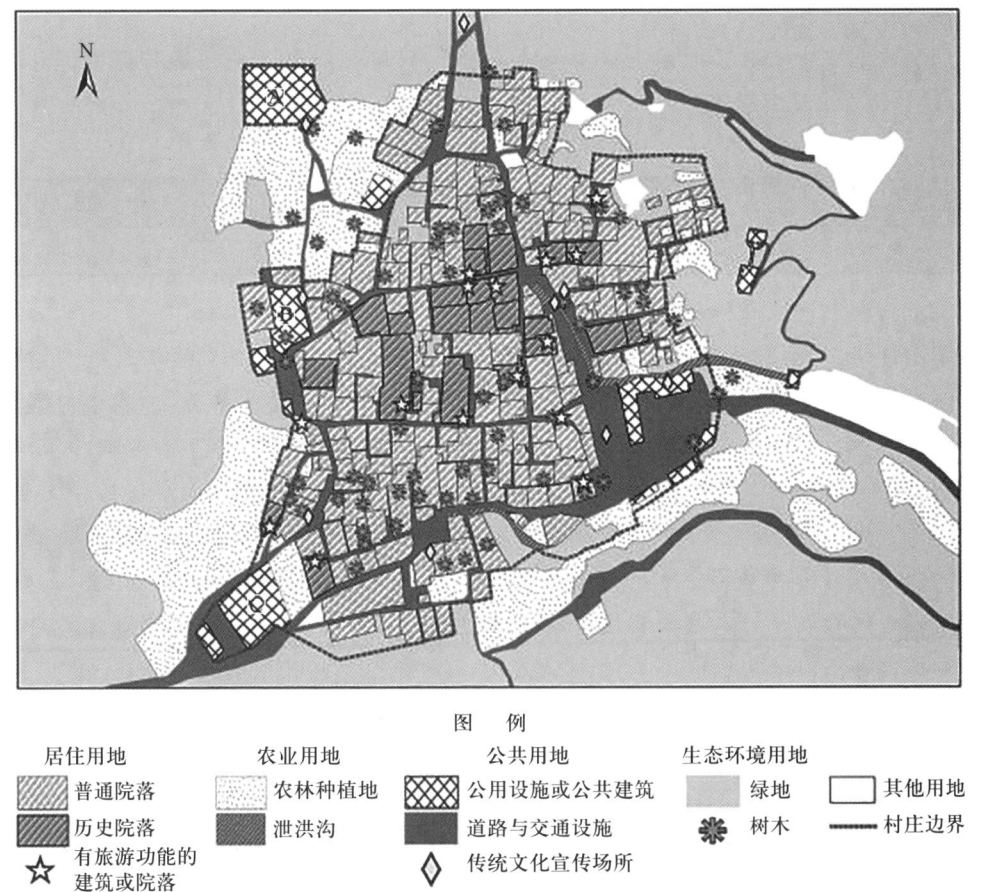

图　例

居住用地
- 普通院落
- 历史院落
- ☆ 有旅游功能的建筑或院落

农业用地
- 农林种植地
- 泄洪沟

公共用地
- 公用设施或公共建筑
- 道路与交通设施
- ◇ 传统文化宣传场所

生态环境用地
- 绿地
- ✹ 树木
- 其他用地
- 村庄边界

图 3-1-2　灵水村村庄土地利用分布图①

---

① 周尚意，苏娴，洪睿哲. 村落内部空间结构及其评价：以北京门头沟区灵水村为例［J］. 地理教学，2019（21）：4-8.

资料3：图3-1-2中A—C都是公共建筑，其中2个是历史上修建的寺庙，1个是发展旅游产业后修建的村委会办公楼。

探究任务：

（1）灵水村村庄内部，占地面积最大的土地利用类型是_____，村庄边界外的土地主要用于_____。

（2）请描述A、B、C共同的位置特征。

（3）村委会办公楼位于_____地。请分析村委会办公楼选址该地的理由。

（4）灵水村的土地利用空间结构对其发展旅游产业有哪些有利条件？

活动案例2　利用在线电子地图认识北京城区的不同功能区

在课堂上运用在线电子地图，搜索天通苑、西单、亦庄这三个地区，并展示它们的卫星影像图和街道景观图，引导学生认识城市中的居住区、商业区、工业区的景观特征、空间分布等特点。

课下探究任务：

（1）在北京中心城区地图上选择一个地点，利用在线电子地图进行探索，并按照表3-1-1的要求填写信息。

表3-1-1　地理信息记录表

地点名称	与天安门的距离与方位	土地利用方式	周边景观描述

（2）判断上述地点所属功能区类型，并说明理由。

案例评析："乡村和城镇空间结构"这节课对应课程标准中的内容要求是"结合实例，解释城镇和乡村内部的空间结构，说明合理利用城乡空间的意义"。本条内容要求强调结合实例，要求教师在授课时尽量采用结合实例的教学方法。就具体内容而言，城镇内部空间结构有多种划分方法。按照土地利用（功能）可以分为居住区、商业区、制造业区、中心商务区、公共设施与公共空间使用区、交通枢纽区等；按照城市土地利用的强度可以分为中心区、近郊区、远郊区；按照形态可以分为核心区和卫星城；按照建成时间可以分为老城和新城。本节课重点从功能区的角度探讨城镇内部空间结构。乡村内部空间结构也有不同的划分方法。按照土地利用可以分为居住区、广义的农业生产区和公共用地区（含公共设施、公共事业和公共使用等）。此外，还有等级较低、规模较小的商业用地。

这节课授课教师设计的两个活动案例"北京市门头沟区灵水村土地利用空间结构"和"利用在线电子地图认识北京城区的不同功能区"都是北京学生熟悉的地区，有利于引起学生的探究兴趣，让学生学到对生活有用的地理知识。这两个案例在内容上分别为乡村和大都市，是研究乡村和城市空间结构的典型案例。学生在探讨时，能更深刻地体会到乡村和城镇在土地利用方式和规模、内部功能区的相对位置、范围和景观特征等方面的差异，进而对城镇和乡村内部的空间结构有更深刻、直观的认识。

第一个活动案例的探究任务从识别土地利用类型和范围、不同功能区的位置特征，到村委会办公楼选址的原因，再到灵水村土地利用的空间结构及其对发展旅游产业带来的有利条件。这三个层次的问题体现了从识别特征、分析形成原因到带来的影响，体现了分析现实地理现象和问题的正确过程，探究问题的难度层层递进，符合课程标准的内容要求。

第二个活动案例运用在线电子地图展示了天通苑、西单、亦庄这三个地区的卫星影像图，这三个地区代表了城市中居住区、商业区、工业区这三个功能区的特征。在线电子地图直观地展示了三个功能区的土地利用方式，以及各个功能区在城市内部的相对位置、空间分布、占地范围、直观景观等方面的特点。这些地区是学生所生活的城市中的功能区，所以分析这些功能区形成的原因和意义，更能引发学生探究和表达的积极性。

课下探究任务是让学生选择一个地点并利用在线电子地图分析其分布位置、土地利用方式、景观特点等，提高学生运用所学知识分析现实地理现象的能力和地理实践力。

有关社会经济活动空间特征的案例和素材很多，教师要挖掘学生熟悉的真实案例，精心设计教学情境，组织相关教学活动。

二、运用多种专题地图，在不同的时空尺度下分析社会经济活动的空间特征

地理学科核心素养中的综合思维是指人们运用综合的观点认识地理环境的思维方式和能力。具体表现为：能够从地理要素综合的角度认识地理事物的整体性，地理要素相互作用、相互影响的关系；能够从空间和时间综合的角度分析地理事象的发生、发展和演化；能够从地方或区域综合的角度分析地方或区域自然和人文要素对区域特征形成的影响，以及区域人地关系问题。在课堂教学中，为了体现从地理要素综合的角度认识社会经济活动的空间特征，教师可以运用不同的专题地图，从不同的空间尺度和时间尺度分析某一种人类活动的空间特征，使学生在探究过程中学会描述人文地理现象空间特征的方法，同时渗透影响该地理现象空间特征的因素。

【案例2】

交通运输布局

1. 学习目标

（1）通过分析不同时间尺度和不同空间尺度下交通运输空间布局的资料，说出交通运输布局的特点，学会描述社会经济活动空间特点的一般方法。

（2）结合我国不同交通运输方式的分布图和我国不同的专题地图，描述我国交通运输布局的特点和形成原因，提高分析资料、综合思维的能力，逐步树立因地制宜的地理理念。

2. 重点内容

（1）描述交通运输布局的空间特征的方法。

（2）分析交通运输布局的影响因素。

3. 教学过程

环节一："北京大兴国际机场线"导入新课	
教师活动1 展示：北京大兴国际机场线示意图，介绍该地铁线的基本概况。 组织学生代表讲述在课前布置的探究任务：查阅图文资料，从线路的站点布局、设计速度、线路桥隧布局等方面比较新机场地铁线路与已有地铁线路的异同	学生活动1 小组代表讲述：北京大兴国际机场线与已有地铁线路的异同。 学生从不同角度补充各自的观点
活动意图说明：培养学生查阅资料，分析地理问题的能力；从地理环境差异性的角度观察地理现象，关注交通运输站点布局的重要性。同时通过学生身边的重大交通运输工程导入新课，激发其学习兴趣	
环节二：在不同的时空尺度下，分析交通运输的空间布局	
教师活动2 展示：北京至张家口之间1905年的交通示意图和现在的交通示意图。 提出要探讨的问题：说明百余年来北京至张家口之间交通运输的变化。 展示：我国的铁路、高速铁路和主要公路的分布图。 提出问题：描述我国陆路交通运输的空间分布特征	学生活动2 阅读分析资料，回答问题。 学生之间相互补充完善
活动意图说明：在案例分析中，学生学会描述不同的区域空间尺度随时间变化交通运输发展特点的方法；学会从交通运输的方式、线路数量和密度、综合运输能力等方面来描述交通的特点；进而学会描述以交通布局为代表的社会经济活动空间特点的方法	
环节三：运用不同的专题读图，简要分析影响交通布局的因素	
教师活动3 给出资料：我国地形、气候、河流、植被、土地资源、人口、工业基地分布图。 提出小组讨论的问题：从资料库中选择所需的地图，分析我国陆路交通运输空间布局特点的成因	学生活动3 阅读分析资料，分组讨论，回答问题
活动意图说明：学生自主选择所需资料，分析影响交通运输布局的自然因素和社会经济因素，锻炼获取和解读地理信息的能力，从不同的地理要素综合分析对交通布局的影响因素，提高综合思维能力，体会因地制宜的地理理念	
环节四：总结归纳交通运输布局的空间特征和影响因素	
教师活动4 在以上教学环节中逐步完成结构式板书	学生活动4 总结思考，落实本节课的知识
活动意图说明：学生在学习前三个环节的基础上，总结描述交通运输空间分布特征及分析成因的方法，学会分析该类地理问题的一般方法，提升从地理环境整体性的角度分析地理现象的能力	
环节五：课后探讨，学以致用	
教师活动5 布置课下探究案例：查阅"一带一路"倡议的主要内容，探讨以下问题。 （1）举例说出"一带一路"倡议涉及的交通运输方式。 （2）在世界空白图中，绘制"一带一路"交通示意图。 （3）说明"一带一路"建设对沿线地区发展的意义	学生活动5 完成课下探究的案例
活动意图说明：提高学生运用所学的地理知识、方法分析实际地理问题的能力，使其真正体会到学习地理知识是有用的，从而深入认识国家的方针政策，增强国家的认同感	

案例评析：社会经济活动需要资源，特别是活动的空间资源，因此，各项活动的空间布局非常重要。交通运输属于独立的经济部门，同时又为其他经济部门的发展和区域之间的交流、合作提供服务。交通运输布局是整个生产布局的有机组成部分，其任务是通过合理布局，实现运输合理化，获得最大的经济效益和社会效益。这节课是以交通运输布局为例，分析社会经济活动的空间特点，主要是引导学生分析交通运输业的空间分布和地域组合，以及简要分析影响交通运输布局的因素。

从教学目标可以看出，这节课的教学是给出随时间变化在不同空间尺度下，交通运输空间布局的资料，以及多种专题地图，创设了真实的、结构不良的学习情境，使学生在分析不同时间和空间的交通运输布局的过程中，学会描述社会经济活动空间特点的一般方法。同时，在探讨影响交通布局的因素时，逐步提升学生的区域认知、综合思维、人地协调观等地理核心素养。

整个教学过程运用了北京新机场地铁线路，北京至张家口之间交通运输的变化，我国铁路、高速铁路、主要公路的布局三个案例，在课前布置调查任务：比较北京新机场地铁线路与已有地铁线路的异同。引导学生联系生活实际，通过案例分析、合作探究的学习方式，从地理的视角观察、分析身边的地理现象，解决现实问题。在课堂上，各教学环节从多个角度，通过层层递进的课堂问题和探讨任务驱动，提高学生的课堂参与度，引领学生探究交通的布局特点和影响因素；通过结构式板书，使学生建立知识之间的逻辑关系，领会分析社会经济活动空间特点的思路，并在以后的地理学习中迁移应用。这节课布置了课下探究案例，让学生用所学的知识分析我国提出的"一带一路"倡议。这个环节既可以促进学生迁移和应用分析社会经济活动空间特点的方法，提高学以致用的能力，又可以引导学生正确认识我国推进全球和平与发展的重大举措，增强国家认同感。

这节课的案例素材从不同的时空尺度分析交通布局的特点与原因，有利于学生形成从区域视角认识社会经济活动的意识，增强对地理事象的空间格局的观察力，学会运用区域综合分析、区域比较、区域关联等方法认识区域，逐步树立区域可持续发展的理念。素材的内容既有学生可以亲身体会的案例，又有国家建设成就的展示。这既有助于学生从地理的视角来分析身边的地理现象，又可以使学生认识到我国在基础设施建设方面取得的巨大成就，从而将立德树人的根本任务落到实处。

三、运用空间定位、比较、综合等方法设计社会经济活动空间特征的教学内容与过程

各种社会经济活动都有典型的空间特征，根据高中地理课程标准的相关表述以及高中学生空间思维的认知过程，地理空间思维能力主要包括空间定位能力、空间结构能力、空间比较能力和空间综合思维能力。地理空间定位思维是在认识地理事物空间位置关系时，运用地图获取有价值的信息，得出相关的解释与结论的心理过程。地理空间结构思维是把地理事物、地理要素在空间上的分布状态进行排列组合的心理过程。

地理空间比较思维是确定地理事物、地理要素和地理现象在空间上的差异点和共同点的心理过程。地理空间比较是采用比较的方法认识地理特征。地理空间综合思维是对一定空间上的地理事物和地理现象进行多维度思考的心理过程。这四种地理空间思维，呈现了分析地理事物的空间定位、空间结构、空间比较、空间综合等角度，体现了分析社会经济活动空间特征的过程。该过程对学生的空间思维能力的要求越来越高，因此，教师可以通过空间定位、结构、比较、综合等角度设计分析社会经济活动空间特征的教学内容和教学过程。

【案例3】

乡村和城镇空间结构的学习目标设计

1. 能够运用认识空间-区域的方法，从区域特征的视角指出城镇和乡村土地利用的类型，分析城乡各功能区的特点和分布位置。

2. 能够运用要素综合、时空综合的思路，分析影响城市内部空间结构形成和变化的因素，并给出合理的系统性、地域性解释。

3. 通过查阅资料、绘图、实地调查等方式，探究城市中某一区域土地利用的变迁过程，解释其成因，尝试提出未来发展的设想。

案例评析：这节课以北京市区、京西的爨底下村、北京八里庄地区土地利用变迁这三个案例为教学素材，设计了两课时的教学来完成上面的学习目标。从学习目标可以看出，教师在设计教学过程时，首先是识别城市和乡村各功能区的特点和分布位置。地理位置是地理事物空间性的基本特征，教师在组织有关社会经济活动的空间特征的教学时，带领学生分析地理事物的空间定位和空间结构，逐步培养学生地理空间定位能力和习惯。其次是引导学生分析影响城市内部空间结构形成和变化的因素，并给出合理的系统性、地域性解释。在完成这个学习目标的教学过程中，教师运用具体的教学案例和素材，分析不同区域、城乡之间聚落形态、结构、与地理环境的关系等特征的差异，通过分析地理要素或地理现象在空间上的差异点和共同点，培养学生的地理空间比较能力。最后是结合北京八里庄地区土地利用的变迁过程，分析同一区域随时间的变化所承担的功能也发生变化的过程，引领学生认识城市功能区分布结构与形成原因，并理解合理利用城市土地的重要性。这个案例从空间定位、比较、综合等角度分析社会经济活动的空间特征，引领学生对一定空间上的地理事物和地理现象进行多维度思考，从而提升地理空间综合思维能力。

教学建议

第一，精心设计教学情境和教学案例。地理2的教学内容是各种人文现象，教学情境和案例十分丰富。情境教学和案例探讨是该模块的有效教学方式。教师在教学中要注意避免将情境或案例仅仅作为课堂的"导入"环节，要尽量设计一个能够贯穿整个课堂的教学情境或案例，使学生在分析一类社会经济活动的空间特征时，学会从不同的角度探究真实的人文地理现象。

第二，精选教学素材，科学设计教学问题。在开展人文地理教学的过程中，教学内容涉及多种社会经济活动，加上现在互联网很发达，借助信息技术很容易获得各种视频、图像、文字等素材。为了活跃课堂氛围，教师有时会在教学中引入大量素材，但如果教学素材过于繁杂，信息量太大，无关信息太多，与教学目标的关系不紧密，就会冲淡或者偏离教学主题。因此，教学素材要真实、精练、新颖，同时要与课堂教学主题保持一致，为学生探究社会经济活动的空间特征做有力支撑。在课堂教学问题的设计中，容易出现设计的问题与教学主题不匹配，或者缺少思维性、整体性，或者超出了学生的认知水平等现象。设计学生在课堂上探究的问题是提高学生课堂参与度和思维能力的重要方式。在一节课、一个单元，甚至一个模块的教学设计中，要统筹设计教学问题的关联性。例如，在本模块的教学过程中，主要探讨各种社会经济活动的空间特征，因此，在第一章"人口"的单元教学中，可以给出不同尺度、不同区域的人口分布图和相应的各种专题地图，让学生探究人口空间分布的特征及影响因素，学会分析地理事物空间特征的方法。这类问题的设计可以贯穿整个模块的教学，让学生探究不同类型的社会经济活动的空间特征。

3-1　数字资源

3-2 如何通过分析社会经济活动的区位选择培养综合思维？

关键问题的基本内涵

区位是人文地理的一个概念，它既包含该地理事物空间位置的含义，也包含该地理事物与其他事物的空间联系，还有被规划布局的含义。区位中的"区"是指空间关系。把该事物放在一个更大的区域中，分析该事物与区域中相关地理因素的空间关系，是决定人类活动场所的位置的各种因素和关系的总和，含有位置、布局、分布、位置关系等方面的意义。区位论产生于农业领域，后来也被用于研究工业布局和厂址选择，是人文地理学基本理论的重要组成部分。其主要研究内容是对于已有的人类活动场所，解释这些场所所在位置的原因；对于待建的人类活动场所，指明在哪些位置上布局效果会更好。

社会经济活动的区位选择是综合考虑人类要求和区域地理条件，寻找产业部门与地理区位的最佳组合，以发挥地区优势，扬长避短，兼顾社会效益、经济效益和环境效益，实现三效统一。区位选择涉及城市、农业、工业、交通、商业、旅游业等人类生产和生活的各个方面。这些产业是人类社会经济活动中最重要的内容。"产业区位选择"是必修地理2的重要内容。学习该模块之后，学生能够描述人文地理事物的空间现象及其变化，解释不同地方的人们对产业活动进行区位选择的依据；能够形成判断人类活动与资源环境问题关系的初步意识；最终树立绿色发展、共同发展、人地协调发展的观念。

综合思维是指人们运用综合的观点认识地理环境的思维品质与能力，要求学生能够从多要素、多角度、综合地分析某区域的自然和人文要素对其地理特征形成的影响，以及存在的人地关系问题，并做出合理解释。在分析以各种产业为主的社会经济活动的区位选择时，教师要帮助学生理解影响不同产业进行区位选择的因素，让学生通过学习区位因素的内容，体会不同产业活动与地理环境之间相互影响与作用的关系，以及因地制宜的人地协调观。通过结合案例进行区位因素分析，将自然地理要素和人文地理要素按照内在的逻辑联系有机结合起来，将空间分析思维与区域视角结合起来，关注因果关系的判断和时空发展变化。这个过程有助于提高学生在要素综合、时空综合和地方综合等方面的思维能力。

关键问题的解决途径与教学案例

社会经济活动的区位因素主要包含自然和人文两个大的方面。具体来看，主要有自然因素（地形、气候、水资源、土壤、生物）、劳动力因素、产品市场因素（包括最终产品市场和中间产品市场)、生产资料市场因素（主要包括土地、资本、原有基础设施条件)、交通因素、科技因素、政策因素、社会文化因素等。在分析上述因素对生产活动的成本或收益的影响时，主要用到的方法有综合分析法、主导因素分析法、动态分析法。综合分析法是将所有的自然和人文区位因素进行综合分析，最终确定比较合理的区位因素。主导因素分析法是在综合分析各影响因素的基础上，找出起决定性作用的区位因素。动态分析法是随着时代的发展，影响某种社会经济活动的主导区位因素有所改变，因此要用发展的眼光、辩证的思维来分析区位因素。

综合思维是地理学科四大核心素养之一，其具体表现在三个方面：一是要素综合，即学生能够从地理要素综合的角度认识地理事物的整体性、地理要素相互作用和相互影响的关系；二是时空综合，即学生能够从空间和时间综合的角度，分析地理事象的发生、发展和演化；三是地方综合，即学生能够从地方或区域综合的角度，分析地方或区域自然和人文要素对区域特征的影响以及区域人地关系问题。课程标准对综合思维给出的培养目标是：学生能够形成从综合的视角认识地理事物和现象的意识，对地理各要素之间的相互作用关系有较强的分析能力，并在一定程度上解释地理事物和现象的发生、发展的过程，从而较全面地观察、分析和认识不同地方的地理环境特点，辩证地看待地理问题。

因此，在培养综合思维的过程中，教师可以通过综合分析社会经济活动的区位选择及其发展变化，以及对比某种社会经济活动在不同地区的区位选择，培养学生的综合思维能力。

一、通过分析某种社会经济活动的区位条件提升要素综合思维

综合思维这一核心素养的具体表现是：能够从地理要素综合的角度认识地理事物的整体性，地理要素相互作用、相互影响的关系。能够从空间和时间综合的角度分析地理事象的发生、发展和演化。能够从地方或区域综合的角度分析地方或区域自然和人文要素对区域特征形成的影响，以及区域人地关系问题。在通过分析社会经济活动的区位选择培养综合思维的过程中，首先要引导学生利用综合分析法，全面地总结影响社会经济活动的区位条件，并对所有的自然和人文区位因素综合分析，最终确定比较合理的区位因素。

【案例1】

农业区位因素——以咖啡为例

● 教学过程

环节一：从"一杯手冲咖啡"导入新课	
教师活动1 展示："手冲咖啡"用的咖啡豆，世界咖啡分布地图。 讲述：咖啡的历史，农业的含义，农业生产的地域性和季节性特点，农业的区位因素	学生活动1 阅读资料，回答相关问题
活动意图说明：以大众喜爱的咖啡导入新课，激发学生的学习兴趣。从咖啡的发展历史引出农业的含义、生产特点和主要区位因素	

续表

环节二：影响农业的自然因素	
教师活动2 展示：世界咖啡种植区、世界气温、降水、地形、火山分布图。咖啡生长所需要的自然条件等资料。 提出问题：根据资料分析咖啡种植区分布的合理性	学生活动2 阅读分析资料，探究问题，学生之间相互评价
活动意图说明：在案例分析中，学生逐步分析影响农业的每一项自然因素，进而学会分析影响农业的自然区位条件	
环节三：影响农业的人文因素	
教师活动3 给出资料：①历史上，咖啡传播的路径以及成为世界性饮品的过程。②我国云南咖啡种植面积波动变化的资料。③不同种类咖啡的用途与种植面积。④咖啡生产国与消费国的排名数据及分布位置。⑤云南省政府关于咖啡产业发展的指导意见。⑥巴西劳动力数量与咖啡种植规模的资料。 提出小组讨论的问题：结合资料，分析影响咖啡种植的条件	学生活动3 阅读分析资料，分组讨论，回答问题
活动意图说明：通过多种资料，学生逐步分析影响农业的社会经济条件，进而学会分析影响农业的人文区位条件	
环节四：总结归纳农业生产的影响因素	
教师活动4 在以上教学环节中逐步完成影响农业生产的结构式板书	学生活动4 总结思考，落实本节课的知识
活动意图说明：通过结构式板书，总结影响农业生产的各种自然和人文要素	

案例评析：这节课对应的课程标准内容要求为："结合实例，说明工业、农业和服务业的区位因素。"由此可以看出，案例教学是这节课的主要教学方式。在案例教学中，教师介绍完资料以后，给出探究问题，鼓励学生探究。这个探究过程是培养学生地理学科综合思维能力的重要环节。就具体内容而言，农业的区位因素可以从自然因素、经济（市场）因素等方面分析。本节课用咖啡这一案例贯穿整堂课，从多个地理要素的角度对咖啡种植区位进行分析，培养学生要素综合思维能力，同时结合不同历史时期世界上不同的空间区域种植、消费咖啡的变化，带领学生循序渐进地思考、辨析，动态地分析影响咖啡种植的主导区位因素，引导学生用发展的眼光来分析咖啡的区位因素，提升学生的时空综合思维能力。因此，教师在教学中可以通过经典案例，设置精准的探究问题，引导学生综合分析多种要素，从不同空间、时间的维度去思考，从而循序渐进地培养学生的综合思维能力。

二、通过分析社会经济活动区位条件的发展变化提升时空综合思维

地理事物和现象一定是在特定的时空框架中发生的。为什么某地理事物在这个时间发生在这个地方，而不是在别的地方？为什么某地理事物会向这个方向发展变化，而不是向别的方向发展变化？这些问题都关乎时空之间的相关性。时空的综合分析对

应地理学研究的动态性特点。社会经济活动区位条件的发展变化是推动某种社会经济活动形成、发展、衰落、转型的主要原因,因此,培养和训练学生的综合思维,旨在使学生能够多要素、多角度而非孤立、绝对、静止地分析地理事物和现象,能够辩证地而非僵化地分析人地关系问题。用动态的观点研究地理事物和现象,发现其发生、发展及演变规律,不仅是地理学本身发展的需要,而且是地理学在国家建设、区域开发中发挥重要作用的需要。因此,在教学中通过实际的案例素材,分析某社会经济活动区位条件的发展变化,能够提升学生的时空综合思维能力。

【案例2】

服务业区位因素及其变化

某校教师在讲解"服务业区位因素及其变化"这节课时,使用了下面两个探究案例贯穿课堂,引导学生分析服务业区位因素及其变化。

学生活动1 中关村电子城的兴衰

资料1:中关村电子城的兴盛

中关村电子城位于北京中关村的核心区,交通便利,周围高校和科研院所林立(如图3-2-1)。从20世纪80年代起,在政府支持下,中关村集聚了一大批科技企业,中关村电子城逐渐成为国内最知名的电子产品批发、零售市场。至20世纪90年代,伴随

图3-2-1 中关村电子城位置示意

着电子产品的大众化，传统的摊贩、散户开始搭建规模化、固定化的交易场所，中关村逐渐建成几大电子卖场。到了2004年，中关村电子城的规模达到顶点，成为我国最大的电子产品集散中心之一，引领着中国电子产品消费的风向标。

资料2：中关村电子城的衰落

进入21世纪以后，随着电子商务的兴起，中关村电子城受到日益严重的冲击。电商在价格上具有很大的优势，加上其透明的报价和完善的服务，都是中关村电子城的商家们难以比拟的。同时，电子城内一些商家的恶性竞争及不良市场行为，也使中关村电子城加速走向衰落。

资料3：中关村电子城的转型

2015年3月，中国首家"智能硬件创新中心"在中关村电子城挂牌。2015年10月，政府部门公布"中关村大街发展规划"，要求中关村大街在3~5年内完成转型，逐渐腾退传统电子卖场，形成一批创新创业、科技金融、文化创意等新型业态集聚区；2020年底，中关村大街及周边地区持续涌现具有中关村原始创新、技术服务能力及商业模式创新优势的创客群体和企业集群。中关村电子城正向"创新创业一条街"逐步转型，传统电子城的业态正在被新模式和新业态所取代。

探究问题：

(1) 分析促使中关村电子城形成和发展的主要区位因素。
(2) 与实体店销售相比，电子产品通过电商销售有哪些优势？
(3) 说出中关村电子城衰落的原因，简述其转型过程中可以采取的主要措施。
(4) 说出在中关村电子城发展的不同阶段，影响其发展的主导区位因素。

学生活动2 京东的崛起

资料1：1998年，刘强东在北京中关村凭借12 000元的初始资金租下柜台代理销售光磁产品，创办京东。2004年，京东正式涉足电商领域。目前，京东集团的核心业务已拓展至零售、数字科技、物流、技术服务四大板块。京东是一家以技术为成长驱动的公司，从成立伊始，就投入大量资源开发打造软硬件一体化的互联网技术体系。2019年，京东研发投入达179亿元，跃升为中国企业中对技术投入最多的公司之一。

资料2：京东物流实现机器人分拣、配送货物的视频。

探究问题：

(1) 说出京东集团所提供的服务与传统服务业的异同。
(2) 说出影响京东服务业的主要因素。
(3) 结合材料，试分析促使服务业出现变化的主要原因。

案例评析： 这节课对应的课程标准内容要求为："结合实例，说明工业、农业和服务业的区位因素。"由此可以看出，教师授课和学生学习都要结合实际案例。案例教学以案例为素材，通过对真实情境的分析将抽象的知识生动化，通过"以案例引知识、以知识析案例"的模式，推动教材知识的学习和学科素养的培育。案例的来源包括教材典型案例、乡土教学案例、时事新闻案例、经典习题案例等。就本节课的具体内容来说，服务业是指生产和销售服务类产品的活动，服务业有多种分类方法，类型很多，我们不需要面面俱到地分析每一种服务业的区位,只需要选取经典的某类服务业,重点分析其区位因素及其变化。

这节课教师选取的"中关村电子城的兴衰"和"京东的崛起"两个案例都是北京学生熟悉的地区和内容,具有典型性、时代性、生活性、本土性和可探究性,课堂中能够拉近教学与学生的距离,有利于引起学生的探究兴趣。从探究问题的设计上来看,学生活动1分别设计了中关村电子城形成—发展—衰落—转型的主要区位因素及其措施,最后总结了中关村电子城发展的不同阶段,影响其发展的主导区位因素。整个教学过程,既综合分析了影响电子城的区位因素,又从地理事物发展的角度分析了影响服务业区位的因素的发展和变化。学生活动2使学生体会到现代服务业与传统服务业的异同,了解影响京东服务业的主要因素以及区位因素的发展变化促使服务业出现变化。这两个案例的内容和设计的问题都紧跟时代,紧紧围绕区位条件的发展变化来分析服务业的变化,有利于培养学生用动态的观点研究地理事物和现象,发现其发生、发展及演变规律,从而提升学生的时空综合思维能力。

三、通过对比某种社会经济活动在不同地区的区位选择提升地方综合思维

综合思维的一个重要方面是地方综合思维能力,这里的"地方"是指人们日常所熟悉的空间范围,可以相对于另一个地方来谈论,也可以在更大的背景下来谈论。每个地方都有其独特性。研究地理问题时,可以通过对地方地理环境要素及时空变化的分析,获得对人地关系地域系统的解释。社会经济活动的区位选择的核心是因地制宜、因时制宜。因此,学生可以通过对比某种社会经济活动在不同地区的区位选择来提升地方综合思维能力。

【案例3】

工业区位选择——以首钢为例

该课例设计了四个教学环节,如图3-2-2所示。

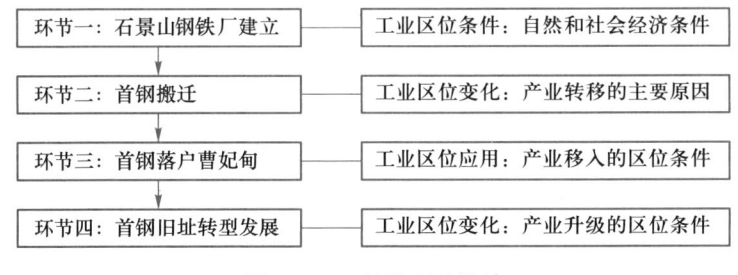

图 3-2-2 教学环节设计

环节一主要介绍石景山钢铁厂(首钢的前身)建立的区位条件。学生通过阅读图文资料的方式,总结出以钢铁工业为代表的传统工业区选址的区位条件。

环节二分析首钢搬迁的原因。该环节教师提供教学素材,让学生分组探讨,从转出区和转入区的区位条件对比来分析产业转移的原因。

环节三探讨首钢落户曹妃甸的原因。首钢搬迁面临的一个重要问题是新的选址地点，教师给出图文资料，让学生结合新时代钢铁工业的特点，讨论曹妃甸在承接首钢搬迁中的优越条件，总结出随着时代的发展，工业区位条件的发展变化。

环节四探究首钢旧址转型发展的条件。教师让参观过首钢遗址公园的学生讲述其参观过程中的见闻，并通过图文资料让学生探究首钢遗址公园产业升级的具体表现和具有的区位条件。

案例评析：工业区位选择应兼顾社会效益、经济效益和环境效益，实事求是、与时俱进，以区域实际情况为基础，兼顾工业布局的时空背景，系统考虑各种区位要素的影响。由此可见，工业区位教学内容具有地理学科综合性的特点。

本节课教师以首钢为例，讲述工业区位选择和产业升级的教学案例，案例素材具有时代性、本土性，能激发学生的探究兴趣。整个教学设计以首钢的建设、发展、产业转移为主线，引导学生分析工业区位条件，理解在时空框架下产业区位条件的对比与变化促进了产业的转移和升级。首先，结合给出的资料，探究当时建设石景山炼铁厂的优势区位条件，如能源、原料、交通、水源、市场、政策等优势。这个环节可以培养学生总结归纳影响工业布局的各种自然和人文要素，提高学生的要素综合思维能力。其次，结合时代发展的背景，北京地区的水资源和土地资源紧张，环境压力增大，产业发展方向有所变化，同时，首钢的原料和产品运输成本升高，政策支持搬迁。这个环节体现了用动态的观点分析工业区位的发展变化，可以提高学生的时空综合思维能力。最后，分析首钢从北京迁出并将涉钢产业落户曹妃甸的区位条件，以及首钢原厂区发展"新首钢高端产业综合服务区"的探究过程，引导学生从时空综合、地方或区域综合的角度分析产业区位的条件，提升学生的综合思维能力。

 教学建议

首先，在教学案例的选取方面，有关社会经济活动区位因素的案例和素材很多，选取的案例内容应具有典型性、时代性、生活性、本土性。教师在备课过程中要通过查找资料，充实和调整案例材料，积极开发乡土案例，同时也要充分重视教材中的案例。以培育学生综合思维为目标的案例教学，其基础在于案例的选择与应用，同时还要精心设计教学情境和探究问题。简单的灌输、说教对学生素养的提升无济于事。教师要引导学生阅读、观察、发现、提出问题并进行思考，积极发表自己的见解，这样学生才能在理解知识和解决问题的过程中逐步发展综合思维。

其次，在分析区位因素方面，地理2主要是通过描述人文地理事物的空间现象及其变化，解释不同地方的人们进行产业活动区位选择的依据，最终使学生形成人地协调发展的观念。各种各样的社会经济活动的主导区位因素差异较大，教师要在开展整个模块的教学时统一设计，通过分析不同的社会经济活动，让学生形成涵盖各种社会经济活动的大区位分析问题的观念。这种观念有利于学生深入分析各类人文地理问题，提高要素综合思维能力。

最后，争取用一个情境贯穿整个教学过程，让学生围绕一个主题，充分探究某种社会经济活动的区位因素及其发展变化。这有助于学生从整体的角度全面、系统、动态地分析和认识地理环境及其与人类活动的关系，有利于培养学生从要素综合、时空综合和地方综合的角度认识地理事物和现象及其发生、发展的过程，提升辩证地看待地理问题的能力。

3-2 数字资源

3-3 如何辩证地分析人文地理现象的发展变化及其影响？

关键问题的基本内涵

人文地理现象的特征是随时间不断发展变化的。把通过测量、观察或调查等方法获得的人文地理现象特征依照时间序列进行分析，从而认识一段时间内地理现象的变化规律，并对随之可能发生的地理现象进行预测，进而指导人类活动，是我们分析人文地理现象发展变化及影响的意义所在。

作为中学地理教学的主要教学内容之一，人文地理现象的发展变化具有动态性、时空性、系统性等特征，是表明地理事物外部直观特征和内部抽象联系的纽带，在培养学生的读图技能、分析能力和时空思维等方面具有重要作用，既是学习的重点也是难点。

地理2中涉及"人文地理现象的发展变化及其影响"的教学内容包括人口迁移的过程及影响，城市内部功能区的分化及城市化的过程，影响产业布局的区位因素的变化等。相较于地理1的自然地理过程而言，人文地理现象的发展变化与学生身边的生产生活息息相关，涵盖了不同尺度的区域，涉及诸多要素的融合，且具有更强的开放性，往往在分析了地理现象的发生及发展之后，要求学生对地理现象的影响进行利弊分析，或对地理过程的发展进行模拟预测。而作为学业水平重要检测之一的合格性考试命题也呈现出相同的特点，即以紧贴生活实际的案例为呈现方式，设问不只是针对知识点本身，而是需要学生结合情境材料，联系生活经验，做出合理推测，方能解决问题。

因此，在教学中必须突出学生的主体地位，改变学生过分注重记忆、被动模仿的倾向，倡导学生联系自己的生活体验，谈谈身边相关地理现象发生变化的过程及切身感受，鼓励学生发现生活中的地理，既有助于学生迁移应用地理知识，又是对"学习对生活有用的地理"这一理念的践行。

另外，在课堂教学中还应有意识地着重引导学生感知时间与空间的融合，为学生自主探究和合作学习提供必要的、充分的资料，给学生足够的时间和空间去思考问题、探究学习，使学生在分析材料的过程中，不断提高问题意识和质疑能力，学会发现问题的方法，并尝试提出解决问题的方案，揭示发展变化的内在机制，最终获得地理学科核心素养的发展。

关键问题的解决途径与教学案例

由人文地理的教学内容特点及考查方式不难看出，"案例教学"和"问题式教学"

这两种课程标准倡导的教学方法恰好满足课堂教学的要求。"案例教学"借助典型案例帮助学生掌握分析人文地理现象发展变化的思路和方法,学生通过对人文地理空间思维习惯的强化和人文地理信息的运用,联系生活实际,理解人文地理过程的发生机制,进而解释其可能产生的影响;而"问题式教学"是用"问题"整合相关学习内容的教学方式,以"发现问题"和"解决问题"为要旨,在解决问题的过程中,运用地理的思维方式,建立与"问题"相关的知识结构,并能借由分析问题,层次清晰地表达自己的观点。两种教学方式在课堂教学中常常配合使用,可以达到事半功倍的效果。下面结合地理2教学中的一些案例,详细说明"案例教学"及"问题式教学"在教学设计中是如何辩证地分析人文地理现象的发展变化及其影响的。

一、案例教学

(一)案例选择契合学生的兴趣

所谓案例,就是在真实情景中发生的典型事件。选择人文地理教学案例的原则是真实、生动、典型、难度适宜。教室外的世界让学生眼前一亮,让地理课堂充满活力,尽显地理学科的魅力。因此,地理教师要用敏锐的眼光来观察我们的生活,从衣、食、住、行与人文地理的密切联系中发现问题,激发学生的学习兴趣,唤醒学生的"角色代入感",从而培养学生用地理视角来认识周围世界的习惯。

【案例1】

服务业区位因素的变化——以"食宝街"与"新中关"为例

"集聚效应"是影响商业性服务业形成和发展的一个重要区位因素,但是概念本身比较抽象,学生理解起来有一定困难。而"吃"和"玩"是学生最感兴趣的话题,中关村地区又是学生熟悉的生活区域,因此选择中关村地区的"食宝街"及"新中关"购物中心为例,既符合学生的兴趣又可以结合学生的生活体验,解释"集聚"这一相对抽象的地理过程再合适不过了。

通过呈现"食宝街"与"新中关"两处商业场所的位置及景观图(图3-3-1)等图文资料,比较两地服务业种类及服务等级的区别,之后通过设问"集聚效应会给商家带来哪些影响?"引导学生从利、弊两方面辩证地思考集聚效应在服务业形成和发展过程中发挥的作用。

(二)案例选择关注尺度的变化

每个人文地理现象的发展变化过程都是在一定的区域范围内发生的,同样的人文地理现象及发展变化在不同的空间尺度下看,其形成原因及带来的影响往往是不尽相同的。教师可以根据教学目的从不同空间尺度选择案例,使学生多方面了解人文地理现象发生的变化,同时能更加全面、整体地认识该变化带来的影响,从而对其进行更客观、准确的评价。

图 3-3-1 "食宝街"与"新中关"位置及景观图

【案例 2】

工业区位因素的变化——以中国汽车工业为例

地理过程必然产生一定的地理格局,地理格局的变化又会影响地理过程的发展。在区位知识的学习中,最难把握的是区位因素的变化导致区位的重新选择。本节课选用两组材料介绍我国汽车工业布局发生的变化。

第一组材料:在空间尺度上选择长春、上海、广州三个区域范围,在时间跨度上选择新中国成立之初、改革开放、20 世纪末三个节点,材料内容见表 3-3-1。引导学生联系生活体验,在初步具备了农业区位因素分析能力的基础上,运用对比、归纳等方法,分析汽车工业在不同历史时期、不同地区进行选址时的差异。

表 3-3-1 第一组材料

时间-区位	新中国成立之初-长春	改革开放-上海	20 世纪末-广州
汽车工业	长春一汽	上海大众	广州本田
材料内容	材料一:长春一汽发展简史 材料二:东北地区自然资源储量及能源产量 材料三:东北地区交通线路分布图	材料一:上海市汽车工业基础 材料二:改革开放下的上海汽车市场需求 材料三:上海铁矿及钢材的来源 材料四:上海及周边交通线路图 材料五:上海市高校汽车专业相关情况简介	材料一:广州市及周边汽车生产及零部件配套基地 材料二:广州市人口数量、年龄结构及汽车制造业就业比重 材料三:广州汽车制造业及相关行业就业人员文化程度

第二组材料：在微观尺度下选用东风汽车厂从十堰搬迁至武汉的例子，为学生呈现我国"三线建设"政策、1969年十堰社会背景资料、湖北省地形图、交通线路图等图文资料，引导学生结合给定的真实情境，综合时空要素，比较两地的区位因素差异，从而对东风汽车的搬迁给出合理的地域性解释。

案例评析： 第一组材料体现"同一行业在不同时期选址的变化"，侧重在中观尺度下区域随时间变化引起的区位变化；而第二组材料体现的是"同一企业在不同城市的厂址变化"，侧重在微观尺度下区位变化引起的空间变化。选取同一题材的案例，但为了实现不同的教学目标，两组材料的呈现方式不尽相同，第一组材料为结构良好的、典型的真实案例，第二组材料则为结构不良的、复杂化的真实情境，空间尺度的缩小使得分析具体问题所需要综合分析的影响因素增多，对学生的综合思维水平也更高。

（三）案例呈现方式立体多样

地理事物和现象的动态变化过程具有时空性和复杂性等特点，教师单纯通过文字描述很难使学生真正理解。另外，人文地理现象的发展变化往往发生在一个较长的时间跨度、一个较大的空间范围内，往往不适合学生通过课堂观察法获取直观的生活体验。在学习自然地理过程中常用的实验法对人文地理现象的学习也并不适用，因此教师创设或挑选的典型性案例的目的之一，正是借由其直观性的特点，把一些抽象的理论或远离学生生活经验的情境讲解得更为透彻，以帮助学生理解。

教师在案例呈现方式的选择上可以更多元、更立体，也可以更加突显案例教学直观生动的特点。与传统备课形式下以文字资料或简单的景观图片为主的案例呈现方式不同，"互联网+"时代为教学案例的呈现提供了更多的可能，无论是教学软件、APP或是动画、视频、纪录片等，都可以成为教师创设案例的素材。

【案例3】

商业性服务业区位因素的变化——以"京东"为例

教师选择了多种呈现方式的案例材料，如表3-3-2所示。

表3-3-2　多种呈现方式的案例材料

材料名称	呈现方式	教学内容
京东企业发展简介	文字	相关背景材料
一级物流中心及服务范围、中国铁路干线及铁路枢纽	分布示意图	物流中心的分布特征及原因
京东集团架构及业务范围	架构示意图	京东提供的服务与传统服务业的区别 这些服务需要哪些条件来支撑
《京东物流——无人之路》	视频	科技（尤其是网络信息技术）对服务业布局带来的影响
疫情期间参与物流运输的智能配送机器人	景观图、工作流程图	其他促使服务业布局变化的原因
实际体验京东物流	手机截屏图组	体验地理信息技术在物流配送中的作用

案例评析：案例材料将画面、文字、视频整合为一体，生动、立体、极具表现力，把学生难以理解和难以想象的内容可视化，有助于学生构建心理地图。

二、问题式教学

在饱受诟病的传统课堂中，不论是教师的"满堂灌"还是集中在"是不是""对不对"这样封闭性问题中的"满堂问"，都是灌输式教育的体现，课堂教学沉闷无趣，更是对学生能力发展的阻碍和扼杀。因此，课程标准在"教学与评价建议"部分提倡的具有导向意义、需要教师多加重视和探索的方面中，"问题式教学"占有举足轻重的地位。

在地理学科核心素养中，地理实践力不单指学生进行野外地理实践的能力，在课堂教学中，它更多地体现在真实的区域背景下解决实际问题的能力。"问题式教学"以问题整合教学内容，以问题为引领贯穿教学始终。教师将一些难度较大、综合性较强的知识进行合理分解，配合案例教学创设的情境，用环环相扣的问题在新旧知识之间搭桥梁，促使学生在发现问题、分析问题和解决问题的过程中掌握知识、增进能力。

高效的"问题式教学"应具备以下几个特点。

（1）问题的层次性。问题是知识的载体，将学习内容整合成逻辑严密的问题链，借助问题链之间的起承转合，呈现整节课的知识体系，同时覆盖教学的重难点。

（2）问题的启发性。设问要关注学生的"最近发展区"，从学生的知识误区和盲区中生成问题，不能"想到什么问什么"，提问过于随意。在预设学生解决问题可能遇到的瓶颈处，教师可以抛出一些难度递进的问题做学生思考的"脚手架"，将知识进一步细化，由此启发学生的思维，由浅入深地引导学生探究问题。

（3）问题的迁移性。当学生已经理解掌握案例情境所呈现的知识原理和规律时，教师可以提供反映该知识或相同解题思路的新素材，引导学生依据已掌握的原理和方法进行知识迁移，不断质疑并生成新问题，推动深度教学的开展。

同时，在学生解决问题的过程中，教师要注重给予过程性评价，避免急于求成、只看结果，忽视学生的思维过程。这对教师发现和诊断教学问题提出了更高的要求，对提高教师教学素养、促进教师专业化发展也有深远的现实意义。

【案例4】

工业区位因素

教师选择东风汽车厂从十堰搬迁至武汉的例子，引领学生从微观层面的时间维度系统分析工业区位因素的变化对工业布局的影响。学生结合地形图、交通线路图等资料，综合比较十堰和武汉在不同时期体现出的区位优势差异，然后在问题链的引领下思考企业搬迁的原因，以及搬迁对迁入地和迁出地的影响。由教师引领学生对"区位"这一核心概念的一般分析思路进行梳理，再以首钢搬迁的案例作为课后探究，促使学生学以致用，去解决生活中的真实问题。

教学阶段	教师活动	学生活动	设计意图
课堂教学	【东风汽车厂搬迁】 1. 企业背景简介 2. 湖北省地形图、高速公路和铁路分布图 3. 十堰市1969年社会背景简介 【提出问题】 1. 当年二汽选址十堰的主导区位因素是什么？试评价十堰发展汽车工业的区位条件 2. 分析东风汽车搬迁至武汉的原因 3. 东风汽车的搬迁，说明影响汽车工业布局的区位因素在如何发生变化？ 4. 有人提出少了东风汽车的十堰将成为一座"废城"，试探讨帮助"废城"崛起的措施。（可从政府、企业等多角度思考） 5. 试猜想：如果东风汽车不搬迁，十堰的发展会如何？ 提示学生从短期利益和长期利益的角度合理推断，使学生理解工业区位变化对工业布局影响的必然性	阅读材料，分析现状，结合所学，对企业布局的来龙去脉进行全面、综合的分析，解决实际问题，大胆设想预测结果	1. 引导学生思考工业区位因素发生变化对工业布局的影响，同时引导学生进一步理解自然因素变化较慢，社会经济因素变化较快，尤其是科技、市场、劳动力素质、环境质量对人类经济活动的区位选择作用越来越大 2. 帮助学生分析企业布局的变化对迁入地、迁出地可能带来的利弊影响，并为消除不良影响"献策"，同时渗透产业转移问题的分析思路
归纳总结	梳理分析区位因素的一般方法和思维过程		理解工业区位中的"变与不变"，提升抓住事物本质的能力，做到"以不变应万变"
课后探究	【首钢搬迁】 1. 企业背景材料 2. 搬迁原因 3. 曹妃甸区位优势 4. 我国钢铁行业发展现状 5. 首钢在北京位置图，北京的"风向频率玫瑰图"，搬迁示意图 【提出问题】 1. 当年首钢选址北京的主导区位因素是什么？ 2. 首钢为何要搬迁？ 3. 首钢搬迁为何选址曹妃甸？ 4. 首钢搬迁会对曹妃甸带来哪些影响？ 5. 曹妃甸该如何避免走首钢环境污染的老路？ 6. 废弃的首钢旧址可以如何加以利用？	学以致用，迁移本节教学内容的核心知识及能力	

案例评析："东风汽车搬迁"的一系列设问探讨了"过程与格局的相互作用"这一热门考点，从知识的连贯性和思维的惯性角度讲，选择首钢搬迁的案例为课后探究既可以促进学生对所学知识的迁移运用，也锻炼了学生解决实际问题的多项能力，一举多得。通过呈现结构不良的图文资料介绍首钢及曹妃甸的地理背景，以问题链的形式推动学生思考搬迁事件的始末，复习本节教学内容的核心知识的同时，还可以使学生在熟悉的背景下，通过具体的措施了解"北京城市功能定位的变化""京津冀协同发展"这些相对抽象的宏观概念，从而养成用地理的视角来观察身边现象的习惯。

三、用"图"描绘发展变化

"案例教学"与"问题式教学"固然优点非常突出,然而在实际课堂教学中也有着不可忽视的缺点——"费时"。"费时"包括两个方面的含义:一是选材费时,在今天这个信息大爆炸的时代,海量信息充斥着我们的生活,教师需要对海量信息进行搜集、筛选、整合,方能呈现出适用于课堂教学的案例,这无疑是一项庞大的工程;二是上课费时,引导学生分析案例、发现问题、解决问题都需要比讲授式教学更多的时间,如果再配合小组讨论等活动,往往会占用课堂的大部分时间,而高中教学本身任务重、时间紧、压力大等现实条件必然会限制这两种教学方法的使用频次。因此,教师可以借助其他一些操作性更强、时间上更灵活的教学方法来提高课堂教学效率。

"图"是地理学科特有的语言表达。借助各种形式的图像认识地理事物和现象的发展变化,可以将动态的变化过程静态化展示,重点突出变化过程中的关键节点。例如,统计图可以将地理数据直观化,呈现地理要素随时间的变化过程——在学习"人口合理容量"时,教师可以借助"世界人口增长曲线图"引导学生分析世界人口随时间的变化规律。

【案例 5】

城市化进程及特点

城市作为目前人类最重要的聚落形式,是体现人类活动与自然环境关系最集中、最深刻的区域。而城镇化反映了人文地理要素随时间推移和空间扩散的过程。

教学环节	选用图像	选图意图
通过身边案例明确概念	呈现北京城市用地范围在不同年份的卫星图像资料: BEIJING 1986、BEIJING 1996、BEIJING 2006、BEIJING 2016	选用学生熟悉的城市,设计问题链条,引导学生探究城镇化概念

续表

教学环节	选用图像	选图意图
通过经典案例分析进程	带领学生用箭头标示出不同时期伦敦人口流动方向，从而明确城镇化的四个过程： (a) 1800—1870年　　(b) 20世纪上半叶 (c) 20世纪下半叶　　(d) 20世纪80年代以后 城镇化的四个过程	针对学生较难理解的郊区城市化和逆城市化，以示意图的形式比较二者的区别，突破了城镇化进程教学中的难点问题
通过特点比较推导规律	绘制中国与英国城市化进程折线图： 英国：39.0%（1850）、61.0%（1890）、67.0%（1920）、79.0%（1950）、77.0%（1970）、78.7%（2000）、79.9%（2005）、81.3%（2010）、82.6%（2015）、83.4%（2018） 中国：6.0%（1850）、9.0%（1890）、10.0%（1920）、11.8%（1950）、17.4%（1970）、35.9%（2000）、42.5%（2005）、49.2%（2010）、55.5%（2015）、59.2%（2018） 中国与英国城镇化进程折线图	直观对比两国城镇化进程的异同，从而引出世界城镇化进程的一般规律

教学环节	选用图像	选图意图
要素综合说明原因	呈现2018年世界人口比例图（略）及中国、英国、日本、巴西人均GNP曲线图：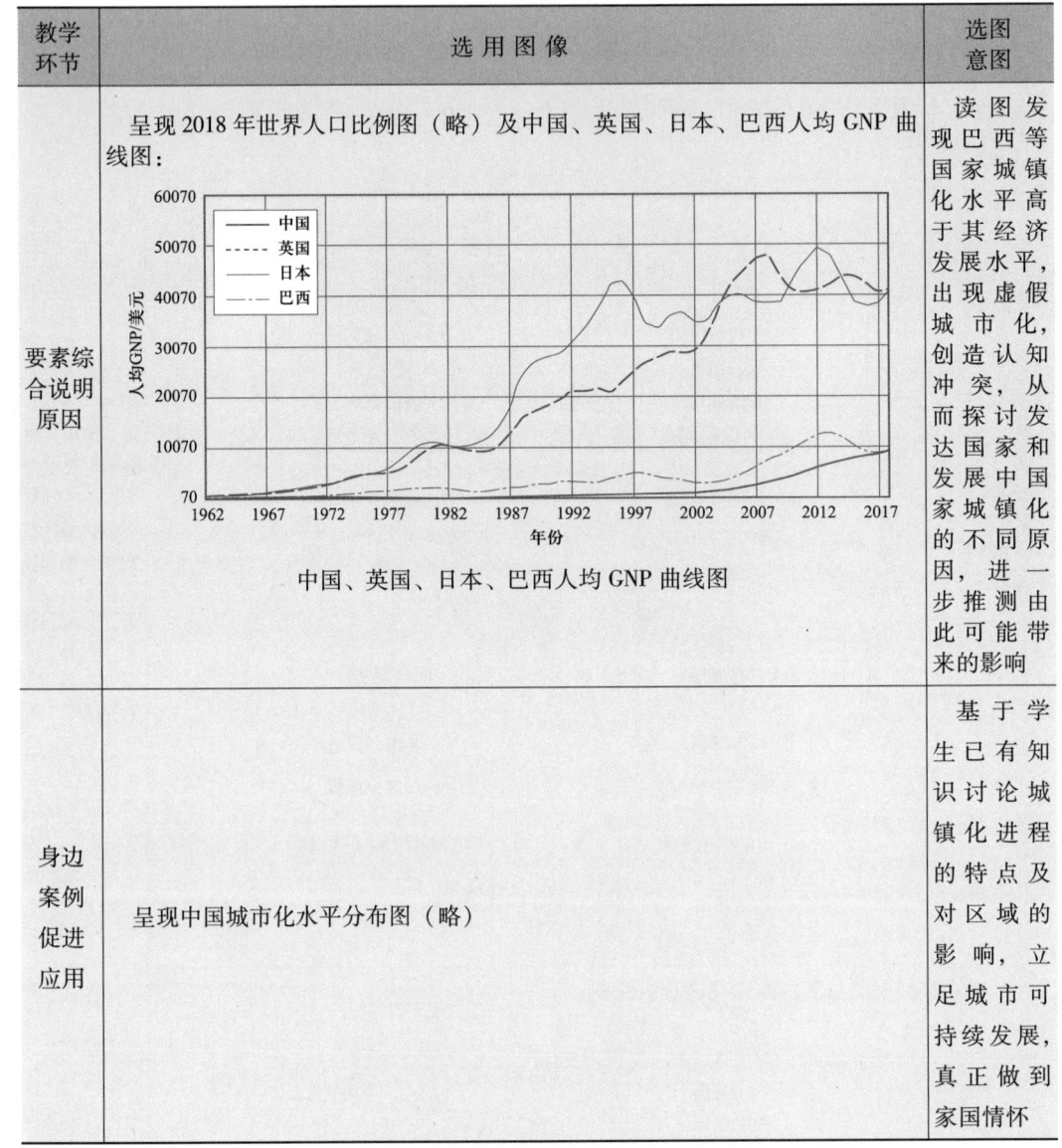中国、英国、日本、巴西人均GNP曲线图	读图发现巴西等国家城镇化水平高于其经济发展水平，出现虚假城市化，创造认知冲突，从而探讨发达国家和发展中国家城镇化的不同原因，进一步推测由此可能带来的影响
身边案例促进应用	呈现中国城市化水平分布图（略）	基于学生已有知识讨论城镇化进程的特点及对区域的影响，立足城市可持续发展，真正做到家国情怀

案例评析：课程设计围绕教学目标，在不同情境中分别选用景观图、示意图和多类型统计图，突出城市在时空视角下的动态变化过程，体现不同城市化进程的特点和差异。从同一区域的时间进程和不同区域城镇化进程的差异比较，由简到难，由浅入深，为学生创设了不同的学习情境，形成一系列有梯度的学习问题，从而达到解决问题的目的。

同时，为了使精心挑选的图像发挥最大的作用，教师要加强对学生的读图指导。学生只有掌握了正确的读图方法，才能在此基础上全面获取地理信息，继而对其归纳总结，表达地理观点，解决地理问题。

 教学建议

案例材料配合图像资料，材料之间高度关联，问题链条主题鲜明、层层递进，在激发学生兴趣的同时，又让学生体会到地理知识的实用性。在教学过程中还需要注意以下几个问题：

第一，问题的设计要依托案例的情境，而情境的创设和问题的设计都应贴近学生的认知水平和生活实际。

第二，问题的设计要有利于案例内容向教学内容的转化，使教学内容的结构化和关联性更加突出。

第三，避免只将案例作为"导入"的情况，而是要借助问题设计的关联性，引导学生充分理解案例所呈现的情境，并以此为基础由表及里地分析问题、解决问题，让学生在一个相对完整的情境中经历地理思维的发展过程。

第四，要关注在开放式学习过程中学生的思维发展，尤其提倡和鼓励学生的创新性表现。

此外，如果条件允许，可以组织学生进行考察、调查等实践活动，使学生在真实情境中亲身体验"人文地理现象的发展变化"。例如，在探讨北京城市发展方向时，可以设计"北京生活垃圾的处理""居民出行方式（时长）""北京高校毕业生就业去向"等项目任务，让学生通过社会调查更为细致深刻地感受到由于北京城市化进程所带来的变化，因为学生走出去的过程，就是学生面对真实情境的体验与思考的过程。

3-3 数字资源

3-4 如何培养学生利用地理信息技术探究人文地理问题？

 关键问题的基本内涵

地理信息技术是地理科学的分支学科，是地理科学研究的关键技术，主要由地理信息系统（GIS）、遥感（RS）、全球卫星导航系统（GNSS）三个方面的核心技术组成。信息时代的今天，地理信息技术在科学研究、资源普查、环境监测、城市管理、工程建设和国防等各个领域，得到了广泛的应用，同时其大众化应用已成为趋势。

新版课程标准将地理信息技术纳入必修课程和选修课程的内容要求当中，足见地理信息技术学习的必要性和重要性。在高中阶段开展地理信息技术教育，对学生掌握信息技术、了解与应用地理研究技术、培养地理问题的分析与处理能力等具有不可替代的作用，对培养学生的现代科学素养有重要意义。同时，地理信息技术也是发展学生地理学科核心素养的关键内容，通过学习地理信息技术，学生能够更加全面地理解地理学科的综合性与区域性，提升区域认知与综合思维，通过应用地理信息技术，产生学习地理的兴趣，提高地理实践力，最终增强人地协调观。

现阶段，由于地理信息技术原理的复杂性和课程内容要求的基础性，教师在组织这部分内容的教学时，往往是通过讲授或者勾画教材的方式进行，课堂沉闷无趣，学生被动接受，并没有真正理解地理信息技术的内涵和关系，地理信息技术也没有影响到学生的日常生活，其育人价值没有得到充分的发挥。

 关键问题的解决途径与教学案例

在地理2模块的教学中，为了更好地引导学生了解地理信息技术的应用，发挥其育人价值，培养学生利用地理信息技术探究人文地理问题的意识和能力，教师需要从以下几方面着手。

一、明确地理信息技术在人文地理教学中的目标要求

地理信息技术涉及的内容多、运行的原理深，中学阶段并不要求全面、深入地学习，因此教师需要准确把握地理信息技术在人文地理教学中的出发点和落脚点，确保教学方向的科学、准确。通过对比不同模块课程中的内容要求、教学提示及学

业要求，可以发现关于"地理信息技术"的内容仅出现在地理1和地理2中；选择性必修课程虽未在内容上对其有所要求，但在模块教学提示及学业要求中均提到"运用地理信息技术和工具"；选修课程中则专门开设了"地理信息技术应用"，并提倡上机操作。

地理2模块与地理信息技术直接相关的内容要求是"通过探究有关人文地理问题，了解地理信息技术的应用"。该条要求位于课程标准地理2模块内容要求的最后，这表明地理2模块中人口、城市、产业活动等人文地理问题均可使用地理信息技术进行探究。同时，课程标准使用的行为动词是"了解"，意为明白、理解，通常用来形容人对某物、某事的掌握、领悟程度，为最低水平的认知学习结果；认知内容是"应用"，多为面对实际问题能主动尝试运用所学知识和方法寻求解决问题的策略。

因此，课程标准的目标要求是通过探究真实的人文地理问题，帮助学生了解地理信息技术在解决问题过程中所起的作用，最终通过地理信息技术的学习，发展地理学科核心素养。教学的重点是学生通过了解地理信息技术科学在社会生产、生活、管理、科学研究等各个领域的应用，形成利用地理信息技术获取地理信息、分析问题的能力，认识地理信息技术对促进社会发展与信息化进程的巨大意义，懂得学习地理信息技术、形成地理信息素养的重要性。在了解地理信息技术的应用之前，需要先认识地理信息技术的基本内涵，以便为利用地理信息技术探究人文地理问题奠定基础。因此，教学中可以将基本原理的学习与地理信息技术在生活中的应用相结合。

【案例1】

地理信息技术的应用

在现实生活中，有很多手机软件集成了GPS（全球定位系统）功能，下面以咕咚App和GPS定位导航记录仪App为例，介绍如何利用这些手机软件辅助教学，基本教学流程如下。

（1）课前布置任务：要求学生提前下载好咕咚App和GPS定位导航记录仪App，并尝试用咕咚App记录自己一天或者某时段的运动情况。

（2）课堂汇报：课前由学生向大家展示用咕咚App记录的运动情况，学生的分享截图如图3-4-1所示。随后教师提出问题"为什么这些软件可以记录大家的运动轨迹？"，由生活体验过渡到探究GPS运行原理。

（3）教师简要介绍GPS的概念、功能和原理。

（4）动手尝试：教师让学生利用GPS定位导航记录仪App获取当前位置，模拟路线导航。通过自身体验，学生进一步加深了对GPS功能的理解。学生自主体验的截图如图3-4-2所示。

图 3-4-1　咕咚 App 记录的运动情况示例　　　图 3-4-2　GPS 定位导航记录仪 App 使用示例

二、创设问题情境，引导学生使用地理信息技术探究人文地理问题

核心素养是个体在应对现实问题情境时，所表现出来的综合能力，素养的形成依赖问题情境。将知识放回问题情境之中的关键是将尚缺乏内涵、活性和力量的书本知识，改造、设计成具有一定挑战性的真实问题，让学生在问题解决中学习。[①] 因此，培养学生利用地理信息技术探究人文地理问题，就需要创设真实的、具有探究性和趣味性的人文地理问题情境，引导学生在利用地理信息技术解决问题的过程中深入理解地理信息技术的强大之处。

在地理信息技术中，GPS 主要用于实时定位和导航，遥感用于获取和动态监测大范围的地表信息，而 GIS（地理信息系统）则拥有强大的空间分析能力。在人文地理教学中，可以单独使用某项技术，也可三项技术相互配合，用来探究人文地理中的人口分布与人口迁移、城市空间结构，以及城市化过程、服务业的布局区位等学习内容。例如，可以基于"中国人口和行政区划"数据，应用 ArcGIS 软件查询我国东西部省区人口信息、人均国内生产总值等信息，通过配合遥感影像叠加交通等地理要素，共同探究东西部经济发展的差异及其原因。还可以应用包含中国行政区划信息和铁路信息的地理空间数据，利用 ArcGIS 软件制作成我国铁路交通专题图，使全国铁路干线和枢纽的分布状况一目了然。

【案例 2】

使用 ArcGIS 软件进行家乐福超市选址

教学环节	教与学活动	点　评
前期准备	教师讲授 ArcGIS 软件基本操作流程以及本课需要使用的创建数据库、新建图层、缓冲区分析、叠加分析等软件的基本功能	课前准备对利用地理信息技术探究人文地理问题非常必要

---

① 李松林，贺慧．整合性：核心素养的知识特性与生成路径［J］．教育科学研究，2020（6）：13-17．

续表

教学环节	教与学活动	点　评
活动1：查询超市分布，分析超市选址因素	学生：利用百度地图搜索家乐福超市，并结合实际调查，确定北京现有的家乐福超市的分布情况。 小组合作：结合服务业区位因素的相关知识，分组讨论影响超市选址的区位因素。交流分享讨论结果，最终明确影响超市选址的主要有市场、交通、地租、基础设施等因素。 教师提问：这些因素如何影响超市选址？引导学生深入思考，最终得出以下结论： ①原有超市分布：距离适中；市场：靠近人口密集区； ②交通：临近公路、地铁、停车场；地租：价格适中； ③土地规划：商用地。 教师提问：这些数据该如何获得？如何利用这些数据进行超市选址呢？	借助地理信息技术获取超市等地理要素的空间分布，并以此为基础组织探究活动，充分发挥了地理信息技术在教学中的辅助功能
活动2：借助文献，明确超市选址分析流程	教师给每个小组下发一篇经过教师筛选、处理后的论文《GIS支持下的大中型超市选址研究——以福州金山新区为例》，作为学生学习探究的素材。要求学生思考以下问题：超市选址大致分为哪几个阶段？每个阶段的主要任务是什么？在超市选址时考虑了哪些因素？超市选址的具体要求有哪些？超市选址的地理学原理是什么？ 各小组围绕以上问题，合作探究超市选址过程，最后汇报选址思路。 在小组共同交流下，得出了论文中考虑的选址影响因素：人口规模和人口密度、交通路网和公交站点、土地利用规划、现有商圈。 超市选址同时满足以下条件：要靠近人口密集区，要距离交通路网与公交站点1200米左右，土地利用规划为商业用地，要距现有超市1000米左右。 随后教师结合ArcGIS软件，展示超市选址的流程： 第一阶段，采集数据。要获取人口数据、土地利用数据、公交站数据和交通线数据。 第二阶段，数据处理。数据依据选址标准对人口数据进行空间插值，获取人口密集区，对现有超市、交通线和公交站点进行缓冲区处理。 第三阶段，空间分析。将处理好的空间数据进行叠加分析，最终得出超市的最佳选址位置。 随后，教师利用流程图的方式呈现整个选址流程，加深学生的理解	在活动1的基础上，教师结合具体案例，引导学生从理论层面建构了利用地理信息技术进行超市选址的完整流程。学生在探究过程中对人文地理问题的分析思路和地理信息技术的应用有了更深的认知
活动3：上机操作，解决超市选址问题	教师下发提前准备好的北京行政区划、原有超市分布、交通、土地利用等地理空间数据，由各小组自己研制超市选址的标准，利用ArcGIS软件，进行家乐福超市的选址分析。 最后将选址结果，制成专题图，并进行汇报展示	利用ArcGIS软件，由学生自主探究北京家乐福超市选址问题，调动了学生的积极性，提高了学生分析和解决人文地理问题的实践能力

案例评析：教师选取了既贴近学生生活又具有人文地理特点的"超市选址"这一问题情境，通过探究超市选址因素、构建利用地理信息技术进行超市选址流程、学生上机操作体验等层层递进的教学环节，让学生充分感受到地理信息技术在解决人文地理问题中的强大作用，培养了学生利用地理信息技术探究人文地理问题的意识和能力，增强了综合思维和地理实践力。

三、搭建探究平台，引导学生在生活中关注和使用地理信息技术

随着"互联网+"教育的不断发展，各种教学技术方式层出不穷，不仅改变了传统的教学模式，而且丰富了课堂教学手段，促进了教育的发展。智能手机和 App 作为日常使用最多的信息化工具，逐渐成为"互联网+"教育的重要实现途径。地理信息技术的大众化趋势越来越明显，地理信息技术逐渐走入人们的生活，如各种手机 App 及网络平台极大地影响和改变着人们的日常生活。

"学习对生活有用、对终身发展有用的地理"强调地理知识的学习来源于日常生活，注重学生体验与实践活动，同时所学到的地理知识又要用来解释生活中的地理现象，解决生活中的地理问题。学生思维活跃，对新技术和探究活动充满兴趣，在生活中经常使用百度地图等手机软件，对地理信息技术有一定的感性认知，但是并未对手机软件和网络平台所使用的地理信息技术及其在解决问题中发挥的作用进行深入的思考。因此，教学中可以利用学生熟悉的软件和网络平台，布置体验性、探究性的任务活动，帮助学生在完成任务的过程中理解地理信息技术的基本原理及其应用，感受地理信息技术对生产生活的影响，最终培养学生使用地理信息技术服务生活的基本技能。

【案例3】

寻找并体验生活中的地理信息技术

学习任务：找出生活中你遇到的集成了地理信息技术的手机 App 或网络平台，体验其服务功能。课上分享使用经历，介绍该 App 或平台可以用来解决哪些人文地理问题。

小组一：百度地图 App——规划交通出行

百度地图具备全球化地理信息服务能力，包括智能定位、路线规划、导航、路况等功能，常用的有手机版和网页版。它的路线规划功能主要提供了时间短、少换乘、少步行等查询方式，每种方式行驶的路线是有差异的。我们使用它搜索由学校到故宫的路线，可以观察到提供路线的不同之处。图3-4-3显示了最少换乘的路线图。通过查找相关资料并向老师请教，我们明白了百度地图的路线规划使用了 GIS 的空间分析功能。

除了对我们根据不同需求选择出行路线之外，百度地图还根据道路的拥堵程度，将交通路线用不同颜色呈现，颜色越红代表交通越拥挤。因此，大家还可以根据路线显示的不同颜色判断道路的拥挤程度，规划出行路线，在某种程度上可以减轻城市化过程中的交通拥堵问题。同时百度地图还提供了不同的地图类型，其中卫星图是使用遥感技术获取的影像地图，能够方便用户了解地表状况，智能定位功能使用了 GPS 技术。

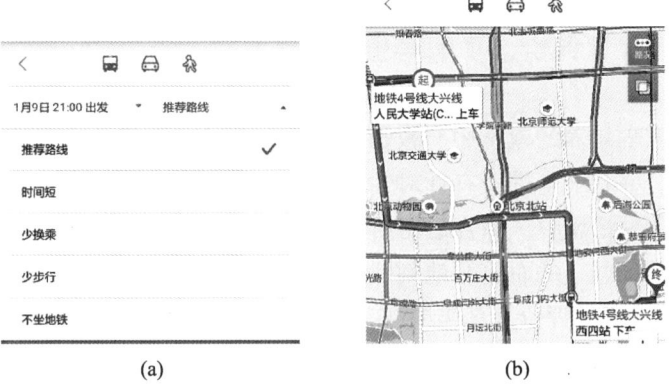

图 3-4-3 用百度地图规划出行路线示例

小组二：腾讯人口热力图——了解人流量变化，服务景区管理

人口热力图是利用获取的手机数据，定位该区域的用户数量，通过用户数量渲染地图颜色，实时展示该地区人口的密度，主要使用了 GPS 定位技术以及地信息系统的显示功能。热力图便于观察一个地方的人口密集程度以及实时的人流量变化情况。通过人口热力图的分析，商家可以通过决策顾客人流量高峰，发现人流汇集的潜力地段进行商业建店、开展营销活动等；游客可以通过它了解时下热门去处，避开拥堵时段景区，服务个人旅游出行，还能够根据一天中人流量的变化情况分析城市功能区。

利用腾讯人口热力图可以通过查询省份—城市—区域—日期—粒度，在底部时间轴上可以选某一时刻，查看不同景区人口状况，不同的颜色对应不同的人口密度，颜色越红表示人口密度越大。在人口热力图上可以清晰地分析出游客主要集中的位置、每个点钟的聚集位置和移动路径等，进而分析每个景区一天内各时刻人口密度，方便景区进行规划和景点分析。图 3-4-4 是我们查询的北京欢乐谷 2021 年 2 月 10 日的人口热力状况。

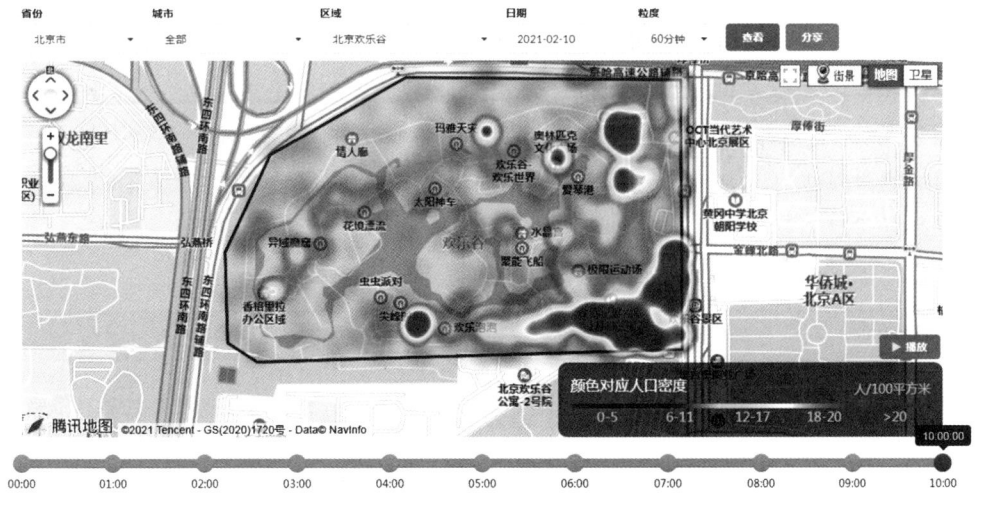

图 3-4-4 人口热力状况示例

四、开展表现性评价,了解学生的素养水平,及时进行教学指导

在基于核心素养培养的教学中,教师需要在教学过程中开展表现性评价,及时了解学生的发展水平,并对学生进行有针对性的教学指导。表现性评价重在收集和解释学生在真实、复杂的问题情境中,综合运用所学知识和方法等解决问题或完成任务的过程中所表现出来的学习证据,从而更好地判断和促进学生必备品格、关键能力与重要观念的状态及其发展。① 表现性评价集真实情境、教学目标、知识任务、量规设计于一体,在地理教学中实施表现性评价有助于学生的深度学习,有助于学生地理学科核心素养提高。

在培养学生利用地理信息技术探究人文地理问题的教学过程中,教师需要围绕表现性评价的关键要素展开。首先,依据课程内容要求和学业质量标准,确定学生达到的学习目标和行为表现,并划分水平层级。其次,评价目标明确后,需要设计与目标相匹配的表现性任务,良好的表现性任务是真实情境、知识与任务的有机整合,这是开展表现性评价的关键。在设计利用地理信息技术探究人文地理问题的表现性任务时,一定要注重活动任务的探究性和实践性,使学生最大限度地表现出自己的知识与能力水平。最后,还需要研制一个科学、明确、操作性强的评分规则。一个合格的评分规则需要让学生知道做什么、做到什么程度。在实施表现性评价的过程中,教师要积极搜集学生在任务完成过程中的行为表现,进行充分、全面的教学评价,了解学生的发展水平,明确教学问题,进行教学调整,最终实现学生的深度学习。评价过程中,还可以采用自评、他评、师评相结合的方式,搭建生生交流、师生互动的学习平台。

【案例4】

情境模拟:利用地理信息技术进行紧急救援

评价目标:能够灵活、熟练地选择和使用地理信息技术解决生活中遇到的人文地理问题。

表现性任务:如果你是110接警中心的工作人员,当接到报警电话后,你将如何利用地理信息技术进行应急处理?

评价规则:在该表现性任务中,教师从"地理信息技术使用情况""解决问题的思维过程""活动过程中的情感与态度"三方面,研制了评价量表(表3-4-1),并划分出不同的水平层级(从水平1到水平3,思维水平不断提升),对学生在合作探究中的表现进行评价。

表 3-4-1 合作探究学生表现评价量表

评价维度	水平1	水平2	水平3
地理信息技术使用情况	简单选择,不能结合具体问题使用某种地理信息技术	能针对具体问题,使用多种地理信息技术,但缺乏灵活性	能根据解决问题的需要,灵活、熟练地选择地理信息技术

---

① 佟柠. 如何开展指向核心素养的表现性评价[J]. 中学地理教学参考, 2017 (17): 49-52.

续表

评价维度	水平1	水平2	水平3
解决问题的思维过程	直接派人救援，没有完整的解决问题的思路	能结合地理信息技术，完成紧急救援任务，但不能完整有序地说明救援过程	能按照"接警—利用地理信息技术确认地点、寻找最近警务人员—出警"完整有序的流程，说出处理紧急救援任务
活动过程中的情感与态度	态度一般，缺乏主动性	态度端正，积极主动，兴趣浓厚	主动参与，积极思考，明确任务对自己能力发展的重要性

教师在开展表现性评价的过程中，应积极发挥学生的主观能动性作用。教师要将以上的评价规则提前告知学生，解析学习目标和表现任务，引导学生在完成任务、探究活动的过程中，依据评价规则对照自己在知识、能力与品格方面的水平，找到提升点和发展方向，让学生做到心中有数，激发学生的学习内驱力，发挥评分规则的指南作用。

 教学建议

随着地理学的不断发展，地理信息技术的重要性越发凸显，地理信息技术不断影响并改变着我们的生活。在立德树人、素养导向的课程改革背景下，教师要充分利用地理信息技术，培育具有地理信息素养的新时代中学生。教师要转变观念、善于学习，为学生搭建各种体验、互动的探究活动，引导学生在探究人文地理问题的过程中，形成使用地理信息技术解决问题的意识与能力，发挥其独特的育人价值。

3-4 数字资源

3-5 如何结合真实情境引导学生树立正确的人地协调观?

 关键问题的基本内涵

立德树人是教育的根本任务,这就需要培养学生逐步形成正确价值观、必备品格和关键能力,也即发展学生学科核心素养。其中正确价值观是一个人为人处事和长期发展的根本。从地理学科角度出发,人地协调观是价值观层面最重要的学科核心素养,也是最能体现地理学科独特育人价值的学习目标,具有重要的理论与实践意义。

人地协调观的基础是人地关系,指人类与地理环境的关系,是客观存在的。一方面地理环境是人类生存发展的基础,对人类活动具有重大影响,而且这种影响的形式和程度会随着社会的发展而不断发展变化。另一方面,人类活动也会影响地理环境,这种影响也会表现出不同的形式和程度,产生不同的结果,其中既有积极的也有消极的。经过长期的历史实践,人类日渐深刻地认识到,在利用自然时,必须遵循自然规律,否则将受到自然的惩罚,这也是人地协调观的认识基础。

因此,协调人类与环境的关系要求我们正确认识和处理自然价值与文化价值的关系,只有认可自然价值,积极主动地保护自然环境,才会有健康的文化,从而实现人类社会的长期持久发展。以不损害自然价值的方式实现文化价值,实现人与自然的"双赢",是协调人地关系最重要的目标。

培养学生的人地协调观,旨在使学生面对不断出现的人口、资源、环境和发展问题时,理解和认识到人类社会要想更好地发展,就必修尊重自然规律,协调人类活动与地理环境的关系。

新版课程标准在地理2模块中,有关培养人地协调观的一条具体内容要求是:"2.10 运用资料,归纳人类面临的主要环境问题,说明协调人地关系和可持续发展的主要途径及其缘由。"其中涉及两个基本概念,一个是人类面临的主要环境问题,另一个是可持续发展的主要途径及其缘由。主要环境问题是指全球普遍存在或者带来全球性影响的环境问题,如大气污染、水污染与水资源危机、酸雨、全球变暖、臭氧层破坏、生物物种灭绝与生物多样性锐减、水土流失、土地荒漠化、垃圾成灾等。可持续发展的主要途径包括技术途径、制度途径、经济途径、教育途径等。协调人地关系和可持续发展的主要缘由是人们的自然观、发展观变化的结果,也是适应当前阶段需要和满足未来长远发展的要求的产物。下面围绕此条课程标准内容要求,具体分析和解决"如何结合真实情境引导学生树立正确的人地协调观"这一教学关键问题。

关键问题的解决途径与教学案例

真实情境既是学习对象又是学习途径，树立正确的人地协调观是教学目标，使学生最终产生符合正确价值观的思想与行为是目的，也是落脚点。下面结合相关教学实例，讨论"如何结合真实情境引导学生树立正确的人地协调观"的具体解决途径。

一、通过真实情境引导学生获得正确价值观

"结合真实情境"要求教学内容的设计，务必以真实的区域、案例、事件等为载体，尤其是通过寻找历史上经典的、学生身边的或社会关注度较高且具有典型意义的真实案例，以及对这些真实情境的深入分析，挖掘其在价值观层面的深刻内涵与价值。这些情境包括但并不限于历史或现实中的各类学术情境、日常生活情境等。

【案例1】

"人类面临的主要环境问题"学习活动（节选）

教学环节	主要活动	主要意图
1. 阅读书籍，撰写报告	教师布置读书任务，学生以3~5人小组为单位完成某本书的读书报告	使学生对人地关系有初步的认识与思考，并了解人类追求可持续发展的大致历程
2. 小组汇报，展示交流	学生以小组为单位汇报读书报告，相互提问交流	深化对人地协调观产生过程及内涵的认识

附相关阅读书目：
① 《寂静的春天》
② 《只有一个地球》《增长的极限》
③ 《封闭的循环：自然、人和技术》
④ 《我们共同的未来》
⑤ 《自然的终结》
⑥ 《多少算够：消费社会与地球的未来》《联合国21世纪议程》
⑦ 《中国21世纪议程》
⑧ 《京都议定书》
⑨ 《千年生态系统评估报告》
⑩ 《地球的法则：21世纪地球宣言》

案例评析：以上案例中的学生活动是依托读书并撰写报告来展开的，所读书目都是在现代人地关系思想史上具有较大影响力的经典书目，大多属于学术性较强的研究报告或专著，实际上为学生的学习提供了历史上曾经真实发生的学术情境。将这些丰富而内涵深刻的经典书籍作为学习情境交给学生，使得"人地协调可持续发展"的概

念变得鲜活而现实。学生通过不同年代对这一思想不断发展认识的了解，更多地体会到可持续发展概念内涵的拓展及其与现实生活的密切关系。同时，真实情境更能够给学生带来思想上的震撼，使其更加深刻地理解可持续发展对当今人类社会的重要意义，从而落实人地协调观素养的培养。

但是经典图书所提供的这种学术情境对学生来说学习难度大，尤其加上时代背景的差异，因此可以通过两种方式来解决。首先，在学习方法上，采用小组合作式、讨论式学习，让学生在同伴互助下完成难度较大的学习任务，同时提高沟通合作能力形成团队精神，也鼓励学生在小组合作中发现他人观点的价值，学习尊重、辨别、归纳他人的观点。其次，活动开始之前，教师要为学生提供阅读指导，使学生知道在阅读一本经典文献时，除了解书中所述的主要内容之外，应了解写作的时代背景、作者的经历、产生的影响等，还应结合课本中所学的相关内容对该书进行客观的评价，这些内容也是学生在撰写读书报告时的主要内容。

除该案例中的读书活动之外，也可以让学生通过具体实践活动，体会真实的情境。这些实践活动包括：室内实践活动、相关文献阅读、研究性学习、野外实践考察、外出研学旅行等。例如，许多学校开展的外出研学实践旅行，就是促进学生理解区域人地关系、树立人地协调可持续观念的有效方式，或者是感知祖国大好河山、了解地理国情、增强爱国情感的良好途径。

二、牢固把握地理学科独特的育人价值

"树立正确的人地协调观"体现了地理学科独特的育人价值，旨在从地理学科的角度落实立德树人根本任务。

【案例2】

"人类面临的主要环境问题"课程标准分析

本节课落实的课程标准内容要求是：运用资料，归纳人类面临的主要环境问题，说明协调人地关系和可持续发展的主要途径及其缘由。

这条内容要求出现在必修地理2中，这个模块的目的在于帮助学生了解基本社会经济活动的空间特点，树立绿色发展、共同发展、人地协调发展的观念。这个模块主要包括人口、城镇和乡村、产业区位选择、环境与发展四个方面内容，属于人文地理学的范畴，前三个方面重点阐述人类活动，而第四方面主要用于落实人地协调观的价值观念，它既是人类活动面临的必然结果，也是人类进一步发展的必由之路。

协调人地关系和可持续发展的途径有很多，比如技术途径、制度途径、经济途径、教育途径等。从地理学科视角来看，与空间或区域相关的途径尤为重要，即将生态环境问题放在具体区域的框架中来思考。这就涉及在某具体区域中的时间、空间、人类活动与地理环境相互关系等不同维度，因此，区域中的生态环境问题和可持续发展途径，可以从以下几个视角出发。

（1）从人地相互作用来观察，认识人类与环境在特定地点和位置的相互作用。

（2）从时间动态来观察，认识区域特征、人类与环境的发生、发展及变化过程。

（3）从空间范围来观察，认识区域特征、人类与事物的空间分布和地域组合。

在学习手段上，内容要求中的"运用资料"，是指在教学过程中，不能只采用简单讲授的方法，甚至是生硬的说教，而应引导学生通过分析资料，自主得出结论，由此理解和赞同人地协调观的基本价值观，并愿意付诸实践。

人地协调观是地理学科四个核心素养之一，也是地理课程内容蕴含的最为核心的价值观。人地关系一直就是地理学研究的核心主题，面对不断出现的人口、资源、环境和发展问题，人们越来越深刻地认识到，人类社会要更好地发展，必须尊重自然规律，协调好人类与地理环境的关系，而核心素养中的人地协调观恰恰是人们对人类与地理环境之间关系秉持的正确价值观，它包含了正确的人口观、资源观、环境观和发展观等，是人类在解决各种环境与发展问题时，应当遵从的基本观念，同时它也为分析和解决地理问题提供了有效途径。课程标准把人地协调观作为地理学科的核心素养之一，旨在引导学生关注人类活动和自然环境之间的关系，理解环境问题在本质上是由于人口、经济、社会与环境发展不协调导致的，要从根本上解决资源环境问题，就必须改变无节制生产和最大限度消费的生存方式，摒弃一味向自然索取以满足自身和短期利益的价值观念，也即树立人地协调观。

人地协调观在中学地理教学和四个核心素养中，具有统领作用。虽然在课程标准中明确提到人地协调观的内容要求只有这一条，但是人地协调观体现在对所有地理问题分析、判断和解决的过程中。首先，不能仅就事论事地分析某环境问题，而应建立在针对全模块内容甚至更大学习内容的尺度上，并在其他相关内容的教学中逐步予以落实。其次，人地协调观的产生基于人地关系的分析，这种分析过程也是贯穿整个模块始终的。本案例就进一步具体明确了课程标准分析至少包括人地相互作用关系、时间、空间三个维度，还要落实到某具体区域中去，在学习过程中，则结合具体区域的具体环境问题案例来呈现。最后，学习手段务必充分"运用资料"，学生在对资料的分析思考过程中，实现对人地协调观从了解到理解，再到实践应用的逐步升华，而非仅作为死记硬背知识来落实。

三、采用适当的方式开展学习评价

树立正确价值观的根本目的是产生与价值观相符的思想与行为，因此评价学生是否能将正确价值观落实在日常思想与行为中，也即产生符合人地协调、可持续发展原则的思想和行为，这也是教学评价的难点所在。而这一目标的达成，无法通过简单说教或死记硬背等方式实现，只能通过使学生由衷地认同这些价值观念和提高学科核心素养来实现。因此，在教学过程中，应结合与学生深层次的讨论并产生共鸣的过程，开展过程性评价，以最终促使学生从深层次理解并赞同人地协调观，到产生与其相符的行为。

【案例3】
"人类面临的主要环境问题"过程性学习评价

评价方式：学生课后自由写出本节课读书与学习的感想，据此完成过程性学习评价。

有学生在读完《增长的极限》这本书后写下了自己的学习感想：

> 《增长的极限》所叙述的具有时代超前性的分析与预言，已经一一落实或实现。读了这本书，我对于原先所了解的有关于发展与环境关系的分析（如可持续发展等观念）都有了更清晰直观的认识：指数增长的欺骗性、双向反馈回路模型等。这使我第一次对这些耳熟能详的协调发展与保护环境的观念产生了极强的认同感：尽管生活在这个社会经济与科学技术飞速发展的世界，我们还远远不能被飞速取得的成就所麻痹，也不能对这些潜在的隐患放下戒备之心。但与书中的悲观认识不同，我对人类的自我调整能力怀有信心：尽管危机从未远去，但发展之路永远不会断绝。更何况生而为人，人类社会的良性发展是我们每一个人的追求与责任。作为青年一辈，更应承担起这份责任，为全人类的可持续发展而做出贡献！

也有学生在读完《封闭的循环：自然、人和技术》后写下了自己的辩证思考：

> 巴里·康芒纳提出了"自然、人和技术"的关系。提出了"一切事物都要有其去向"，揭示了人类活动（包括技术进步）对环境的影响：既有核污染、空气污染，也有水污染。书中描述湖内鱼类死亡的原因令我既无奈又痛心：废水排入湖中，使得湖富营养化，消耗了湖底大量的氧气，最终导致鱼类缺氧而死。
>
> 书中所讲是切合美国实际情况和20世纪七八十年代的世界的。而曾经的困顿，正是中国现在经历的：北京的雾霾，内蒙古草原的退化……在这样一个自然环境恶化的时代背景下，我们每走一步就仿佛加重了一寸地球的创伤。
>
> 但是，发展总在继续。两千多年前，古代先哲就提出了"天人合一"的理念，揭示了人与自然应有的关系；现代中国，习近平总书记也提出了"绿水青山就是金山银山"的发展理念。我们也欣喜地看到风能、新能源汽车、太阳能等有益于生态环境的事物在蓬勃发展，至少中国人在可持续发展方面的认知是在不断普及推广的。我们在成长中深情注视着家园，也深受绿色生活方式的洗礼。未来我们将为保护地球尽责。

案例评析：如何评价学生是否真正树立了正确的人地协调观是一个难点，也是一个重点。从科学和客观的角度来说，这种评价很难直接用考试或者其他量化打分的方式实现，较好的评价方式则是开展过程性评价。过程性评价包括观察学生是否在日常生活中产生了与正确价值观相符的行为。例如，具备了人地协调观的学生应该在日常生活中身体力行地注重点滴行为对环境的影响，比如随手关闭水龙头、严格执行垃圾分类等。又如，当学生面临一个新的真实情境时，所直接流露出的真实反应也可以体现出学生是否具备相应的正确价值观。

在本案例中，课后让学生写出学习感想，就是引导学生在一个相对开放的环境中，展示学习过程所得，并可对此开展评价。由于学生在此并没有受成绩带来的压力，因此可以更好地抒发自己的真实想法，从而也可以获得更为准确的评价结果。上述案例中的两位同学，都是通过读书和学习活动，真切感受到我们当今社会所面临的严重环境问题，但同时也对未来发展表达了信心。这种信心在很大程度上来自技术水平的提升、公众观念的进步、政府担负的责任等，更来自人类个体的追求与责任，尤其是从自身做起，践行可持续发展理念，促进人地协调发展。当学生树立并强化正确的价值观时，也是我们在解决这一关键问题的过程中最希望达到的教学目的。

教学建议

正确价值观是学生素养的更高阶体现，正确价值观的内涵非常广泛，从地理学科角度来说，主要是培养人地协调观。这既是中学地理学科基于自身学科特色所长期坚持的，也是新的课程改革与高考改革中突出强调的。

以上主要结合"人类面临的主要环境问题"的教学案例，强调了三个解决途径：第一，通过真实情境引导学生获得正确价值观；第二，牢固把握地理学科独特的育人价值；第三，采用适当的方式开展学习评价。教学的最终目的是使学生产生与价值观相符的思想与行为，因此三个解决途径中的第三个方面，即对学生在学习相关内容后培养和树立的价值观进行评价，也是难点所在。前面的讨论只是提供了一种可能的问题解决途径，期待更多教师在这方面广开思路，提出科学且有益的更多方法和途径。

3-5 数字资源

3-6 如何结合实例帮助学生理解党和国家新的发展理念？

 关键问题的基本内涵

《普通高中地理课程标准（2017年版2020年修订）》提出，地理2旨在帮助学生"了解基本社会经济活动的空间特点，树立绿色发展、共同发展、人地协调发展的观点"。其中"树立绿色发展、共同发展、人地协调发展的观点"是我国提出的新的发展理念。故本关键问题"如何结合实例帮助学生理解党和国家提出的新的发展理念"是对新版课程标准的基本理念的落实。

第一，体现立德树人、以人为本的学科教育观。

新版课程标准通过高中地理学习，强化学生形成人类与环境协调发展的观念，提升地理学科方面的必备品格和关键能力，具备家国情怀和世界眼光，形成关注地方、国家和全球的地理问题及可持续发展问题的意识。地理学中人与自然和谐共生观念、因地制宜科学发展观念、人类命运共同体观念等，是进行社会主义核心价值观教育的优质素材，有利于培养合格的社会主义建设者和接班人。发挥地理教育在精神文化方面的教育作用，弘扬热爱家乡与祖国的家国情怀，树立国家认同感，特别是我国的海陆边界问题，强化海洋、海权意识教育，解读当前的国家重大发展战略，更能培养学生的爱国情操，体现地理学科在立德树人方面的独特性。[①]

第二，明确高中地理的时代重任。

地理教学要与时俱进，与国家发展紧密相连，学生不仅要学习地理知识和技能，更要在地理学习中成为国家发展合格的建设者。目前，我国经济发展进入新常态，经济向形态更高级、分工更优化、结构更合理的阶段演进，同时资源环境的瓶颈制约更加突出，转方式调结构的要求更加迫切。党的十八大报告强调，实现"十三五"时期发展目标，破解发展难题，必须牢固树立并坚定不移贯彻创新、协调、绿色、开放、共享的发展理念。党的十九大报告指出，发展是解决我国一切问题的基础和关键，发展必须是科学发展，必须坚定不移贯彻创新、协调、绿色、开放、共享的发展理念。课程标准承担当前国家发展战略在教育领域的落实任务，由表3-6-1可见，高中地理课程与国家大政方针息息相关，担负着落实党的十九大精神的重任。[②] 坚持新发展理念是我国"十四五"时期经济社会发展必须遵循的原则，要按照新发展理念谋篇布局完成"十四五"规划的建议。

---

① 韦志榕，朱翔. 普通高中地理课程标准（2017年版2020年修订）解读[M]. 北京：高等教育出版社，2020.
② 彭俊芳，袁书琪. 着眼国家发展战略，理解践行高中地理新课程标准[J]. 地理教育，2018（6）：4-7.

表 3-6-1　国家战略及高中地理课程的响应

国家战略	十九大精神	地理课程内容
总体建设	全面建设小康社会、社会主义现代化国家	人文地理 自然地理
经济建设	贯彻新发展理念，建设现代化经济体系	经济地理 生态地理
生态建设	加快生态文明体制改革，建设美丽中国	自然地理 生态地理
文化建设	坚定文化自信，推动社会主义文化繁荣兴盛	文化地理
社会建设	提高改善民生水平，加强创新社会治理	社会地理
政治建设	健全人民做主制度体系 走中国特色强军路，推进国防、军队现代化 坚持一国两制，推进祖国统一 坚持和平发展，构建人类命运共同体	政治地理 军事地理 政治地理 政治地理

地理学研究的目标不仅是解释过去，更重要的是服务现在、预测未来，这对个人和社会发展是极其有价值的。高中地理课程帮助学生认识现代社会的人口、资源、环境问题，培养学生生态文明的道德观念，树立人与自然是生命共同体及可持续发展观念成为高中地理课程的时代重任。

 关键问题的解决途径与教学案例

地理课堂不仅要引导学生学习知识，更要引导学生形成正确的价值观、发展观。新版课程标准依据学生地理学科核心素养形成过程的特点，鼓励教师科学设计地理教学过程，引导学生通过自主、合作、探究等学习方式，走出课堂，在自然和社会的真实情境中开展丰富多样的地理实践活动。采用问卷调查、案例分析、新闻解读等方法，联系生活实际，解决现实问题，提升实践能力。① 例如，借助专题地图和新闻报道可以更好地了解党和国家提出的新的发展理念，基于问卷调查的学情设计教学过程及教学环节，在解决问题的过程中帮助学生理解党和国家提出的新的发展理念等。

下面从课程标准的内容要求："结合实例，说明国家海洋权益、海洋发展战略及其重要意义。""以国家某项重大发展战略为例，运用不同类型的专题地图，说明其地理背景。"分析关键问题"如何结合实例帮助学生理解党和国家提出的新的发展理念"的解决途径。

一、选取准确专业的资料作为教学素材

地理教学素材丰富多彩，呈现方式多样。在帮助学生理解党和国家提出的新的发

---

① 韦志榕，朱翔. 普通高中地理课程标准（2017 年版 2020 年修订）解读 [M]. 北京：高等教育出版社，2020.

展理念方面，专题地图和国家权威新闻报道更专业、更准确地反映了新的发展理念，可以促进学生关心国家建设，体会地理学科与社会发展的关联对国家建设具有非常重要的作用。素材选取要与当前地理学习关系紧密，来自国家新闻时事视频和正规报纸期刊，有正确的价值观导向，时效性强，可以给学生留下深刻印象，产生浓厚的学习兴趣，从而达到更好的学习效果。

例如，地图对地理学具有特殊意义，是地理学家进行空间分析的首要工具。在地图所能表示的许多形态特征中，地理学家必须首先选择与所研究的问题有关的那些特征，继而决定如何将其展示在地图上，以便显示这些形态特征信息。专题地图是一类表现特定事务空间分布或某种数据的地图，如气候、植被、土壤等自然要素，或人口、交通等人文要素。在教学中利用不同类型、不同尺度的专题地图综合分析国家重大发展战略的地理背景，如分析"21世纪海上丝绸之路"，可以利用世界海上陆上交通图、世界各国主要矿产分布图、世界各国港口分布图、沿途各国城市图，说明中国通过海上丝绸之路可能联系的国家、城市，并以地图信息说出两国或两地建立联系的理由。[①]

又如，新闻报道是了解党和国家提出的新的发展理念的重要途径。党和国家提出的新的发展理念，充分体现在国家媒体的新闻报道中，情境真实、数据可信。学生通过观看新闻视频，了解国家发展现状，引起身为中国人的自豪感和情感共鸣，既可以升华情感，又可以为后面学习进行铺垫过渡。

【案例1】

国家海洋权益与海洋发展战略

环节一：学生观看视频《习近平总书记的信念》，找出视频中建设海洋强国的关键词，如海洋生态红线、绿色可持续、强大的人民军队、命运共同体等，帮助学生从国家发展高度认识绿色发展、共同发展、人地协调发展，产生情感共鸣，提升国家认同感和民族自豪感，为后面的学习做铺垫——建设海洋强国。

环节二：学生观看有关"重组国家海洋局，海监支队进驻三沙市"的视频，结合视频资料，说出我国维护海洋权益的具体表现，以及派海监支队进驻三沙市的意义。

环节三：学生观看介绍"十八大热词"的视频，说出视频中建设海洋强国的关键词，如生态文明建设、海洋强国概念、发达的海洋经济、强劲的科技创新、优美的生态环境、强大的海防力量等。向海则兴，背海则衰。绿色发展、人地协调发展理念在十八大热词解读中得到充分体现。

案例评析：环节一使学生认识到，要建设海洋强国，学习海洋权益知识、认识海洋国情是非常必要的。环节二中学生观看视频，了解我国在维护海洋权益方面的行动，认识维护海洋权益的意义。教师帮助学生树立绿色发展、人地协调发展的观念。环节三中学生通过观看视频、寻找热词，增加对国家发展理念的直观认识，进而树立绿色发展、共同发展、人地协调发展的观点。

---

① 韦志榕，朱翔. 普通高中地理课程标准（2017年版2020年修订）解读[M]. 北京：高等教育出版社，2020.

二、基于学情中存在的问题设计学习过程

教师在进行教学设计时,需要考虑课程标准、教学内容、学生情况、教学方法、教学资源等诸多因素。其中学情分析,既是教师确立教学目标的基础,又是解析教学内容的依据,还是教学方式选择和教学活动安排的落脚点。学生的已有知识和经验、思维水平、学习兴趣点、学生的认知状态和发展规律、学习动机和学习需要等都是学情分析的切入点。通过学情分析,教师在教学设计时,要从学生的学习出发,优化学习过程设计,激发和促进学生学习,进而提升教师教与学生学的效率。

【案例2】

国家海洋权益与海洋发展战略

根据课程标准的内容要求,"结合实例,说明国家海洋权益、海洋发展战略及其重要意义",某校教师在课前组织学生设计关于中学生海洋权益意识的调查问卷,从调查问卷的结果中发现,有近一半学生不关注海洋权益,对海洋权益的基本内容及中国海洋国情了解得也不全面、不准确。在问卷反馈的学情基础上,设计学生问题解决的学习过程如下。

环节一:问卷调查引出问题——为什么要关注海洋权益?

环节二:探究活动激发兴趣——中国地图为什么要"竖起来"(竖版)?

环节三:课堂学习落实知识——海洋权益包括哪些内容?

环节四:维海洋权益有行动——派海监支队进驻三沙市的意义是什么?

环节五:建海洋强国有策略——我国向海图强有哪些措施?

案例评析:本节课以问卷调查的学情为基础,设计了五个层层递进的问题,使学生在问题解决中厘清相关概念,并结合时事新闻实例,寻找关键词,对接发展理念。海洋权益调查关注时事热点,如南海争端、三沙市建立、中国地图从横版到竖版等,从空间-区域的角度正确认识中国行政区划中的这一区域,强化国家认同感。学生观看新闻时事视频抓关键词,增加对国家发展理念的直观认识,对接绿色发展、共同发展、人地协调发展的观念。以真实情境渗透党和国家发展理念,引起学生的情感共鸣,增加民族自豪感。

三、通过学习方式多样化提高学生参与度

学生的地理学习不再局限于课堂学习,教师要在自然、社会等真实情境中开展丰富多样的地理实践活动,拓展课堂内容,让学生在实践中体验、在做中学,联系生活实际,解决现实问题,提升实践能力。例如,进行社会调查,了解新发展理念对个人生活、国家发展产生的影响,学生到社区宣传新发展理念。采用案例分析等方法,让学生在承担任务、解决问题的过程中学会查找和筛选资料的方法,学会利用不同类型、不同尺度的专题地图进行综合分析,并使其成为学生提升地理实践能力的有效途径。

【案例 3】

国家海洋权益与海洋发展战略

活动 1：现代中学生的海洋权益意识问卷调查自主设计问卷调查

学生自主设计关于中学生海洋权益意识的调查问卷，利用问卷星进行问卷调查，统计调查结果（图 3-6-1），并在课堂上展示问卷调查结果（图 3-6-2），分析中学生对海洋权益相关知识的了解，得出结论——中学生的海洋权益意识有待加强。

设计意图：课前进行问卷调查，构建了开放的地理课堂，调查数据及结果分析为教学活动设计提供了学情分析，有助于提高学生的参与度及课堂的有效性。

 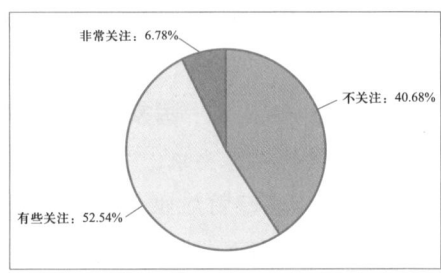

(a) 设计问卷　　　　　　　　　　(b) 问卷分析

图 3-6-1　学生自主设计调查问卷

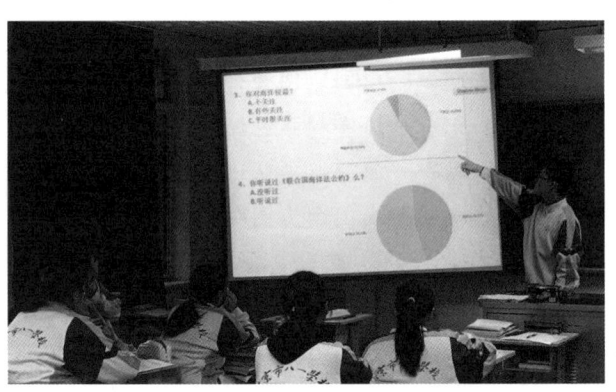

图 3-6-2　学生课堂展示问卷调查结果

活动 2：学生设计完成海洋日宣传演示文稿

联合国正式确定自 2009 年开始，每年 6 月 8 日为"世界海洋日"，联合国希望世界各国都能借此机会关注人类赖以生存的海洋，体味海洋自身所蕴含的丰富价值，同时也审视全球性污染和鱼类资源过度消耗等问题给海洋环境和海洋生物带来的不利影响。2019 年世界海洋日主题为"珍惜海洋资源，保护海洋生物多样性"，请运用你所学习的知识设计世界海洋日宣传演示文稿。

设计意图：海洋国情需要更多的人关注和了解。结合 2019 年世界海洋日主题"珍惜海洋资源，保护海洋生物多样性"，开展开放活动，让学生在教材基础上查阅资料，完成海洋日宣传演示文稿的制作和设计。在活动中引导学生融入党和国家提出的新的发展理念，树立绿色发展、共同发展、人地协调发展的观念，科学普及海洋国情，提高学生地理实践力，达到渗透绿色发展、共同发展、人地协调发展的目的。

【案例4】

京津冀协同发展

本节课落实的课程标准内容要求是"以国家某项重大发展战略为例,运用不同类型的专题地图,说明其地理背景"。"京津冀协同发展"是《中华人民共和国国民经济和社会发展第十三个五年规划纲要》提出的国家层面的建设项目,其核心是京津冀三地作为一个整体协同发展,要以疏解非首都功能、解决北京"大城市病"为基本出发点,调整优化城市布局和空间结构,构建现代化交通网络系统,扩大环境容量生态空间。这一教学内容站在区域的视角下,涉及人口地理、城市地理、产业地理、交通地理等内容,是对地理2所学原理的综合应用,也是后续学习选择性必修2的方法基础。

主要教学环节如下。

环节一:身边生活激兴趣	
教师活动1 布置课前任务:学生查阅图文资料,感受京津冀地区的变化	学生活动1 全班学生分为四个大组,分别从人口、产业、交通、公共服务等四个领域收集京津冀协同发展的资料,并绘制海报。 思考问题:① 各领域在京津冀协同发展的背景下有哪些表现?② 各领域等的疏解对北京产生了怎样的影响?③ 各领域等的建设对当地产生了怎样的影响?
活动意图说明:学生通过收集资料,发现复杂变化的现实世界中与地理相关的信息,在处理地理信息的过程中提取信息、提出问题、合作学习,并在海报的制作过程中融入小组的创意,培养学生的地理实践力,对京津冀协同发展形成感性认识和一定的理性认识	
教师活动2 提出问题:解决"大城市病"的措施之一是控制城市规模、合理规划城市,我们生活的首都北京在解决"大城市病"问题时有哪些做法?教师在学生发言的基础上归纳总结,落在"疏解"一词上	学生活动2 提出自己所了解的解决"大城市病"问题的一些做法
活动意图说明:利用学生身边的生活现象导入新课,通过建立所学内容与学生生活的联系,激发兴趣,引入课题	
环节二:图文资料感变化	
教师活动3 在学生汇报发言的基础上帮助学生梳理京津冀三地区域发展的区位优势	学生活动3 通过交流、汇报课前布置的任务,分析京津冀协同发展的区位优势。各小组代表运用图文资料分别就自己所研究的领域汇报研究成果,重点汇报人口、产业、交通、公共服务的协同发展给北京、天津和河北带来的影响
活动意图说明:从地理学"理"的角度认识京津冀协同发展的必要性和可行性,同时引导学生综合运用区位原理进行区域开发利用的分析,认识区域差异以及基于区域差异的区域协调发展	
环节三:专题地图析思路	
教师活动4 结合学生的汇报发言,总结京津冀协同发展的地理背景,并归纳此类问题的分析思路,形成结构式板书或思维导图	学生活动4 读"京津冀协同发展规划图""京津冀交通圈示意图"等不同主题、不同类型专题地图,分析京津冀协同发展的地理背景
活动意图说明:借助专题地图,梳理总结京津冀协同发展的地理背景,并归纳此类问题的分析思路	

续表

环节四：案例情境促提升	
教师活动5 提供案例情境"设立雄安新区"。 结合《京津冀协同发展规划纲要》简要介绍京津冀区域发展的愿景。 指导学生结合国家"雄安新区规划示意图"与学生的设计方案进行对比，寻找各自的优缺点	学生活动5 运用所给专题地图和文字资料，以规划专家的身份对雄安新区选址的条件进行评析，并结合当地区域特征对雄安新区进行简单规划
活动意图说明：培养学生的迁移能力和创新能力，同时引导学生在不同的区域尺度下认识京津冀协同发展	

案例评析：学生在承担任务、解决问题的过程中，学会查找和筛选资料的方法，学会利用不同类型、不同尺度的专题地图进行综合分析，提升地理实践力。同时，运用专题地图进行综合分析的方法，还可用于其他人文地理事物和现象、区域可持续发展等内容的学习，具有一定的迁移性。

 教学建议

结合实例帮助学生理解党和国家新的发展理念，旨在引导学生关心国家建设大事，培养学生具备一定的国际视野与国家高度、前沿意识与前瞻意识，从地理原理的角度解读当前的国家重大发展战略，增强文化自信，培养学生理想信念和社会责任感，是培养具有国家认同的社会主义建设者的客观需要。

"创新、协调、绿色、开放、共享"的新发展理念涉及面广、比较抽象，学生理解起来具有一定的难度。教师结合日常新闻报道、学生家乡发展、问卷调查数据等，引导学生以地理的视角，运用地理学科方法，认识国家重大发展战略、理解党和国家新的发展理念。增强学生对新发展理念的认同感，是地理学科教育责无旁贷的责任和义务。地理学习不再局限于课堂学习，课外拓展课堂内容让学生在实践中体验、在做中学，如进行社会调查、绘制宣传海报、到社区宣传环境保护等。学生通过联系生活实际，解决现实问题，学以致用；掌握地理学科的核心思想和解决问题的方法，并迁移应用到其他内容的学习中；发展地理学科核心素养，逐步树立绿色发展、共同发展、人地协调发展的观念。

3-6 数字资源

单元 4 "自然地理基础"模块的教学关键问题

4-1 如何规划和实施"自然地理基础"模块的单元教学？

关键问题的基本内涵

本模块主要包括三方面内容："地球运动，自然环境中的物质运动与能量交换，自然环境的整体性和差异性。"本模块内容是以自然地理环境系统与要素及其发展演变过程对人类活动的影响为主干，关注自然地理要素的特征与演变，以及自然地理环境的整体性和差异性。本模块属于经典的自然地理内容，也是高中地理课程的传统内容。

从本模块内容结构（图4-1-1）来看，自然地理基础的单元性非常强，每个教学单元相对完整，与地理1的内容紧密相连，单元与单元之间具有一定的联系，共同构成更大的单元结构。因此，本模块的教学适合采用单元教学的方式，帮助学生厘清各单元内知识的相关性，并逐渐构建单元与单元之间的联系。

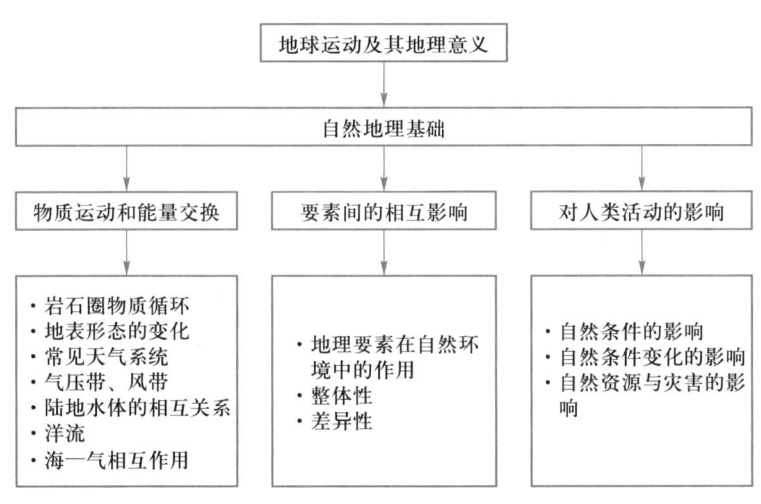

图4-1-1 "自然地理基础"模块内容结构

与传统教学模式相比，单元教学的优点是通过更加完整的教学结构，帮助学生更好地把握问题的来龙去脉，强调课时与课时之间的相关性。在课堂教学、课后作业设计等项目中，教师应注意综合考虑单元教学内容的完整性，追求实现教学内容逐级递进、学生思维训练不断完善的目标。

关键问题的解决途径与教学案例

单元教学设计特别强调明确单元目标和课时目标，整合单元教学内容，搭建课时难度梯度和形成有效评价反馈。下面分别从四个方面来阐述单元教学的规划和实施方法。

一、研读课标要求，明确单元目标

课程标准的内容要求是单元教学最重要的设计准则，是单元教学应实现的基本目标，课时目标则应在此基础上细化落实，每节课的课时目标之间应存在前后联系，最终实现单元教学目标。

【案例1】

陆地水体的相互关系

本单元的教学目标是"绘制示意图，解释各类陆地水体之间的相互关系"。根据课标要求，本单元教材重点落实"陆地水体类型"和"各类陆地水体之间的相互补给关系"这两个相互联系的内容，方法是"通过绘制示意图解释"。

从教学内容来看，本单元的一个教学重点是"认识陆地水体"。在学生已有知识的基础上，本课时重点在于引导学生通过示意图对比陆地水与海洋水的差异，加深对陆地水"容量小"的感性认识，并通过"陆地水体"概念的教学，引导学生关注陆地水体与自然环境之间的关系，进一步理解"陆地水"对人类生活的重要意义。

本单元的另一个教学重点是"陆地水体的相互关系"，主要是指不同类型陆地水体之间的相互转化与补给的关系，涉及不同的物质运动和能量交换过程。本课时重点在于能够采用恰当的示意图，引导学生认识河水与其他陆地水体的关系，并且能够运用河流年内径流量季节变化示意图，引导学生总结特征、判断河流补给类型。

在对单元教学目标和教学内容分析的基础上，结合学情分析，教师在本部分教学小单元设计中，将主要学习目标分解如下：

1. 初步了解水圈的构成，知道陆地水和海洋水的区别，理解陆地水的概念及其对人类生活的重要意义。

2. 明确陆地水体的类型、储量、分布、作用等基本情况，了解陆地水体与自然环境的相互关系。

3. 以河水与其他陆地水体的关系为例，通过绘制示意图解释陆地各种水体之间的相互关系。

4. 运用河流年内各月径流量示意图，总结河流经历季节变化特征，结合区域特征判断河流补给类型，学会初步归纳影响河流水情变化的因素。

从教学目标设计来看，"认识陆地水体"与"理解陆地水体的相互补给关系"两个部分有联系，且难度上存在递进关系。目标1、目标2对应认识陆地水体，这两条目标在难度层次上是递进的。目标1聚焦概念辨析，引导学生从概念上理解陆地水体，通过示意图加深对陆地不同水体的认识；目标2则从陆地水体与自然环境的关系角度进一步强化认识，引导学生思考陆地水体是如何与自然环境各要素之间发生联系的，为后续学习奠定基础。目标3、目标4对应理解陆地水体的相互补给关系。目标3关注河流与其他水体的相关补给关系，引导学生深入理解河流补给来源，并绘制示意图加深理解；目标4是对目标3的进一步深化，是在学生认识河流补给来源的基础上的实际应用，通过区域案例的引入，逐步引导学生分析影响河流水情变化的因素。

案例评析： 通过这一案例我们可以看出，单元教学目标设计要把握两个最基本的原则：第一，深入研读课程标准，单元教学目标应以达成其内容要求为核心；第二，课时目标的确定应结合学情，配合课时内容安排，每堂课有不同的教学目标，不同课时的教学目标之间应有难度上的递进关系，逐步引导学生思维能力的提高。

二、整合单元内容，精选教学素材

本模块共有9条内容要求，其中一条是关于地球运动的，一条是关于自然地理环境的整体性与差异性的，其他七条是关于自然地理环境中的物质运动与能量交换的，涵盖了岩石圈物质循环、地表形态的塑造、常见天气系统、气压带风带、陆地水体类型、洋流等内容。可见本模块内容是"地理1"的进一步延伸与拓展。从内容要求的结构来看，地球运动是地理环境的形成及地理环境各要素运动变化的基础，因而也是地理选择性必修课程的学习基础。自然地理环境中的物质运动与能量交换是通过自然地理现象和过程来展现的，这些现象和过程应具有全球性，它们对地理环境的形成和演变具有重要影响，从而对人类活动产生深远影响。据此，本模块选择岩石圈物质循环，地表形态的变化，常见天气系统，气压带、风带，陆地水体的相互关系，洋流，海—气相互作用等为主要内容。这些自然地理现象的过程和自然地理环境的气候、水文、岩石、地貌等要素紧密相关，地理环境各要素的相互作用，形成了自然地理环境的整体性，而各要素的空间分布差异又形成了自然环境的差异性。因此，无论是整体性还是差异性，都可以从自然环境各要素的角度加以分析。

单元设计的优势就是能够多角度、全方位地围绕一个话题展开讨论，在教学内容的选择上，能够打破课时与课时的障碍，建立前后内容上的关联。任何自然地理事物的发展和变化，都受到气候、地形、水文等各自然地理要素的共同影响，也会受到人类活动的干扰，同时还会对人类的生产生活产生影响。在单元教学设计过程中，教师可以更多地关注到这种复杂的变化情况及其综合影响，从而使学生更加全面深刻地理解自然地理现象和过程。

因此，单元教学设计要求教师能够很好地理解和把握教学内容，整合前后知识的关联，精选教学素材和案例，帮助学生从更加综合、全面的视角认识和理解自然地理事物。

如"地球自转运动及其地理意义"的小单元教学，教材将自转与公转的基本特征合为一节内容，将地球运动的地理意义合为一节，这样的编写方式有助于学生综合地看待地理意义的形成是自转和公转共同作用的结果。在教学过程中，教师也可以尝试将地球的自转运动特征与其典型的地理意义（昼夜更替、地方时差、地转偏向力）设为一个连续的小教学单元，在这一个单元中重点关注地球自转这一地球运动形式，引导学生全面深入地认识自转运动及其影响。本单元内容可以设计为两课时，课时1重点了解地球自转运动的基本特征，并能够通过多媒体演示等多种方式，让学生深刻理解这种运动的发生过程，进而理解自转运动与昼夜更替现象之间的关系，能够运用示意图（光照图）表示某一时刻的昼夜现象；课时2则着眼于地方时差和地转偏向力这两个自转的基本意义，从基本方法到概念认知，再到结合生活实际应用，帮助学生建立起关于自转地理意义的完整知识结构。

单元内容的整合不仅局限在一本教材之中，还体现在不同教材相关内容的串联上。

【案例2】

"洋流"的单元目标设计

单元学习目标：

1. 了解不同海区的表层洋流分布状况，能够据图说出它们的名称，比较其差异。
2. 归纳世界大洋表层洋流分布的规律，说明全球风带模式和洋流模式的关系。
3. 举例说明洋流对地理环境和人类活动的影响。

案例评析： 有关洋流的基本概念和分类，是在地理教材必修第一册中涉及的，在本单元教学组织过程里，仍需要照顾到必修教材对这一部分内容的陈述，以保证知识的完整性和连续性。因此，在整合教材内容的基础上，本单元内容可以设计为两课时，课时1聚焦洋流的基本概念、性质、成因及分布；课时2重点分析洋流与地理环境和人类活动的相互关系。

在单元教学内容组织的基础上，教学素材的选择也非常重要。素材多样、典型，能够促进学生理解复杂、抽象的地理学基本原理，带有明显区域特征的案例能够帮助学生更好地建立地理原理与现实地理环境之间的相关性。

【案例3】

"洋流"的学生活动设计

洋流这部分地理原理的难度较大，通过呈现景观图、示意图、音视频等素材，能够更好地调动学生的感官认知，而课后案例的选择则应特别注重加入真实的区域案例。

在课时1中，教师引入了视频、故事等生动的教学素材，将洋流这一抽象概念形象化，与学生感兴趣的事实相结合，增强学生的感性认知。

活动三：观看视频"洋流助战"——密度流

视频结束后，教师先让学生说出德军潜水艇是如何利用洋流躲避英法联军设在直布罗陀海峡的雷达监测的，然后板书、绘图，对密度流进行讲解。

活动四：你喜欢喝汤吗？——风海流、补偿流

教师先过程性讲解风海流及补偿流，随后介绍中国河南洛阳"汤文化"，学生也可以分享自己印象较为深刻的喝汤（或吃过桥米线）的经历，最后教师进行板图"喝汤"，讲解风海流及补偿流。

教师提出问题：刚开始吹汤时，汤发生什么运动？汤碰到碗壁后又怎样运动？

教学过程	教师活动	学生活动	设计意图
导入	播放宣传片《达尔文的远征》	听课	引入达尔文，激发学生"做自然的探索者"的兴趣，导入新课
第一部分 洋流对航行的影响	展示达尔文的科考路线。将航线分为7段，引导学生比较不同航段中达尔文的航行速度	读达尔文科考路线图，对照世界洋流分布图，做出判断，并对达尔文航线进行修正	明确洋流对地理环境影响：顺洋流可以提高航行速度，节省燃料和时间成本
第二部分 洋流对气候的影响	展现达尔文沿途记录的6幅景观图片与达尔文路线图上的5个地理位置	学生小组讨论，推测6幅景观图发生的地理位置，完成磁吸板的贴图任务	制造认知冲突，增加课堂参与度
	沿海荒漠：展现世界沿海荒漠景观分布图，引导学生分析沿海荒漠与洋流的关系，明确寒流对气候的影响	学生以小组为单位，对照世界洋流分布图，画出世界中低纬度沿海荒漠旁的洋流情况，思考寒流对地理环境的影响过程和结果	引导学生做出假设，并通过验证来修正假设，明确寒流对气候的影响。从地理现象的形成条件出发，形成分析地理问题的思维方式
	赤道企鹅：展示世界企鹅分布图，引导学生根据寒流对气温的影响进行分析	根据寒流对气温的影响，解释赤道企鹅这一景观的成因	加深学生对寒流降低沿岸气温的认识
	回归线上的热带雨林：引导学生分析达尔文所见景观成因	小组讨论暖流对地理环境的影响	培养学生的应用迁移能力，在解决新情境问题的过程中，进一步加深学生对洋流影响气候的理解，发展地理综合思维
第三部分 洋流对渔场的影响	引导学生回忆高一地理内容，在数字星球中找到除秘鲁渔场以外的其他三大渔场。观察实验，引导学生探究渔场成因	观察实验，描述实验现象，分析大型渔场的成因	通过实验操作和观察，分析洋流对渔场的影响，培养地理实践力
第四部分 重走达尔文之路	展现秘鲁捕雾网等达尔文航线沿途景观，引发学生思考应如何处理人地关系	形成从利用自然到因地制宜，再到合理改造自然的人地关系	梳理可持续发展和人地协调发展的价值观
总结升华	总结本节课的知识，升华教学设计理念	回忆，听课	与导入呼应，总结提升

案例评析：在课时2中，教师设计了一个完整的叙事脉络，用达尔文环球航行这一事实将诸多真实区域背景下的案例素材加以串联，分别解释了"洋流对航行的影响""洋流对气候的影响""洋流对渔场的影响""洋流与人类活动之间的关系"。每个案例素材都与区域背景认知和区域地理环境特征描述相关联，促进学生将地理原理与区域案例相结合。

三、搭建课时梯度，逐级突破重难

单元教学的关键是课时设计，每个课时的设计既围绕单元目标又相互独立，课时难度应逐级提升。这样既能保护学生学习的积极性，又能促进其思维品质的不断提升。本模块教学内容的单元性突出，一个教学单元约包括2~3课时，每个课时的侧重点应有所不同，通常包括概念辨析、原理解读、原理应用等不同维度，每个课时围绕一个中心问题展开，促进学生的思维能力逐级提升。

所谓课时梯度，指的是在单元教学的过程中，每课时应该逐级提高难度。一般来说，单元教学的第1课时通常以学生的基本概念认知为主，并且能够通过一些生动活泼的案例帮助学生理解简单的基本概念之间的关系。第2课时（有时有第3课时），涉及对自然地理基本原理的解读和应用。在原理解读的层级，要求教师能把复杂的自然地理原理解释清楚，能通过示意图、思维导图等多种方式，帮助学生建立完整而正确的逻辑思维链条。在原理应用的层级，涉及在理解的基础上的应用，是学生思维能力的再一次提高。学生只有在非常完整地理解基本原理的基础上，才能够将原理应用到实际的案例中，而这种案例通常不是简单抽象的概念模型，而是结合某一个真实的地理情境、结合区域背景的现实地理问题，对学生来说，在思维难度上是逐渐提升的。在教学中搭建这种从一般现象到原理归纳，再到区域落实的课时梯度，能够帮助学生形成完整的逻辑思维的链条，在思维品质的锻炼和思维能力的提升方面取得进步。

【案例4】
"气压带和风带的形成与分布"单元教学目标设计

1. 运用示意图，说明气压带的形成与分布特征。
2. 运用示意图，说明风带的形成与分布特征。
3. 运用等压线分布图和实例，说明海陆分布对气压带、风带的影响。

● 单元教学（第1课时教学片段）

教学环节	教师活动	学生活动	设计意图
环节三：利用学具探究低纬环流圈的形成	利用学具，引导学生在考虑地转偏向力的情况下，说出赤道至北纬30°之间高空风向的变化	回顾在水平气压梯度力、地转偏向力的综合作用下，高空风向的变化	运用学具，综合利用已有知识进行判断
	提问：在考虑地转偏向力的情况下，沿经线北上去往极地方向的高空气流会发生什么变化？请大家试着在小盒子上贴出来	预设：高空中的风向最终会与水平气压梯度力平行，在30°附近偏转为西风	理解赤道至北纬30°之间的高空风向
	利用学具，引导学生理解北纬30°附近气体下沉的原因	利用学具模拟北纬30°附近气体的垂直下沉	运用学具分析原理

续表

教学环节	教师活动	学生活动	设计意图
环节三：利用学具探究低纬环流圈的形成	提问：请邻近座位的同学把盒子连起来，围绕30°附近会发生什么？从赤道而来的气流源源不断地补充到这里，又会发生什么？	预设：30°附近会形成厚厚的西风层，并在重力作用下下沉	理解30°附近气流下沉的原因
	利用学具，引导学生理解北纬30°至赤道之间的近地面风向变化	利用学具模拟出北纬30°至赤道之间的近地面风向	结合已有现象，培养学生的地理实践力
	提问：近地面的风向，除了会受到水平气压梯度力、地转偏向力的影响外，还会受到摩擦力的影响，在它们的共同作用下，北纬30°到赤道之间的近地面风向会如何变化？试着在空气盒中画出来	预设：在北半球地转偏向力的影响下，沿经线南下的一支会偏转成为东北风	理解北纬30°沿经线吹向赤道的风向变化

● 单元教学（第2课时教学片段）

教学环节	教师活动	学生活动	设计意图
环节二：运用示意图，理解气压带和风带的季节移动	结合太阳直射点回归运动示意图，推断气压带和风带受到的影响	回顾太阳直射点的运动规律	结合示意图，分析气压带、风带的季节移动规律
	提问：1. 太阳直射点的运动有什么规律？ 2. 从热力环流的角度入手，太阳直射点的移动会带来什么影响？ 3. 推断一年中气压带风带可能的变化	预设：太阳直射点会在南北回归线之间周期运动 推断太阳直射点移动带来的影响 预设：气压带、风带会随太阳直射点的移动而移动，可能会比直射点的移动滞后	

案例评析：本单元是后续学习"气候"单元的基础，是抽象的地理学基本原理，对学生来说，从抽象到具象的思维跨度很大，是本模块教学的难点之一。这就要求教师特别注意课时的难度递进，帮助学生从简单到复杂，从一般原理到具体现象，做好"搭梯子、架桥梁"的工作。本单元课时可设计为两课时，第1课时围绕实践活动，重点突破气压带、风带的形成与分布；第2课时主要关注太阳直射点的移动和海陆分布对气压带、风带的影响。

第1课时的实践活动围绕气压带和风带的形成与分布展开，通过学具（图4-1-2）的使用，将抽象概念形象化；通过引导学生动手实践，将大气运动的复杂过程与学生可以操作的实践活动相结合；再结合示意图辅助理解，帮助学生建立正确的气压带和风带形成与分布的概念。本课时的设计旨在明确概念，难度不宜过大。

图 4-1-2 "低纬度环流圈"学具模型

第 2 课时主要聚焦自然地理要素的动态变化对气压带、风带的影响，要理解这一问题，需要综合考虑气压带、风带的分布，受太阳直射点移动影响下气压带、风带的移动，以及海陆分布对气压带和风带的影响。这部分内容对学生的思维要求更高。以气压带和风带的季节移动为例，这部分内容的教学要在讲述三圈环流理想模式的基础上，通过示意图的方式，引导学生关注冬至、春秋分日、夏至日气压带和风带的空间分布及动态变迁过程。这样的设计既结合之前关于太阳直射点季节移动的知识，又加入运用示意图解释地理现象的能力要求，安排在第 2 课时，学生在知识和能力上都有一定的提升。

四、及时反馈评价，形成单元闭环

单元教学设计的最后一个环节是反馈评价，从单元设计的角度，反馈评价可以不局限于纸笔测验的方式，可以在不同的课时中设计不同类型的反馈评价内容。

具体来说，可以尝试在其中一个课时采用过程性评价的方式，通过记录学生在课堂上的思维过程表现，如课上绘制思维导图、参与讨论计分等，来衡量学生在课堂上的参与情况；也可以在课后的动手实践活动中设计反馈评价量表，通过评估学生的动手实践活动参与水平进行考核；还可以在单元的最后设计一个课时的纸笔测验，综合考查学生的单元学习收获。

【案例 5】
"地球自转运动及其地理意义" 单元教学评价

本案例采用不同的评价方式，将课上活动评价与课后纸笔测验作业评价相结合，能够帮助学生更好地理解地球自转运动这一抽象概念。

（一）课堂活动：计算不同地区的时差

该课堂活动的开展要实现两个功能：一是让学生学会计算时差，增强地理实践力；二是让学生学会用数形结合的方法来解决地理的计算问题。为了提高课堂效率，建议采用小组合作的方式。教师可根据实际情况将学生分成若干个小组，开展自主学习、探究讨论、合作探究，最终得出答案。

活动流程如下：

1. 自主学习。
2. 小组对两个问题进行计算和讨论。
3. 各小组汇报计算和讨论结果，展示计算过程和计算方法。
4. 教师针对各小组汇报的结果，给予有针对性的点评，并将计算方法进行总结。教师可侧重说明用数轴方法计算时间时存在的问题。

教师可参考表4-1-1对学生所处的水平进行评价。

表4-1-1　学生课堂活动评价量表

水　平	表　现	样　例
水平1	知道时区划分的基本方法	能够计算国际日期变更线同一端不同地区时差
水平2	知道时区划分的方法，国际日期变更的规定	能够计算国际日期变更线两端的不同地区时差
水平3	知道时区计算的方法	能够正确展示时区计算的过程和方法
水平4	能够结合实例说明时区划分方法和日期变更规定，会根据区时计算不同地区时差	能够结合地区实例，理解时区和区时的概念，准确计算时差

（二）课后纸笔测验

表4-1-2所列的是6月22日甲、乙、丙、丁四地的白昼时间，根据表中数据回答第1、2题。

表4-1-2

	甲　地	乙　地	丙　地	丁　地
白昼时间	9时30分	13时10分	14时20分	19时45分

1. 四地中属于南半球的是（　　）。
   A. 甲地　　　　B. 乙地　　　　C. 丙地　　　　D. 丁地
2. 四处所处纬度从高到低依次是（　　）。
   A. 甲乙丙丁　　B. 乙甲丁丙　　C. 丁丙乙甲　　D. 丁甲丙乙

一架在南半球飞行的飞机，当飞越晨昏线上空时，当地为10日5时。回答第3、4题。

3. 在图4-1-3所示的4个地区中，它飞越的是（　　）。
   A. ①　　　　　B. ②　　　　　C. ③　　　　　D. ④

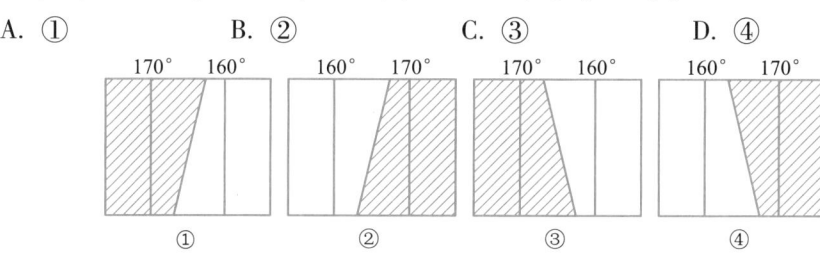

图4-1-3

4. 2小时后该飞机到达西五区的纽约，纽约的区时是（　　）。
A. 9日5时　　　　　　　　　　B. 9日7时
C. 10日13时　　　　　　　　　D. 10日5时

案例评析：在同一个单元中应用不同类型的评价方式，可以促使我们打破传统测评学生的单一维度，从更加综合的角度来看待学生在单元学习过程中的收获，同时还能够提高反馈和评价的时效性。在单元教学设计过程中，有的课时评价随堂进行，有的课时评价课后完成，通过综合的评价方式，可以帮助我们及时、快速地了解学生的掌握情况，并能够让学生及时、快速地得到反馈。

教学建议

"自然地理基础"模块，是中学地理教学过程中重难点最集中、教学实施难度最大的一个模块。从内容角度看，本模块内容体量大，与必修地理1教材既有联系又有区别，在未来的等级评价中又占有很大比例；从学情角度看，学生从高一上学期初步接触自然地理要素，过渡到高二上学期的深度学习，存在明显的思维跨度，容易出现不适。因此，在教学中，我们更建议从单元教学的角度入手，综合考虑某一单元的教学内容，打通必修至选择性必修内容知识上的前后衔接，在单元教学中"架桥梁、搭梯子"，帮助学生理顺并突破重难点。

4-1　数字资源

4-2 如何通过"自然地理基础"模块实现地理学科核心素养的进阶发展？

关键问题的基本内涵

《普通高中地理课程标准（2017年版2020年修订）》指出，地理课程旨在使学生具备人地协调观、综合思维、区域认知、地理实践力等地理学科核心素养。这四个核心素养是相互联系的有机整体，指向真实情境中复杂现实问题的创造性解决。

地理学科核心素养的培养是一个进阶发展的过程。针对具体的教学内容，教师结合学生已有的知识储备，设计由浅入深的问题链，运用可操作的、有效的教学活动，让学生循序渐进地构建高阶思维的学习路径。

进阶发展的实现，需要将主题内容划分为不同的水平等级，制定不同等级的目标水平。地理学科核心素养的不同水平主要表现为学生在不同复杂程度的情境中运用各种重要概念、思维、方法和观念解决问题的关键特征。

地理学科核心素养的等级划分沿两个维度思考：一个维度是"情境"，测评学生在不同复杂程度的情境下从低水平到高水平，从简单到复杂，从良好的情境结构到不良的情境结构，能够做什么。另一个维度是"深广度"，测评学生在一定复杂程度的情境下能够怎样做。"深广度"的设计依据学科核心素养的表现，从低水平到高水平，从易到难，从单一表现到多种表现。这两个维度相辅相成，将学科核心素养的水平分为四级，水平1至水平4具有由低到高逐渐递进的关系。

新版的课程标准将内容组织结构从原来的模块式转换为螺旋进阶式。将自然地理分散到地理1和选择性必修1"自然地理基础"两部分。按照课程标准中学业质量评价的要求，在结束地理1的学习时，学生应达到地理学科核心素养水平2；在结束选择性必修1的学习时，学生应达到水平4。因此，学生通过学习"自然地理基础"模块，应能实现地理学科核心素养从水平2到水平4的进阶发展。

关键问题的解决途径与教学案例

依据地理学科核心素养的基本内涵及发展机制，结合实际教学经验，我们归纳了地理学科核心素养进阶发展的两条基本培育途径：整体生成式教学和问题解决式教学。下面结合选择性必修"自然地理基础"模块中的河流地貌分别加以阐述。

一、整体生成式教学

地理学科核心素养的进阶发展，要求在不同学业阶段达到不同水平的目标，完成不同水平的任务。从低水平到高水平，调用的内容逐渐增多，广度变大；对内容的要求逐渐变高，深度增加。"深广度"的变化意味着学科核心素养由单一表现发展为多种表现，整体呈现由易到难的趋势。

整体生成式教学就是要围绕学科核心素养来整合三维教学目标，围绕核心知识来整合学科教学内容，借助学科核心问题及其子问题来整合教学过程。在这个过程中，教师要充分把握教学深广度，促进学生实现地理学科核心素养的进阶发展。在教学实践中，可以通过以下步骤实现整体生成式教学。

（一）依据核心目标，确定核心内容

这里所说的核心目标指的是地理学科核心素养目标。在课堂教学中，学科核心素养主要还是在知识建构的过程中逐渐发展起来的。学生在建构不同的知识内容时，得到重点发展的核心素养是不同的。依据对应的核心素养目标，从知识对象中选取核心内容，是培养地理学科核心素养的第一步。在自然地理基础模块，涉及最多的地理学科核心素养是综合思维，下面选择"河流地貌"作为研究案例。

【案例1】

"河流地貌"的内容进阶

对河流的学习贯穿中学阶段地理学习的始终。在初中阶段，学生已经对河流特征，尤其是河流的水文特征及其影响因素有了初步认识。高一年级必修地理1，学生从河流地貌景观的角度对河流地貌进行初步了解，并涉及侵蚀与堆积作用的基本成因的简单判断。高二年级选择性必修1，学生开始把河流作为一种塑造地表形态的外力进行理解，河流地貌则是内外力共同作用的结果。它们共同构成了学生中学阶段对河流地貌学习的完整过程（图4-2-1）。

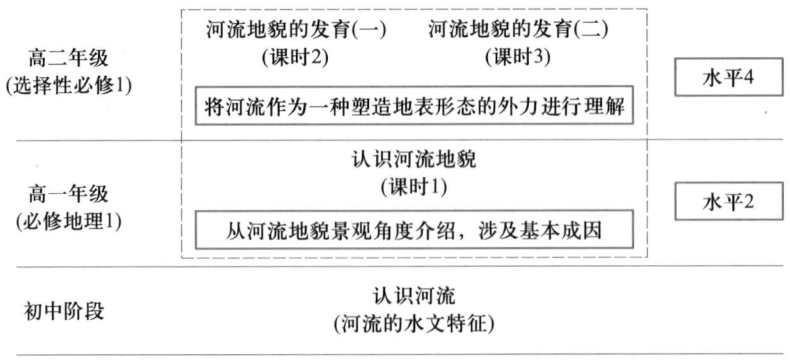

图4-2-1 中学阶段河流地貌的相关内容

在高中阶段，课程标准中关于河流地貌的内容要求如下。

必修地理1中：1.4 通过野外观察或运用视频、图像，识别3~4种地貌，描述其景观的主要特点。

这条内容要求的行为条件"通过野外观察或运用视频、图像"，强调以学生的野外或户外地貌景观的观察和初步理解等实践活动为核心内容。若没有条件进行野外观察，教师可以利用图像、视频、模型等帮助学生观察和识别不同的地貌。这条内容要求的行为动词"识别"和"描述"，要求学生在掌握野外观察地貌的基本方法的基础上，观察、记录，描述景观主要特征，认识常见地貌。

选择性必修1中：1.3 结合实例，解释内力和外力对地表形态变化的影响，并说明人类活动与地表形态的关系。

这条内容要求的行为条件"结合实例"，对达成目标的方法进行了限定，即要通过案例分析达成基本要求。这条内容要求的行为动词"解释"和"说明"，要求学生在理解内力和外力塑造地表形态机制的基础上，运用准确、精练的语言，推断地貌的形成原因，并分析地表形态对聚落及交通线路分布的有利与不利影响。

案例评析：从认识河流地貌的角度来看，这两条内容要求之间的关系是逐渐递进的。必修1侧重"现象"，选择性必修1侧重"成因"。行为动词从"识别""描述"到"解释""说明"。本节后续重点落实课标要求"1.3 结合实例，解释内力和外力对地表形态变化的影响，并说明人类活动与地表形态的关系"。

（二）依据核心内容，确定核心问题

课程标准中有关核心内容的表述，往往是概述性的、针对某一类问题的。在自然地理模块，核心内容常常是上位的、抽象的，需要具体的区域载体才能实现完整的认知过程。结合核心内容及其对应的核心素养目标水平的要求，即可确定课程中要解决的核心问题。

【案例2】

"河流地貌的发育"（高二）的核心问题

本案例采用问题式教学、单元教学的方式，以长江为案例区，学习"河流地貌的发育"。该单元包含两课时，每课时依据地理学科核心素养水平划分中的水平4的要求，确定具体核心问题（参见表4-2-1和表4-2-2）。

表4-2-1 "河流地貌的发育"学习单元第1课时核心问题

学科核心素养	对应水平4的部分要求	核心问题设置
区域认知	能够对现实中的区域地理问题，运用认识区域的方法和工具进行分析	描述长江不同河段河谷地貌的差异，并解释原因
综合思维	能够对现实中的地理事项，运用时空综合、地方综合的分析思路，对其进行系统性、地域性的解释	从内外力综合作用的角度，推测长江侵蚀地貌与堆积地貌的不同分布区域；从内外力综合作用的角度，分析河流阶地的形成原因；判断长江不同河段的主要侵蚀类型，描述并解释长江不同河段河谷地貌的时空差异

表 4-2-2　"河流地貌的发育"学习单元第 2 课时核心问题

学科核心素养	对应水平 4 的部分要求	核心问题设置
区域认知	能够对现实中的区域地理问题，运用认识区域的方法和工具进行分析	分析华北平原冲积扇规模大小差异的原因；分析非洲刚果河处没有形成三角洲的原因
综合思维	能够对现实中的地理事项，运用要素综合的分析思路，对其进行系统性、地域性的解释	分析地形、气候等自然地理要素对河流堆积地貌的影响
人地协调观	能够通过对现实中人地关系地域系统的简要分析，理解区域中人口、资源、环境、发展之间的相互关系	说明河流地貌对人类生产生活的影响；归纳不同地形类型区域聚落的分布特点，并分析原因

（三）依据核心问题，确定教学目标

结合教材中对核心问题的解读及其他资料内容，可将核心问题整合设计为具体的教学目标。基于学科核心素养的教学目标设计，可以从三个方面着手：一是知识理解，二是知识迁移，三是知识创新。知识理解包括对基础知识的理解和基本技能的形成。知识迁移是指学习者把理解的知识、形成的基本技能迁移到不同的情境中去，促进新知识的学习或解决不同情境中的问题。知识创新是指学习者能够生成超越教材规定内容的知识，或者对问题进行推广与变式得到一个新的问题，能够提出和发现新的问题，形成学科思维。发展学生的核心素养，关键是走出单纯的知识理解，向知识迁移过渡，再向知识创新提升。[①]

【案例 3】

"河流地貌"的教学目标进阶

"河流地貌"在全学段的整体教学目标：

1. 辨识长江不同河段的河流次级地貌类型。

2. 解释河流的侵蚀与堆积作用对地表形态的影响，从内外力共同作用的角度分析河流地貌的成因。

3. 说明河流地貌对人类生活和生产活动的影响。

高一年级"认识河流地貌"教学目标：

1. 运用等高线地形图、地形剖面图、景观图片及视频资料，识别长江虎跳峡段、监利段、巧家段及上海段的主要地貌类型，在对比中准确描述地貌特征。

2. 初步认识河流的侵蚀与堆积作用，判断塑造不同河流次级地貌的主要外力作用类型。

高二年级"河流地貌的发育（第 1 课时）"教学目标：

1. 以长江为例，分析不同河段河谷地貌的时空差异。

2. 观看模拟实验视频，说明河流侵蚀的三种方式，解释其对长江横纵剖面及河流

---

① 喻平. 发展学生学科核心素养的教学目标与策略［J］. 课程·教材·教法，2017，37（1）：48-53，68.

形态的影响。

3. 以长江为例,从内外力综合作用的角度,分析不同尺度下河流地貌的形成原因。

高二年级"河流地貌的发育(第2课时)"教学目标:

1. 以冲积平原、三角洲为例,分析影响河流堆积地貌的主要因素。
2. 说明不同地形类型区域河流地貌与聚落特征的关系。

(四)依据教学目标,确定学习活动

依据教学目标,结合学生的思维过程,即可设计不同形式的学习活动。

【案例4】

"河流堆积地貌"的学习活动设计

为实现教学目标"以冲积平原、三角洲为例,分析影响河流堆积地貌的主要因素",教学环节设计如下。

教学环节:河流堆积地貌	
教师活动	学生活动
展示图片(图4-2-2),介绍冲积扇的结构:扇缘—扇顶 引导学生观察冲积扇内部横纵剖面上沉积物的差异 构建河流堆积地貌形成条件思维框架:物质条件、动力条件、地形条件、其他条件等	分析冲积扇内部横纵剖面上沉积物粒径变化的趋势及原因 结合河流水文特征,思考河流冲积扇形成的主要条件 分析华北平原上河流冲积扇面积大小差异的原因
设计意图说明:认识冲积扇的形成原因与特点,分析河流冲积扇与气候、地形、植被等其他自然地理要素之间的相互作用	

(a) 云南巧家县某冲积扇俯视图　　(b) 云南巧家县某冲积扇侧视图

图4-2-2　云南巧家县冲积扇景观图

二、问题解决式教学

学科核心素养是在问题情境中借助问题解决的实践过程培养起来的。具体来说，就是将学习放在情境之中，运用所学知识解决情境中的具体问题，使学科核心素养得到提高。学科核心素养的不同水平层次，对问题情境提出了不同的要求，但其本质都是学用合一，而非单纯先学后用的过程。

在学科核心素养与实际问题情境的关系中，学生的某种学科核心素养一旦形成，它就能够在后续学习和问题解决中广泛地发挥作用，使学生在面临实际问题情境时具有更强的适应能力。在解决问题的过程中，学生尝试运用地理的思维方式，建立与"问题"相关的知识结构，目的是能够由表及里、层次清晰地分析问题，合理地表达自己的观点。

（一）问题情境构建

《普通高中地理课程标准（2017年版2020年修订）》按照从简单到复杂，从结构良好到结构不良，将情境划分为四个从低到高的水平。

情境的结构是否良好，取决于构成问题情境的目标、条件和解决方法是否具有某种不确定性。[①]

结构良好的情境围绕明确问题展开，没有与情境主题无关的其他信息，主要给学生提供学科的主体内容，并按照学科的逻辑进行呈现，对学生进行直接的、简练的引导。从一定意义上来说，学生在学校学习的一些学科知识或技能，之所以无法迁移到现实生活中去，关键就在于学校学习活动所依存的情境被过于人为简化和抽象，丧失了与现实生活的连接。

结构不良的情境中可能没有明确要解决的问题目标，而要考虑不同的、可替代的解决方案；情境提供多种信息，但解决具体问题时，条件部分缺失或者冗余；问题的解决有多条途径或者方法，有时甚至没有解决办法，所涉及的概念、规则和原理等不确定，或者不知道如何应用它们解决问题。结构不良的情境并不需要在所有方面都具有结构不良的特征，不良程度可以有所不同，既可以在某一方面具有结构不良的特征，也可以在某些方面具有结构不良的特征。

从水平1到水平4，问题情境的结构化程度逐渐变弱。在自然地理基础模块的教学活动中，既有结构良好的问题情境，也有结构不良的问题情境。学生如果要达到水平4，就要实现情境的结构化，也就是对真实生活情境进行简化、抽象、概括，按照学科的知识体系和逻辑关联，构建高度学科化的情境。具体来说，面对一个现实的生活情境，学生应首先分析剥离出学科性的问题；然后把问题情境与学科知识和技能关联起来，提出解决这些问题的方法和方案；最后把抽象和概括的知识、方法等实践化，解

[①] 杨承印，杨宝，杨帆."结构不良问题"：中学理科教材不应忽视的问题构造取向[J]. 湖南师范大学教育科学学报，2013，12（5）：17-20.

决实际面对的情境问题。[①]

在教学过程中，如果仅仅是结构良好的情境，必然会造成教育和现实脱节；如果纯粹设置结构不良的情境，教学内容的逻辑性必然缺失。因此，目标在水平4的课堂，仍需要包括水平4在内的多种水平情境。

【案例5】

"河流地貌的发育"教学片段

在"河流地貌的发育"的教学中，教师展示学生在高一必修地理1阶段完成的表格（表4-2-3）后提出问题：同一河段只受一种外力作用吗？

表4-2-3　长江不同河段河流地貌描述

		云南虎跳峡段	云南巧家县段	湖北监利段	上海段
河流次级地貌类型		V形谷	冲积扇	河漫滩平原	三角洲
位置		山区河谷	河流出山口	河流中下游地区	河流入海口
形态	地形类型	山地	—	平原	平原
	高低起伏（陡峭/平坦）	陡峭	有一定坡度	平坦	平坦
	形状	V形	扇形	—	三角形
	河面宽度数值	200 m	—	1400 m	—
物质组成		砾石	泥沙、小砾石	泥沙	泥沙

案例评析：问题的提出具有明确指向性，这是教学内容的逻辑性所决定的。但是，问题情境中的信息非常庞杂，多种对象相互交叉、相互交融，一方面学生需要从众多信息中做出选择，并总结出各河段的主要外力作用类型；另一方面这些信息又是不全面的，学生需要从生活经验出发，结合表格中河面宽度数值的变化，理解河流的侵蚀作用在整条河段始终存在。因此，这个情境属于结构不良的、水平4的情境。

在此过程中，教师需根据教学要求创设各种类型的情境，特别是源于现实生活、贴近学生经验的真实情境，为学生提供示范，促使学生从被动的信息接受者转变为主动的信息加工者和复杂情境下的问题解决者。

（二）问题链条设计

问题解决式教学，设计问题是基础。问题的设计，要以学生的认知水平和知识基础为起点。问题的呈现，要有利于学生发现未知，有利于激发学生学习和探究的兴趣，有利于促进学生创造性地解决问题。围绕问题设计不同层次的问题链条，将所学内容有逻辑地整合成可操作的学习链条，目的是使教学内容的结构化与关联性更加突出。

[①] 苏小兵，杨向东，潘艳. 真实情境中地理问题生成的学习进阶研究［J］. 全球教育展望，2020，49（8）：44-62.

【案例6】

"河流地貌的发育"的问题链设计

教学目标：观看模拟实验视频，说明河流侵蚀的三种方式，解释其对长江横纵剖面及河流形态的影响。

教学难点：对河流侧向侵蚀的认识。在具体教学时，可设计如表4-2-4所示的问题链。

表 4-2-4　侧向侵蚀问题链设计

材　　料	问题链顺序
模式图：侧向侵蚀	侧向侵蚀最容易发生在河流的哪种河段？
景观图：日本四国岛四万十川的凹岸和凸岸	判断：图中哪一岸为凹岸，哪一岸为凸岸？
我国长江湖北荆江段景观图（图4-2-3）	河流的直道部分也会发生侧向侵蚀吗？为什么？
	哪一岸是凹岸，哪一岸是凸岸？两岸的主要外力作用类型分别是什么？哪一侧水下部分的坡度更大？
	此段河道可能发生什么变化？这些变化出现在凹岸还是凸岸？

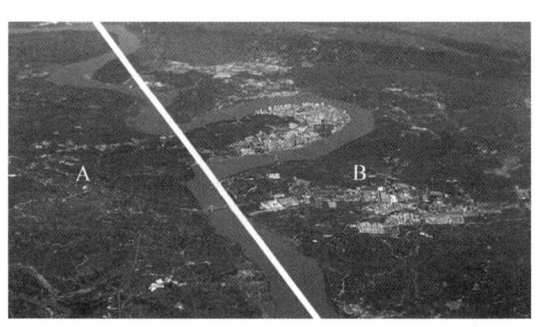

图 4-2-3　长江湖北荆江段航拍影像

值得注意的是，问题链条的设计只是预设，实际学习过程的展开要以学生的思维发展为线索，避免出现用问题链过度"牵引"学生的现象。此外，在教学中还要关注课堂生成问题，促进、激发学生发现问题、提出问题。

 教学建议

新版课程标准将原有的三维学习目标整合为学科核心素养目标，将原有的模块化内容组织转变为螺旋进阶式。中学自然地理部分的内容可以依据深广度和情境两个维度划分为不同的核心素养目标发展水平，学生在结束"自然地理基础"模块后应达到水平4。通过整体生成式教学和问题解决式教学两种途径，可以达成对应的依据核心素养目标，实现地理学课核心素养的进阶发展。这是课程标准中地理学科核心素养水平划分的重要实践，也就是理论落地的案例表达。

学生是教育教学活动的中心和主体。在"自然地理基础"模块实现地理核心素养的进阶发展,相比地理1,对难度和能力的要求逐层深入,既有差异性,又有连续性。因此,它也是学生构建地理学科核心素养的关联与发展过程的必然途径。

4-2 数字资源

4-3 如何深化学生对自然地理过程及其影响的理解？

关键问题的基本内涵

本部分关键问题中包括两个核心概念，一个是自然地理过程，另一个是自然地理过程的影响。自然地理过程是指自然地理事物和现象随时间的推移而出现的动态变化过程。[①] 依据自然地理过程的时空尺度可以将自然地理过程分为地理循环过程、地理演变过程、地理波动过程和地理扩散过程。其中，地理循环过程，即地理事物在一定空间领域内周而复始地运动或变化的过程，如三圈环流形成过程、植物土壤垂直地带性形成过程等；地理扩散过程，即地理事物由某一中心或源地向四周扩散的过程，如热力环流过程等。自然地理过程的影响包括自然环境内部要素之间的影响，以及对人文地理环境的影响，这些影响包括有利的和不利的两个方面。

本单元将"如何深化学生对自然地理过程及其影响的理解"设为关键问题，主要是因为新版课程标准更加关注学生和教师之间教与学的过程，而且对自然地理过程及其影响的理解不仅仅是对地理知识的掌握，更是对地理思维的发展和培养。

从学生成长的角度来看，这一关键问题是培养学生地理思维的客观需要。学生在学习"自然地理过程"时，常常抱怨知识太难、太抽象，很多学生拿着书本死记硬背，经常会将一个个知识点割裂开来，从孤立的角度来看待原本完整的过程。自然地理过程是高中地理较难的内容，由于其因果联系多、逻辑关系密，学生在学习时往往有一定的困难。如果学生的地理思维发展较好，则可以更高效地突破学习难点，使地理学习变得轻松。此外，这一关键问题是提升学生核心素养的重要途径。不同学生对自然地理过程的学习表现出较大差异，教师应引导学生通过制作地理模型、完成地理实验和参与地理考察，提升综合思维和地理实践力，增强从空间-区域视角认识地理事物和现象的意识。

从教师发展的角度来看，深化学生对自然地理过程及其影响的理解，是顺应课程改革的必然选择。课程改革确立了"学生发展为本"的教育理念，是学生学习方式的变革。自然地理过程知识具有较强的系统性，涉及时空范围较大，课堂上需要给予学生体验和探究的过程和时间。同时，为了增加学生的课堂参与度，教师应准确把握学生的基本情况，关注课堂教学的开放性和动态过程性评价，培育学生在真实复杂情境中解决问题的能力。此外，深化学生对自然地理过程及其影响的理解，也是实现教师教学能力提升的现实需求。制作模型、完成实验和参与考察是传统教学中常常被忽视

[①] 王红. 高中"自然地理过程"内容教学策略的研究 [D]. 上海：上海师范大学，2015.

的教学方式，为了能够将自然地理过程全方位地展现出来，教师要从深入剖析地理过程、模拟演示地理过程和亲身体验地理过程等方面提升教学能力，从而更有效地促进学生发展。

 关键问题的解决途径与教学案例

高中"自然地理过程及其影响"的知识组成较为复杂，许多自然地理过程之间逻辑关系清晰，并相互渗透、相互制约、相互联系，具有较强的逻辑性和系统性。因此，在解决本关键问题时，教师要注重多种教学方式和教学资料的灵活运用，特别是将各类地理实践活动引入课堂，充分利用课堂时间让学生"动起来"，教师和学生共同完成自然地理过程的探究，并以图像、思维导图、模型、考察报告等具象事物作为学习成果。因此，本部分是基于高中地理实践活动提出的三个关键问题解决途径：一是制作地理模型，深入剖析自然地理过程；二是开展地理实验，模拟演示自然地理过程；三是参与地理考察，亲身体验自然地理过程。

一、制作地理模型，深入剖析自然地理过程

对高中生而言，自然地理过程相对抽象复杂，难以理解，始终是教学难点。地理模型可以比较具象地表达地理环境中抽象的地理事物或者地理现象。教师可以通过引导学生制作地理模型，带领学生深入剖析自然地理过程，帮助学生突破这一难点。学生通过课上或者课下制作地理模型，将看不见、摸不着的地理现象具象化，更好地理解地理知识和地理现象的形成过程，同时还可以锻炼动手实践的能力，提高自身综合思维和地理实践力。下面的案例依据新版课程标准中自然地理基础的内容要求"1.5 运用示意图，说明气压带、风带的分布，并分析气压带、风带对气候形成的作用"，结合教学进度和学生学情，制作三圈环流模型。

【案例1】

三圈环流模型制作

（一）三圈环流形成过程的核心知识内容

课程标准要求关注的对象是大气圈中的全球性大气环流，重点是全球性大气环流所形成的气压带和风带。全球性大气环流是自然环境中物质运动和能量交换的重要形式之一，气压带和风带对自然环境的形成和发展有着重要作用。全球有七个气压带和六个风带，理解它们的形成和分布规律，可通过三圈环流来说明。这一自然地理过程由于看不见、摸不着，所以常常成为高中生学习的难点。

（二）模型制作对深化三圈环流形成过程的理解

气压带和风带的运动形式是三圈环流形成过程的基础，也是后面学习全球气候的基础，因此，通过制作三圈环流模型帮助学生理解此部分知识，可以有效突破学生学习难点。在三圈环流模型制作的过程中，学生以小组为单位利用课上和课下时间完成。

学生在阅读课本三圈环流相关内容之后进行选材、绘图和制作，深入剖析三圈环流形成过程，将课本中的文字和平面图用三维模型进行表达及演示，这个过程对学生深化理解三圈环流形成过程起到了促进作用。

(三) 案例教学展示

1. 学情分析

本案例的授课对象是高二年级学生，学生认知特点以理性认识为主。经过初中和高一的地理学习，学生具备一定阅读图文资料的能力，能够运用地理术语进行简单地理现象的分析和归纳。现阶段学生已经掌握大气受热过程、热力环流等大气基础知识，但是对气压带、风带的成因认识不够。同时，经过前段课堂学习，学生具备初步小组合作和地理实践的能力，但是结合具体地理原理对图文资料的判读、地理语言表述和知识迁移的能力较弱。此外，从学生的心理特征来看，高二年级学生由于选考地理，对地理学科知识重视程度高，教师提出制作模型这类软性任务时能够较认真地完成。同时，由于地理模型的制作区别于传统课堂教授，学生的学习积极性比较高。

2. 制作要求

(1) 阅读课本"大气环流与气压带、风带的形成"中的图文资料。

(2) 根据图文资料，以小组为单位完成全球三圈环流模型制作，材料自选。

(3) 小组构成要求：竖列 6~7 人一组，自建交流群。

(4) 上交模型时间：一周后课上展示，每组 3 分钟汇报。

(5) 评价方式：课上完成组内组间评价。

3. 模型展示

学生以小组为单位进行展示，每组选派一名代表，限时 3 分钟，小组展示过程中，由其他小组评分。全班共 6 小组，课堂展示环节预计 30 分钟。学生展示之后，教师针对学生制作过程中的问题进行答疑及点评（课堂展示及部分模型如图 4-3-1 所示）。

 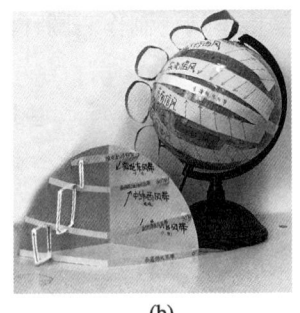

(a) (b)

图 4-3-1 课堂展示及部分模型

4. 模型评价

过程性评价不仅可以关注项目学习过程中学生智能发展的过程性结果，而且可以及时地对学生的学习质量水平做出判断，肯定成绩，找出问题，量化学习成果。在实践中，过程性评价可以按一定的比例计入总评成绩，以便凸显地理实践的重要性。作为地理实践活动评价量化的重要部分，模型制作展示指标体系需要具备完整性、独立性、科学性和可操作性等特点。根据前人的研究成果，结合本学校学生的学情，三圈环流模型制作的评分标准分为组内和组间两个层面，具体指标体系如表4-3-1和表4-3-2所示。

表4-3-1 三圈环流模型制作组内评分标准

组员																												
评分标准	10分	8分	6分	4分	10分	8分	6分	4分	10分	8分	6分	4分	10分	8分	6分	4分	10分	8分	6分	4分	10分	8分	6分	4分	10分	8分	6分	4分
组员讨论参与																												
倾听尊重他人																												
提供他人帮助																												

表4-3-2 三圈环流模型制作组间评分标准

小组	1组				2组				3组				4组				5组				6组			
评分标准	10分	8分	6分	4分	10分	8分	6分	4分	10分	8分	6分	4分	10分	8分	6分	4分	10分	8分	6分	4分	10分	8分	6分	4分
完成态度认真																								
环流清楚可见																								
标气压带风带																								
气流方向准确																								
模型美观程度																								
模型创新程度																								
表达清楚流利																								
总分																								

案例评析：分析课后学生问卷及课后测试结果发现，不同学生对三圈环流模型制作的实际获得感普遍较高；三圈环流形成过程类型的题目比往届学生正确率高；由于大部分学生动手能力相对较弱，制作模型过程中遇到的普遍困难就是有想法但无从下手制作；通过制作模型完成课后习题的正确率相对较高，较好地落实了教学目标，突破了难点，完成了教学任务。由此可见，通过制作三圈环流模型，有利于将抽象知识形象化，增加地理课堂的趣味性，便于学生对此知识的理解和掌握，提高学生的动手能力，落实地理实践力的培养。

二、开展地理实验,模拟演示自然地理过程

地理实验可以锻炼学生的动手能力,养成动手操作的习惯,体验动脑设计、动手操练、观察记录、研究分析的科研过程,提升科学品质,落实综合思维和地理实践力的培养。下面以"热力环流的形成过程及其影响"的教学案例为例进行论述。

【案例2】

热力环流的形成过程及其影响

(一)热力环流的形成过程及其影响核心知识内容

热力环流的形成过程是理解大气运动的基本原理,小到城市热岛环流,大到全球性大气环流,都可以用大气热力环流的原理来解释。学习和说明大气热力环流借助一些模拟实验,学生作为学习者,可以主动参与热力环流规律发现的过程,得出结论,高效地掌握课堂教学重点,提升课堂学习的有效性。

(二)地理实验对深化热力环流形成过程及其影响的理解

教师鼓励和引导学生走出课堂,走进生活,用地理的眼光发现和挖掘生活中的地理现象,用地理原理解释生活中的地理问题,这将在很大程度上提升学生学以致用的能力。在热力环流一课中引入地理实验,将静态的热力环流示意图通过实验动态化,可以为学生营造自主探究的良好学习环境,在某种程度上激发学生的学习动机,便于对重难点进行深入理解,提高学习能力,提升地理学科核心素养,让高中地理课堂充满生机与活力。

(三)案例教学展示

1. 实验器材准备

实验以小组为单位开展,7~8人一组,共5~6组。为保证实验安全,在上课之前,任课教师对小组长和课代表进行安全培训及流程说明。具体实验器材准备如下:

① 环形探测装置1个(图4-3-2);② 1.5 L蒸馏水;③ 1个测温探头;④ 1套食用色素(红色、蓝色);⑤ 2个500 mL烧杯(1个装有500 mL热水,1个装有500 mL冷水)。

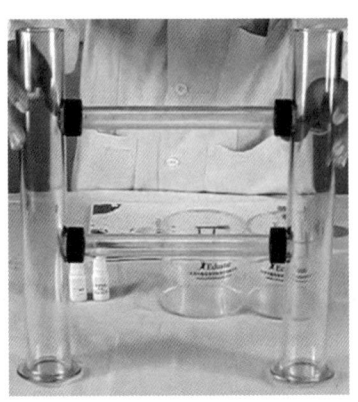

图4-3-2 环形探测装置

2. 实验流程

(1) 在环形探测装置的两侧分别加入红色和蓝色食用色素。

(2) 将 1.5 L 蒸馏水均匀地倒入环形探测装置两侧，没过最低水位线。

(3) 将装有红色和蓝色溶液的环形探测装置分别放入盛有热水和冷水的烧杯中（左侧为蓝色溶液，冷水烧杯；右侧为红色溶液，热水烧杯）。

(4) 用测温探头分别测量两个烧杯中的水温。

(5) 打开环形探测装置的水阀。

(6) 静置 2 分钟观察现象。

3. 实验现象

打开水阀之后，红色溶液和蓝色溶液平均分布在环形探测的两侧；静置半分钟后，上层红色溶液向左运动，下层蓝色溶液向右运动；2 分钟后，红色溶液多半进入左侧环形探测装置，蓝色溶液多半进入右侧环形装置；3 分钟后，环形装置内的两种溶液完成混合。

案例评析：热力环流课堂实验，从课堂知识落实的角度来看，学生比较容易理解热力环流形成过程以及整个环流形势，为后续热力环流对地理环境影响的教学提供了很好的铺垫。但从实验效果的角度来看，个别小组实验现象不明显，究其原因，一方面是学生动手能力相对较弱，另一方面是水温差异过大或过小。整体来看，地理实验在一线教学课堂开展次数有限，学生地理实践能力差异较大，而这正是学生需要提高的地方。

三、参与地理考察，亲身体验自然地理过程

地理考察特指户外自然考察，主要倡导学生走进大自然，通过实践探究实际问题。不同的自然地理过程变化速度不一，学生通过地理考察可以看到真实世界中自然地理过程的发生发展。通过亲身体验，直观感受原本抽象的自然地理过程，有助于学生深入理解复杂的自然地理过程。下面以北京市密云区雾灵山地理实践考察活动作为案例进行阐述。

【案例3】

北京市密云区雾灵山植物土壤垂直地带性的形成过程

(一) 植物土壤垂直地带性形成过程及其影响核心知识内容

雾灵山是燕山山脉主峰，自然环境独特，拥有独特的山地生态系统。实践考察活动前，学生听专家讲座，了解雾灵山地区地理环境，了解植被和土壤相关基础知识。通过野外观察，了解土壤垂直地带性的形成过程；通过野外观察，识别主要植被对土壤形成的作用。

(二) 通过地理考察深化理解植物土壤垂直地带性的形成过程

近些年，北京周边旅游资源先后成为中小学生实践活动开展的重要基地，成为学

生学习知识的"第二课堂"。为了让学生体会华北平原亿万年的沧桑巨变、陆海沉浮，了解北京植物土壤垂直地带性形成过程，教师选择雾灵山作为实践活动考察地，重点让学生在实践活动中深入理解植物土壤垂直地带性形成过程，有效提升学生地理实践力。

(三) 案例教学展示

1. 实践活动前期准备

由地理教研组负责向学校主管科室申请项目，确定参加的人数，填报申请表。

联系大学教授及其两名助手作为雾灵山实地考察的主导讲师，进行活动前讲座，负责土壤、植被等方面的讲解与实验演示，雾灵山具体实习点由专家及其助手先行前往实地考察、定点，确定各个实习点的大致时间、中午就餐的安排、植物和土壤采样的联系（注：雾灵山为国家级自然保护区，原则上不准许破坏一草一木，采取样本要事先获得许可）。

印制导学案，将学习的内容告知学生、印成导学案，发到学生手中，使学生掌握学习方法及要求、注意事项等。

2. 实践活动教学目标

聆听专家讲座，了解雾灵山的基本概况，归纳自然旅游资源的保护和开发现状，锻炼学生总结归纳的能力。

以小组为单位，在带队教师的讲解下，掌握土壤的速查方法，描述雾灵山土壤的垂直分布规律及主要土壤类型的特点，初步理解土壤形成过程，培养学生从生活中学习地理，从地理中感知生活的能力。

在随行专家的帮助下，挖掘土壤剖面，并进行观察和描述土壤垂直分层特点，简述土壤形成要素。提高学生将所学知识应用到实践活动的能力。

3. 实践活动考察线路

未察点	地 点	所需时间	考察内容
考察点1	曹家路	60分钟	理解土壤形成的基本要素。掌握土壤野外观察的基本方法。绘制土壤剖面的简单示意图
考察点2	雾灵山海拔1400 m处	40分钟	了解雾灵山植被垂直分布情况。掌握棕壤垂直地带性分布特点和剖面特征。绘制棕壤的简单剖面图
考察点3	雾灵山海拔1800 m处	20分钟	考察此海拔分布的植被情况。了解此海拔分布的土壤类型及特点。理解植被对土壤形成的影响
考察点4	雾灵山山顶	30分钟	观察雾灵山植被垂直分布状况。观察草甸土植被及土壤剖面特点。绘制草甸土剖面草图

4. 实践活动考察手册

北京市雾灵山野外考察手册

班级_____ 姓名_____ 考察日期_____

考察点1

① 简述土壤剖面形态描述方法。

② 褐土的成土因素，简单绘制褐土土壤剖面草图。

考察点2

① 分析海拔高度对植被及土壤的影响，了解棕壤的性质。

② 简单绘制棕壤的剖面图。

考察点3

简述暗棕壤植被的特点及对土壤形成的影响。

考察点4

① 简述草甸土特点，绘制剖面草图。

② 总结：绘制雾灵山植被土壤剖面图。

③ 思考：乱石窖成因。

活动收获

活动建议

5. 实践活动考察成果

学生完成考察报告，绘制雾灵山植物土壤剖面图（如图4-3-3），以小组为单位进行演示文稿展示，并在行后总结会上汇报。教师根据学生评价系统评选出优秀考察报告，在北京市综合素质平台中进行记录。

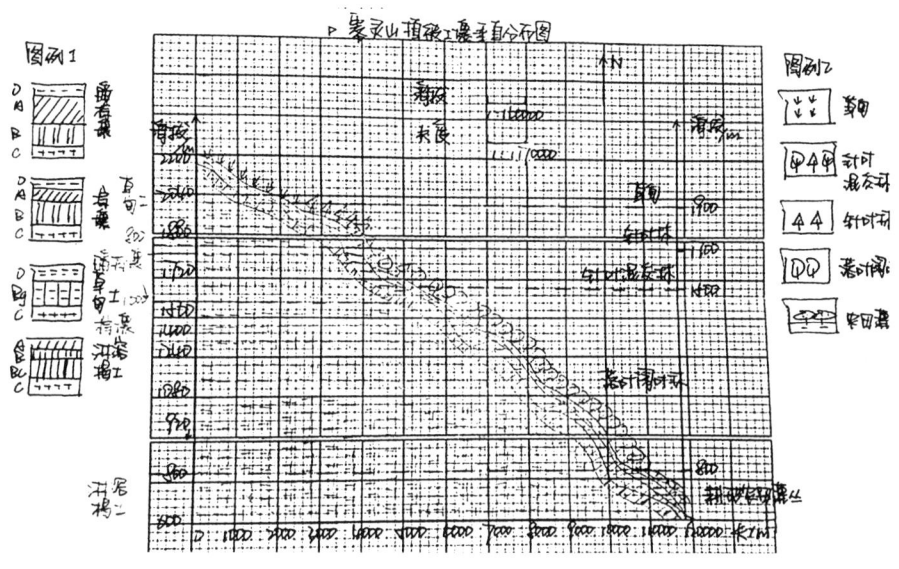

图4-3-3　雾灵山植物土壤剖面图

案例评析：雾灵山地理实践考察活动，从行前专家讲座到野外实地考察，再到多样化结果的呈现，形成了一个相对完整的高中地理实践考察活动体系，为后续地理实践考察活动的开展提供了参考，具有一定的理论和实践的创新。

雾灵山地理实践考察活动聘请大学教授做主讲，并且启用大学在雾灵山自然保护区的实习基地，使活动质量和品质得到了大幅度的提升。基础教育与高校资源的融合可以使地理实践考察活动更加专业、更加完善。同时，相比图片、标本、视频等形式的教学材料和课堂单一的教学方式，地理实践考察活动使学生对植物和土壤垂直地带性形成过程也有了更深入、更直观的理解。

教学建议

基于地理实践活动的关键问题解决途径，可以有效深化学生对自然地理过程及其影响的理解。融入地理实践活动的自然地理过程教学课堂，从教学效果来看，学生参与度高，课堂效果好，对知识的理解深入；学生学习地理热情高，能运用学科知识解决新情境下的地理问题，学科思维能力的提升明显。教师对培养学生学科核心素养的理念的理解更加深入，教师教学能力得到提升，问题意识更加明确。然而，为了保证课堂实践活动充分有效，需要教师首先要转变观念，将育人放在首位；基于材料或者

真实现象，创设问题情境，为学生搭建平台；做好学法指导，提供查找资料的途径，解决实施过程中的问题。

4-3 数字资源

4-4 如何利用自然环境的整体性与地域分异规律分析地理问题？

关键问题的基本内涵

自然环境的整体性是指构成自然环境的气候、地貌、水文、土壤、生物等要素通过水循环、生物循环和岩石圈物质循环等过程，进行着物质迁移和能量交换，形成一个相互渗透、相互制约和相互联系的整体。这个整体具备整体功能、整体演化、整体响应外界干扰等特征。

地域分异，即不同地域的自然环境特征存在差异，具体指地球表层大小不等、内部具有一致性的地域单元的分化，以及由此而产生的自然环境及其组成要素在地表沿确定方向有规律发生分化而形成地域差异。

自然环境的整体性和地域分异规律是高中阶段对自然地理的总结和提高，同时它又为认识人类活动的合理性，正确处理人地关系打下基础。自然环境的整体性和地域分异规律是客观现实，人类活动不仅要遵循自然环境的整体性和地域分异规律，而且可以预测自然环境受到人类活动影响后的发展变化趋势。

利用自然环境的整体性和地域分异规律分析地理问题，可以培养学生全面、系统、动态地认识地理事物和现象的思维品质和能力；帮助学生从多个维度对地理事物和现象进行分析，认识各要素之间相互作用、相互影响、相互制约的关系，并在一定程度上解释其发生、发展和演化的过程，从而较全面地观察、分析和认识不同地域地理环境的特点，并且能够辩证地看待现实生活中的地理问题；最终帮助学生建立尊重自然、顺应自然、保护自然的观念。

将自然环境看作整体是地理学特有的视角，也是地理学的一种重要思想方法。大尺度可以应用于整个地球系统，中等尺度可以是某个大洲的地理系统或某个物质圈层系统，小尺度可以是某一个区域地理系统，所以这种分析方法的应用面很广。地域分异规律要求从不同区域看待自然环境特点及成因，这需要用到地理系统存在空间差异和动态变化的思想方法，同样具有广泛的应用。

学习自然环境的整体性和地域分异规律有利于培养学生的学科核心素养。首先是有助于培养学生的综合思维。综合思维是指人们运用综合的观点和方法，认识地理环境的思维方式和能力，该思维方式强调整体观念、时间观念和空间观念。利用自然环境的整体性和地域分异规律分析地理问题，有助于培养学生在不同时空组合条件下分析地理要素相互作用的能力。其次是有助于学生认识到地理环境多种多样，从不同尺度、不同类型的区域，学会认识地理环境复杂性的基本方法，这也是核心素养中区域认知的要求。

关键问题的解决途径与教学案例

新版课程标准要求：运用图表并结合实例，分析自然环境的整体性和地域分异规律。教师首先要为学生提供真实且良好的学习情境，选取丰富且适宜的图表作为基础，掌握准确的学情作为前提，采用贴近学生最近发展区和实际问题的教学设计，设置难易程度恰当的教学活动，呈现层层递进的问题链为已知与未知搭建桥梁，学习中还要引领学生利用地理学科的工具，从地理学特有的视角对自然环境进行观察、欣赏、分析，从而完成知识的探索与学习，能力的形成与内化，使地理核心素养得到发展。

一、创设真实情境促进学生深度学习

新版课程标准提到：要创设多种表达方式，可以采用文字、地图、图像、图表、模型等方式呈现教学内容，为学生提供生动、直观、富有启发性的学习材料，丰富他们说明和分析地理问题的手段。

创设真实情境是教学尤其是地理教学中常用的一种手段，它将学生熟悉的生活情境和感兴趣的事物作为教师开展教学活动的切入点，高质量、形象生动且贴近教学内容和学生认知的情境，不但能有效地激发学生学习的积极性，而且能使学生迅速进入最佳的学习状态，掌握学习的主动权，在面对真实世界时犹如身临其境，可以更好地观察地理事物，发现问题、分析问题、尝试寻找解决问题的途径，从而完成有意义、有目的的学习过程，建立良好的思维习惯和方式，逐步形成综合能力，为今后的学习打下良好的基础。

这里所说的深度学习不只是学习方式，还有学习结果；也不只是高认知，还有高投入，即情感投入。在观察、欣赏真实情境后，学生更容易尊重自然、理解自然，在今后的学习和工作中真正做到人地和谐相处。

（一）创设真实情境

1. 利用图片

【案例1】

垂直地域分异规律

教师首先展示教材中的天山景观示意图，帮助学生从整体上了解一个区域的特点；然后进一步引导学生观察景观图中的雪山逶迤、冰川纵横、河流蜿蜒、湖泊星布、草原如茵、草甸烂漫、森林如带、荒漠苍茫，发现景观的类型和特点；接着根据天山景观提出三个问题。

问题1：冰川、草原、森林、荒漠分别代表自然环境的哪些特征？
问题2：为什么冰川、草原、森林、荒漠能并存于天山之中？

问题3：它们在天山中的分布有什么规律？

案例评析： 生活在平原地区的大多数学生对本节内容缺乏生活感知，理解起来容易出现偏差或问题。因此，教师首先展示了一个地区自然景观的全貌，旨在引导学生用地理视角从整体的角度审视、看待自然。其次把镜头推近，引导学生找出不同的景观要素，培养学生从资料中获取地理信息的能力。接着探寻要素背后所反映的地理环境及特点。最后提出更加深入的问题，也就是矛盾的焦点——不同环境下的景观为什么能同时在一幅景观图（在一个地区）中出现？本案例通过由表及里、由现象到本质逐层深入的探究活动，实现寻找现象、发现特点、探究原理的教学过程。这种注重培养学生从形象的景观事物到抽象的自然要素的观察方式，有助于引导学生用地理的眼光或视角来看待世界，也是培养学生地理学科核心素养的一个重要途径。

2. 利用影视资料

新版课程标准提出，要"创新培育地理学科核心素养的学习方式"。根据学生地理学科核心素养形成过程的特点，科学设计地理教学过程，充分利用地理信息技术，营造直观、实时、生动的地理教学环境。

现代信息技术以其广博的内容，文本、图片、音频、视频的多样性以及独特的表现力和感染力取胜。其中影视作品与地理教学两者相结合，有助于培养学生的地理素养。一是可以帮助学生拓宽视野，提高地理空间定位能力。面对一幅幅精彩的影视作品画面，学生往往更想挖掘隐藏在画面背后的东西，迫切想定位画面的地理空间。二是了解该区域特点能引导学生探究现象发生的地理原因，将繁杂的科学世界回归到学生的生活世界。

电影《狮子王》是学生耳熟能详的影片，故事的发生和发展展现了热带草原、热带雨林、热带沙漠景观的变化，可以推测故事发生的地点；从辛巴出生到远离家园再到重归故里，可以分析出植被变化与分布的特点；由辛巴及其父亲、辛巴叔叔掌权时期景观的变化，又可以分别看到热带草原湿、干季中动物和植物的变化。所以无论从时间轴还是空间轴来说，该影片都是教师不断创设情境、提出问题、引领学生分析问题不可多得的素材。

电影《海蒂与爷爷》可以让学生领略阿尔卑斯山美丽的森林、草甸、荒漠、冰川这种自然环境的垂直分布现象。

当然，我们还要提到《航拍中国》。"你见过什么样的中国？是960万平方公里的辽阔，还是300万平方公里的澎湃？是四季轮转的天地，还是冰与火演奏的乐章？当你像鸟儿一样离开地面，冲上云霄，前往平时无法到达的空中，你会看见专属于空中的奇观……"（《航拍中国》解说词）《航拍中国》共三季34集，数不胜数的美丽风光都可以帮助教师创设很好的教学情境，而且它的视频中间分段落，使用非常方便。

情境是地理问题产生的土壤，是学生发现和提出问题的重要前提。情境的闸门一旦打开，一节课内容如行云流水般连贯、顺畅地进行，问题一个接一个地提出并解决，而且学生也很享受这样学习带给他们的快乐，真正做到好学者不如乐学者。

（二）发掘周围的真实情境

除了图片、影视资料外，日常生活中也充满了可以信手拈来的情境。只要对生活环境稍加观察,就可以从平日生活的校园、日常居住的小区、往返两地的街道中找到真实情境。而且它们比前者来得更加真实,是看得见、摸得到的真实世界,在这个世界中的变化也随时可见。只是我们常常忽视它们的存在,也没有充分发掘与地理学科的关系。

地理课不一定要在教室里上,教师可以带领学生走出教室,来到校园,观察校园不同区域的景观特点,观察同一区域一年四季的变化;还可以走入社会,在郊游、社会大课堂、游学活动中提前做好功课,给学生布置具有地理特色而且有趣的图文作业,让他们在大自然中观赏自然之美,探寻地理之谜。

总之,创设情境的初衷是为了方便教学,让学生真正走入学习,形成高认知、高投入、情境介入的主动学习。这也遵循了课程标准建议的:教学过程中将完整呈现问题和相应情境作为学生学习的基础和背景,避免将情境仅作为"导入"的做法,要引导学生在充分理解情境的前提下展开学习。

创设好教学情境,激发学生学习的兴趣,就顺利开启了从自然现象到地理原理的学习之旅。

二、基于学情搭建理解地理原理的桥梁

(一) 基于已有知识和能力的深度学习

【案例2】

水循环(第2课时)

学习活动: 下面的材料说明水循环具有什么地理意义?

黄土高原由于水土流失,造成黄河中含沙量非常高,奔腾的黄河最终注入海洋,携带了大量泥沙和无机盐,从而形成了物质迁移,将陆地和海洋联系起来。在黄河入海口处形成了典型的流水沉积地貌——三角洲,不同时期三角洲形态各异,趋势是不断变大,水循环在物质迁移的同时塑造了地表形态。

案例评析: 新版课程标准提出,要以学生的认知水平和知识基础为起点设计教学。"水循环"一节是地理1第三章第一节的内容,水循环过程恰恰反映出不同状态的水体在大气圈、岩石圈、生物圈、水圈之间相互运动、相互转化的过程。案例通过水循环把陆地和海洋通过物质迁移联系起来,从物质循环的角度分析下游三角洲的形成过程。展望整个自然环境演化过程,地貌演化、河流演化、土壤演化、植被演化、气候演化等地理过程往往同步发生,自然环境处于统一的动态演化中,也就是说,自然环境都具有统一演化的过程。

自然环境要素之间的物质迁移和能量交换是自然地理过程的本质与核心,构成了自然地理环境整体性的基础。从长时间尺度来看,自然地理要素间的物质迁移和能量交换结果与短期内的结果不同。地理学把自然地理要素所组成的自然环境看作一个整体,就是把这种物质迁移和能量交换放到一个长尺度时间来看,通过漫长的过程,最后使得各个要素的性质发生变化。

（二）从描述景观特征到理解地理原理

【案例3】

气候对自然环境的影响

在学习自然环境整体性的过程中布置学习任务：以小组为单位，从北京地区自然景观某一要素入手，通过网上查询，收集资料，分析归纳得出北京气候对该要素的影响。要求学生收集资料，整合内容，运用具体的资料、丰富的图片，分别从植物、水文、动物、地貌等方面分析气候对北京地区自然景观形成和变化的影响。在此基础上绘制思维导图，找出要素间的逻辑关系。

案例评析： 新版课程标准提出，要遵循教育教学规律和学生身心发展规律，贴近学生的思想、学习、生活实际，促进每个学生主动地、生动活泼地发展。

学生活动中涉及玉渊潭的樱花、莲花池的荷花、钓鱼台的银杏、香山的红叶、潮白河、石花洞，这些都是学生所熟悉的地理事物。案例首先从学生熟悉的区域和熟悉的景观入手，学生体验深刻，对景观特征的描述准确、细致、全面，因此也更容易对周围地理环境进行深入观察和思考。其次从自然环境要素中的气候入手，既可以巩固气候内容的掌握情况，还可以用典型案例说"理"，探寻气候与自然景观的关系，进而逐渐形成对自然环境各要素之间的相互联系、相互作用的整体性思想。这种"景观感知—情境引入—案例分析—原理探讨—观点培养"的思路开展，既可以对前面气候因素综合分析进行延伸拓展，又可以对学生区域差异思想进行训练。

（三）借助其他学科知识进行"跨界"学习

1. 普遍联系的观点（政治）

普遍联系的观点是唯物辩证法的一个基本观点，是指事物的存在或运动所固有的，不以人的意志为转移的客观联系。联系具有客观性和普遍性，是世界上一切事物的客观本性。

知识本身是没有学科界线的，学生在学习"自然环境的整体性"时，借助普遍联系的观点更容易理解自然环境整体性的内涵，明确自然中气候、水文、植被、土壤、地貌都是通过水循环、大气环流、生物循环、岩石圈物质循环等紧密联系到一起，形成一个相互影响、相互联系、相互作用的整体。其中一个要素的变化会引发其他要素随之而变化，"牵一发而动全身"。

2. 运动是绝对的，静止是相对的（政治）

辩证唯物主义认为，运动是绝对的，这是因为一切事物都处在运动之中，而且每一事物自始至终都在运动，没有不运动的物质。运动是普遍的、永恒的和无条件的，因而是绝对的。静止则是相对的，是运动的一个特殊状态，是有条件的、暂时的。

在教材活动中"分析藏羚羊数量与环境的关系"时，先介绍了藏羚羊数量在个别年份或时期由于环境变化的波动变化状况及其原因，然后从长时间尺度来看，在自然状态下，藏羚羊的数量虽然随着环境变化有所波动，但基本稳定，符合自然环境的稳定功能原理。也就是说，从短期来看藏羚羊的数量是不稳定的，是随环境、食物、水源而发生变化的；但是从长期来看它又是处在一个动态平衡中，是相对稳定的。变化与稳定因为参考的时间轴长短不同，得到的结论也迥然不同。这与运动是绝对的，静止是相对的观点类似。

3. 生态系统的物质循环——碳循环（生物学）

组成生物体的碳、氢、氧、氮、磷、硫等元素都在不断地运动着，从非生物环境到生物群落，又从生物群落到非生物环境的循环过程，这就是生态系统的物质循环。

自然环境各要素联系纽带之一是生物循环：绿色植物通过光合作用吸收大气中的二氧化碳，放出氧气；通过降水、土壤、河湖及生物获得水分补给；通过植物蒸腾、土壤河湖蒸发，大气获得水汽；植物残体进入土壤，向土壤提供有机质；岩石通过风化向土壤提供成土物质和无机盐，土壤及岩石风化物被侵蚀、搬运、堆积并固结成岩；等等。这些表现与生物的碳循环表述不同，但非常相似。教师可以启发学生进行跨学科联系和知识与能力迁移，这样有利于学生进一步学习生物循环过程，更好地认识生物循环对大气循环、岩石圈物质循环、水循环等其他的物质循环过程的影响，以及生物同其他要素之间的联系。

此外，可以进行"跨界"学习的还有特殊性与普遍性、内因和外因等，这里就不再一一列举。

三、利用地理学科的工具突破重点问题

（一）从尺度入手突破关键问题

地理学习的工具既有有形的也有无形的，其中"尺度"无论从时间上还是空间上都是地理学研究的重要角度，可以由此入手来解决关键问题。

自然环境构成中的五要素（大气、水、岩石、生物、土壤）在其他学科中也常有涉及，但是只有地理学科提出自然环境整体性这一观点，究其原因就是分析过程中参考的时间尺度不同。地理学科更注重从较长时间角度分析，因为这样能看到五要素之间进行着物质迁移和能量转换，也就是一个地理过程的发生、发展过程，而且各要素的性质会不断发生变化；从较短时间来看，五要素则是五个相互独立的部分，之间的物质迁移和能量转换数量很小，难以形成规模，研究起来意义不大。

地理事物的空间分布也是地理学的重要研究课题，地理学历来重视地理事物空间分布的研究。地理学认为各要素的分布处在统一的演化过程中，从长时间来看具有动态变化性，即某时刻的空间分布状况只是长期变化过程中的一个片段。

（二）利用地图落实基本规律

如果说地理学是一门处理空间的科学，在面对地理事物的空间分布时，我们常常

以地图作为最有效的传达与沟通工具，甚至可以说地图是地理学的另一种语言。在使用地图这项工具时，我们常常可以发现，地图比单纯的文字更具有说服力和沟通力，图像的表达方式较文字陈述，更容易被人理解和接受。

认识区域差异的空间尺度不同，得出的结论也就不同，教材中主要通过陆地、山地和地方三个尺度来具体分析自然环境地域分异规律，所以教学过程中需要选择不同比例尺的地图与其对应。

【案例4】

垂直地域分异规律

读图4-4-1，回答下列问题。

问题1：天山自山麓到山顶分布有哪些自然带？

问题2：以上自然带的延伸方向是怎样的？

问题3：为什么荒漠石山、山地荒漠草原、山地草原、云杉林、山地草甸草原、高山草甸、高山冰雪带能并存在天山之中？

问题4：读世界陆地自然带分布图，天山向高纬方向自然带是什么？

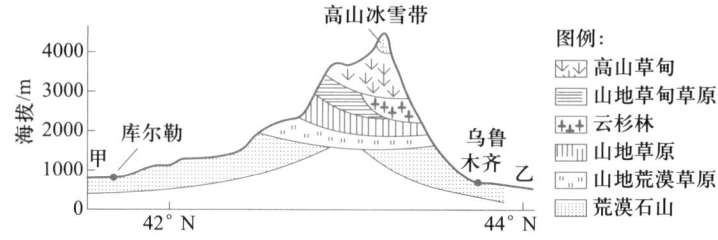

图4-4-1 天山自然带垂直分布示意图

案例点评：教师首先从小尺度的天山入手，利用自然带垂直分布示意图，带领学生通过读图分析得出自然带垂直分布的现象、分布的特点，分析现象背后的原理。接着由天山自然带垂直分布示意图很自然地扩展到整个陆地自然带分布图，从垂直地带分异规律和纬度地带性分异规律两个变化方向不同的现象下隐藏的直接原因——水热组合状况——入手，既找到两个规律形成上的相似性，又恰到好处地把分析区域由小向大进行扩展，符合学生思维发展特点，促进其地理核心素养中区域认知的形成和发展。

 教学建议

自然环境的整体性和地域分异规律在教材上出现了变化，教师在备课中要避免教学惯性的发生。如自然环境地域差异产生的根本原因，强调不同地域间存在着不同的物质循环和能量转换过程；陆地分异规律中使用"由沿海向大陆内部的地域分异规律"，不再使用"经度地带性分异规律"等。

利用自然环境的整体性和地域分异规律分析问题不只体现在"自然地理基础"第五章教材中，研究自然环境特点、原理和规律是为了更好地了解自然，为今后在此基

础上形成的人类活动打下基础。因此，学生在学习中运用方法与形成理念的差异会直接影响其在今后应用水平的差异。

4-4 数字资源

单元 5　"区域发展"模块的教学关键问题

5-1 如何规划和实施"区域发展"模块的单元教学？

关键问题的基本内涵

本模块是以区域可持续发展为主干，以不同类型区域案例学习的方式，关注不同区域背景下，区域创新发展和转型发展的原因、过程和方向。与《普通高中地理课程标准（实验）》中"地理3"的学习内容和传统意义上的区域地理的学习相比，《普通高中地理课程标准（2017年版2020年修订）》中的"区域发展"模块并不强调面面俱到地讲述区域特征，而是更加关注"发展"，尤其是区域的可持续发展。这一转变的背景也符合现代地理学科的科学转向，突出了地理学科的实践属性与价值追求。

"区域发展"模块主要包括"区域的概念和类型""区域发展""区域协调"三部分内容。其中区域的概念和类型是认识区域发展问题的基础，主要针对该模块前两条内容要求（2.1和2.2）。剩余的7条内容要求（2.3—2.9）都以区域案例的形式呈现，其中有4条是选择不同区域分析其发展状况，包括大都市、产业结构变化的地区、资源枯竭型城市、生态脆弱区；有3条是从区域协调的角度选择案例，包括跨区域产业转移和资源调配、流域内部协作、国际合作等（图5-1-1）。

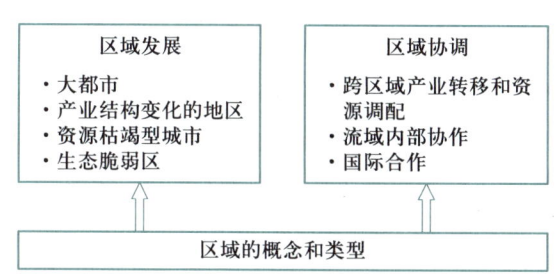

图5-1-1 "区域发展"模块内容结构图

单元教学指基于系统论的原理，整体确定学习目标、组织学习内容、实施教学过程、开展教学评价的教学模式或教学组织形式，由于区别于传统的以知识点或课时为单位的教学模式，目前常作为探索深度学习、课程综合、核心素养培育的一种实施途径。单元教学设计的实质是教学内容的整合与重组过程，其目的一般是突出某个培养目标。单元教学的核心思想是系统思维，应基于整体性、系统性的认识组建学习单元。

由于本模块的教学多采用典型区域作为案例，而且在教学内容上具有较强的逻辑关系，即具有较强的整体性、系统性，因而适合通过单元教学的模式开展教学。而单元教学的具体组织模式可以有多种，其中主要包括按照学科逻辑和学习逻辑来组织两种方式。按照学科逻辑组织的教学单元侧重于学科视角，按学习逻辑组织的教学单元侧重于学习者视角。在现实教学中，可根据不同教师、不同课程形态、不同教学目标等的情况与要求，选择不同类型的单元教学具体组织形式，其最终的核心目标都是提升学生学科核心素养。而且，整个模块中不同教学单元的组织形式并不必然相同，甚至由于学习目标、所学内容、学生学情等的差异，而更适合采用不同组织形式来开展同一模块内的单元教学，注意将课程标准的内容要求全部覆盖即可。

 关键问题的解决途径与教学案例

本教学关键问题的本质，是将"区域发展"模块的教学内容与单元教学的基本思路相匹配，即基于单元教学的模式，完成该模块的学习任务，实现学习目标。在教学过程中，需要注意从以下几个方面解决本教学关键问题。

一、明确单元教学的组织模式与学习目的

前文已经介绍，单元教学至少包括依据学科逻辑和依据学习逻辑两种具体的组织模式。这两种组织模式所指向的学习重点和学习目的有所不同，但最终又殊途同归地指向提升学生学科核心素养的总体目标。

按照学科逻辑组织的单元教学是基于地理学科的视角，构建教学单元。可根据内容组织方式将其分为自然单元、主题单元和大概念单元。自然单元指围绕教材章节直接组织单元内容，主题单元是围绕话题或内容主题组织单元内容，大概念单元则是围绕学科大概念组织单元内容。其中，自然单元是一线地理教师最为熟悉的，它无须打破教材已有逻辑，只要按照课程标准和教材要求完成相关内容即可，因此难度较小。大概念单元是当前教学研究的热点之一，我们也会在本书的教学关键问题 5-3 中做具体介绍。

按照学习逻辑组织的单元教学则是基于学生学习的视角，针对学生分析解决问题的思路或者提升某项具体能力，来构建教学单元。根据任务属性不同，我们又可将其分为问题解决单元、项目学习单元、专项能力单元、特定任务单元等类型。

【案例1】

"中国区域发展实践"教学设计片段

（一）学习目标

结合新中国成立以来区域发展实践的实例，了解国家经济区划与区域发展的时代背景和基本过程，说明区域的含义及类型；理解地理学科将空间划分为区域的区划方法，深化对因地制宜促进区域可持续发展的认识。

（二）学习重点

通过梳理与分析新中国成立以来主要的经济区划与区域发展过程，加深对区域含义及类型的理解；结合主体功能区这一国家区域发展战略，加深对因地制宜促进区域

可持续发展的认识。

（三）学习难点

结合主体功能区这一国家区域发展战略，加深对因地制宜促进区域可持续发展的认识。

这个案例是围绕我国区域发展实践的内容主题构建的主题单元，属于学科逻辑下的单元教学组织模式。案例主要针对本模块前两条内容要求构建学习单元："2.1 结合实例，说明区域的含义及类型。""2.2 结合实例，从地理环境整体性和区域关联的角度，比较不同区域发展的异同，说明因地制宜对于区域发展的重要意义。"由于这两条内容要求同时位于单元最前部，是之后基于各类案例区域的学习内容的基础，因此该教学单元也可以认为是一个自然单元。

案例评析：这两条内容要求是整个模块的认识基础，体现了地理学科思维的基本方法之一，即因地制宜是实现区域发展的逻辑起点，因此对于整个模块乃至整体高中地理课程来说具有重要意义。如果缺乏真实情境，学生很难真正理解区域的类型和含义，以及因地制宜对于区域发展的重要意义。所以，本案例依托新中国成立以来我国区域发展实践的真实情境，尤其是对几次主要的经济区域划分历史的回顾，以及对最新的主体功能区划分的介绍，使学生更加深刻地理解区域的概念和因地制宜、结合时代发展需要进行区域划分对于区域发展的重要意义。

二、创设单元学习的活动任务与活动流程

学习活动任务是指活动需要完成的具体项目及需要具体解决的实践问题。单元学习活动任务的设计，首先要创设真实的学习情境，给出真实的问题或案例，并将知识结构融入情境。要打通学科学习与学生生活的联系，让学生在新知与旧知、理论与实践的交织中，提高分析和解决问题的能力。

明确学习任务是活动设计的核心，学习活动的设计应以任务为驱动，细化活动步骤，明确具体要求，指点学习路径，教授学习方法，让学生以多种多样的方式展开有效的学习活动。基于真实情境的任务一般需要学习共同体协同完成，因此，教师通常要将任务分解为具体的操作流程，同时必须加上程序性规则说明，使共同体成员能依据规则进行任务分工并有效地解决问题。

【案例2】

"生态脆弱区的综合治理"学习活动任务书

阅读课本第2章第2节"生态脆弱区的综合治理"，查找生态脆弱区真实的区域案例资料，从环境特征、问题产生的原因、问题带来的影响、综合治理措施等方面进行归纳整理，撰写研究报告，之后与同学们汇报分享。

案例研究报告要求说明：

（1）研究报告完成形式：以4~5人组成的小组为单位，自行协商组内分工。每个小组完成一份研究报告，并与其他同学汇报分享。

（2）案例区选择：从干湿交替区、农牧交错带、森林边缘区、沙漠边缘区、南

方喀斯特石漠化区等区域选择一个类型,再选取一个真实的具体区域作为研究案例区。

（3）资料来源与整理方式：区域案例资料来源可以是学术论文，也可以是新闻报道等，查阅信息的平台有百度、中国知网、万方数据等搜索引擎或数据库。搜集到相关资料后，可以将其打印出来，通读打印稿获取信息，概括该区域生态环境治理的具体措施，理解其含义和作用，之后与其他同学分享。

（4）研究报告要求：包含题目（宋体四号）、一级或二级标题（宋体小四号）、正文与参考文献（宋体五号）三部分，以电子版形式上交，并进行汇报交流。

案例评析：本案例是"生态脆弱区的综合治理"这一单元教学主题的初始环节，即创设学生活动任务与学习情境。案例的一个突出特点是体现了以学生为中心的基本思想，创设活动任务充分体现了学生的自主性，包括：学生自主选择生态脆弱区的研究区域和具体问题，自主开展合作研究，自主完成研究报告并汇报。学生在学习情境、学习过程、学习结果等方面都是自主的，有利于激发学习热情，提升能力与素养培养的效果。

此外，学生选择的典型生态脆弱区案例研究作为活动任务，要满足整个单元学习的要求，由此需要结构完整、容量较大的内容。这个要求对学生来说是有一定难度的，尤其是当学生不熟悉这种活动任务要求时，这也是本案例中的难点之一。这一方面需要教师给予学生及时、必要的指导，在任务书中，这体现在案例区选择、资料来源与整理方式、研究报告要求等方面，为学生完成任务搭建了台阶。另一方面则需要由小组合作完成任务来降低难度，这样可以促进学生构建学习共同体，相互学习交流，同时也提升合作能力与团队精神。

【案例3】

"生态脆弱区的综合治理"学习活动流程与任务设计

活动流程	活动任务	设计意图
案例的搜集与分析	任务1 火眼金睛 发现所选生态脆弱区存在哪些突出问题？	理解生态脆弱区的概念，结合所选区域分析具体表现，提升区域认知思维
学生小组交流与分享	任务2 追根溯源 该生态脆弱区产生环境和发展问题的原因是什么？	基于所选案例区的分析，提升综合思维与区域认知的学科核心素养
教师协助总结与提升	任务3 出谋划策 该生态脆弱区如何通过综合治理实现区域发展？	深化对于因地制宜实现生态脆弱区环境综合治理的理解，并提升人地协调观素养
新情境的迁移与应用	任务4 归纳总结 生态脆弱区综合治理从而实现区域可持续发展的一般思路是什么？	归纳分析区域环境与发展问题的共性特征与一般思路，提升迁移应用能力

案例评析：单元学习活动设计的核心理念是"基于学生的学习需求，真正促进学生学习行为的发生"，能在生动真实的活动中引起学生的思维困惑，或是引发认知冲突，继而在学习共同体中讨论、探究，形成思维的碰撞，重在学习的过程而不是很快得出答案的学习结果。在本案例中，对生态脆弱区的认识，包括其表现、成因、措施等始终贯穿整个学习过程，而且不同小组所选择的不同位置和类型的生态脆弱区，其生态环境问题的产生原因和治理措施必然不同。在交流过程中，教师要引导学生思考和认识普遍存在的区域差异，从而提升对因地制宜选择区域发展措施的理解。

以学生为本的学习活动能激发学生的学习兴趣，点燃学生的求知欲望，促进学生思考，和学习共同体一起讨论和探究，积极主动地建构知识体系。教师通过一系列问题的引领，激发学生不断探究和求知，同时了解分析这一问题的思路与方法。学生通过小组合作、分享、交流，碰撞彼此的观点，最终形成正确的认识与观念。

三、注重学习评价的素养立意与过程指向

单元教学的主要优势之一是避免传统依托单一课时或单个知识点对整体知识体系与能力素养培养的割裂，从而更有利于培养学生学科核心素养。通常情况下，单元教学的内容更多、周期更长，学习目标的实现需要经过若干学习阶段与过程，体现出系统性、进阶性等特点。因此，基于素养立意的单元教学在评价时需要实现几个转变：从关注碎片化知识与技能的习得和标准化纸笔测试，转变到关注复杂、不确定性现实问题解决；从关注学生学习后的成果，转变到关注学生的学习过程与结果并重；从关注对知识的理解与应用，转变到关注学生综合运用知识和主动生成知识；从关注学生学什么，转变到关注学生如何学习和如何学会学习；从关注学生个体的自我学习，转变到关注学生能否进行团队合作和有效的沟通交流。在这样的大背景下，单元教学的评价尤其需要注重其素养立意与过程指向，即更关注学生在学习过程中的正确价值观、必备品格和关键能力的全面提升与发展。

【案例4】

"生态脆弱区的综合治理"学生活动表现性评价设计

针对学生在生态脆弱区单元学习前期案例区探究中，搜集与处理相关信息的表现开展评价。评价的主要目的是进一步提升学生搜集和处理信息的地理实践力。评价方式主要是学生自评与互评，具体评价指标如表5-1-1所示。

表 5-1-1 评价指标

评价等级	活动表现	分值
一级	没有搜集到信息，或只搜集到无效信息	0~1分
二级	能收集到具体的生态脆弱区的相关信息，但没有分析和提炼	2~3分
三级	能收集到与生态脆弱区相关的信息，有适当的分析和信息加工，但存在信息不足或加工信息不到位的问题	4~6分

续表

评价等级	活动表现	分值
四级	能收集到与生态脆弱区存在的问题及发展措施相关的案例信息（含地图信息），并能对所有针对案例区的信息进行加工提炼	7~8分
五级	能通过多种渠道收集到与生态脆弱区存在的问题及发展措施相关的信息（含数据、地图信息），并能针对多渠道信息进行分类归纳、整合案例之外的信息	9~10分

案例评析：这一评价案例重点关注学生搜集和处理信息的过程，也是地理学科核心素养中地理实践力的具体表现，很好地体现了单元教学的学习评价应注重素养立意和过程指向的基本意图。评价的等级从一级至五级逐级递增，不同等级的差异主要体现在所搜集信息的渠道来源的多样化程度、信息的类型（文字、数据、地图等）、处理信息的表现、对无效信息的处理等方面。最终根据学生在活动中的表现确定具体级别。

当学生使用该评价标准进行自评或互评时，也会注意到从一级到五级水平的递增，反思自己或本组在搜集信息时的表现，了解其他同学搜集与处理信息的表现，找到差距，让评价起到激励和提升的作用。

需要注意的是，定量的分值主要是为了激励，且便于与单元教学中其他教学环节的定量评价做总和，从而获得单元学习的总体评价结果。但该定量评价结果并不是单元教学的根本目的，若在实际教学过程中意义不大，甚至对学生的学习态度等起到反面作用，可以只采用定性评价的方式。

【案例5】

"生态脆弱区的综合治理"单元学习目标达成评价设计

针对"生态脆弱区的综合治理"单元教学学习目标中"提出生态脆弱区综合治理措施"的学生表现开展评价。评价的主要目的是加深学生对因地制宜促进生态脆弱区可持续发展的理解，进而提升区域认知、综合思维，以及人地协调观的学科核心素养。评价的方式则是以教师评价和学生互评相结合，具体评价指标如表5-1-2所示。

表5-1-2 评价指标

评价等级	学生表现	分值
一级	能依据资料说出解决问题的某一方面的具体措施，或只能说出课本上所给出的措施	1~2分
二级	能依据资料总结出2~3个不同方面的措施，或所说出的措施与该区域无关	3~5分
三级	能在案例资料的基础上全面总结出3个以上不同方面且针对该区域问题的解决措施，并能够补充案例之外的措施	6~8分
四级	能在案例资料的基础上总结出比较全面的针对该区域问题的措施，并能从"生物措施、工程措施、经济措施、社会措施"等角度概括	9~10分

案例评析： 生态脆弱区单元学习内容方面的最终目标是提出生态脆弱区环境与发展问题的综合治理措施。这体现了地理学科"经世致用"的基本价值取向与学科作用，也是学生学习的重难点，因此在评价时应予以突出强调。评价的等级从一级至四级逐级递增，等级越高说明越能结合区域基本特征与环境问题表现，综合、全面地提出因地制宜的解决措施，同时还能对措施进行分类和归纳，进一步提炼思维能力。

同样，这项评价的最终目的是引导和激励学生产生学习热情，从而深刻理解生态环境问题的综合治理措施，因此除了教师评价，也应鼓励学生进行自评或者互评。量化评分及其结果依然不是评价的要点，可以在实际教学时根据需要进行取舍。

 教学建议

区域的类型是多样的，区域发展的途径是多样的，单元教学的类型与途径也是多种多样的。"区域发展"模块的单元教学要根据课程标准的要求、学科逻辑、学生情况三个基础因素开展。

课程标准的要求为单元教学划定了底线，规定了学生学习之后所需达到的基本目标，这种目标既包括知识与技能的提升，更包括学科核心素养水平的进阶发展。学科逻辑则为单元教学展示了纲领，尤其是"区域发展"模块的学习内容特别突出地体现了地理学科的区域性与综合性的基本特点，也为该模块的单元教学提供了总体思维框架。学生情况则为单元教学提供了路径，基于学生情况去设计单元教学的具体实施途径，进而促进学生能力与素养的发展，这也突出了学生的主体性地位。从这三个方面出发开展的单元教学符合学科的本质，也有利于落实新课程改革的基本理念。

5-1 数字资源

5-2 如何实现区域认知核心素养的进阶发展？

 关键问题的基本内涵

区域性是地理学科的显著特征，认识区域是地理学的重要内容，从区域的角度进行研究是地理学的重要研究方法，区域认知是学生必备的地理学科核心素养之一。"区域发展"模块侧重区域发展领域的研究，立足于自然地理、人文地理基础，以区域发展的问题为核心，探究问题产生的原因、过程、结果和对策，寻求区域可持续发展，是区域认知素养培养的重要依托。

新版课程标准指出：区域认知指人们运用空间—区域的观点认识地理环境的思维方式和能力。人类生存的地理环境多种多样，将其划分成不同尺度、不同类型的区域加以认识，是人们认识地理环境复杂性的基本方法。"区域认知"素养有助于人们从区域的角度，分析和认识地理环境，以及它与人类活动的关系。

素养的培育不可能一蹴而就，而是一个逐步发展、螺旋进阶的过程。学习进阶是对学习者在一个较大时间跨度内学习和研究某一主题知识时，所遵循的连贯的、逐渐深入的思维路径的描述。"区域认知"与其他三个核心素养一样，都是学生通过地理课程学习逐步形成的，在不同的阶段表现出不同的水平。课程标准将"区域认知"素养水平划分为四级，见表5-2-1。

表5-2-1 "区域认知"素养水平划分

水平	区 域 认 知
水平一	能够根据提示，将简单、熟悉的地理事象置于特定区域中加以认识；能够认识和归纳区域特征
水平二	能够从区域的视角认识给定简单地理事象，收集整理区域重要的信息；能够简单解释区域开发利用方面决策的得失
水平三	能够结合给定的复杂地理事象，从空间—区域尺度、区域特征、区域联系等认识区域；能够为赞同或质疑某一区域决策提出相关论据
水平四	能够对现实中的区域地理问题，运用认识区域的方法和工具进行分析；能够较全面地评析某一区域决策的得失，提出较为可行的改进建议

依照地理核心素养的水平测评的两个维度，区域发展的学习情境由简单到复杂，区域认知水平的深广度由低到高，素养水平呈现进阶发展。

在选择性必修学习阶段，教材对学科核心素养的培养以水平1和水平2为基础，着眼点在水平3和水平4，以使高考科目选择地理学科的学生能够达到相应的地理学科核心素养水平。选择性必修2主题为区域发展，是高中阶段区域认知素养培养所依据的主要内容。教材按照课程标准中区域认知水平3和水平4的要求，通过设置复杂地理现象的区域表现或者现实区域地理问题，引导学生对区域决策或措施进行评价，并提出合理建议和意见。

学生经过初中区域地理的学习，已具备一定的区域认知能力，为进一步培养学生的地理学科核心素养，高中的学习应侧重引导学生展开对区域的深度学习，"通过结合具体区域案例，让学生理解基本原理以及分析区域问题的基本方法，再迁移到另一个区域，引导学生用所学的原理和方法，分析新区域的同类问题，在此过程中学生不仅可以深化对原理的理解和应用，而且避免将所学原理机械化，能够从区域差异出发，学会具体区域问题具体分析，不断提高区域认知素养。"[①]

 关键问题的解决途径与教学案例

为了在"区域发展"模块实现学生区域认知素养的进阶发展，第一，教师要研究课程标准要求，梳理初高中地理"区域发展"相关学习内容，明确学习进阶的起点和终点，并在此基础上整体把握、规划区域认知素养培养的进阶发展；第二，在案例分析过程中，创设真实的问题情境，设计递进式的思考问题与学习任务，在剖析案例、解决问题过程中，实现学生区域认知素养的进阶发展；第三，通过案例比较分析，不断深化概念，提炼思路，实现迁移应用，推进学生区域认知素养的进阶发展，使学生逐渐形成从区域的视角和方法，认识地理事物和现象的意识与习惯、思维品质与能力。

一、整体把握初高中地理"区域发展"学习内容，明确区域认知素养的进阶要求

（一）梳理初中和高中"区域发展"学习内容

要做到整体把握初高中地理"区域发展"的学习内容要求，实现学生区域认知素养的进阶发展，教师首先应该通观初中和高中地理课程标准中"区域认知"相关部分的内容要求（见表5-2-2），了解学生的知识与能力基础，并以此为基础，确定"区域发展"学习进阶的起点和终点。

---

① 人民教育出版社课程教材研究所地理课程教材研究开发中心. 普通高中教科书教师教学用书 地理 选择性必修2：区域发展[M]. 北京：人民教育出版社，2020.

表 5-2-2 "区域认知"相关部分的内容要求

学段	课程标准内容要求
世界地理（初中）	运用地形图和地形剖面图，归纳某地区地势及地形特点，解释地形与当地人类活动的关系。 运用图表说出某地区气候的特点以及气候对当地农业生产和生活的影响。 运用地形图说明某地区河流对城市分布的影响。 运用地图和其他资料，指出某地区对当地或世界经济发展影响较大的一种或几种自然资源，说出其分布、生产、出口等情况
中国地理（初中）	运用地图和其他资料说出某区域的产业结构与产业布局特点。 运用地图和其他资料归纳某区域人口、城市的分布特点。 举例说出河流在区域发展中的作用。 运用资料比较区域内的主要地理差异。 举例说出区际联系对区域经济发展的意义。 以某区域为例，说明我国西部开发的地理条件以及保护生态环境的重要性
地理2（高中）	2.2 结合实例，解释城镇和乡村内部的空间结构，说明合理利用城乡空间的意义。 2.4 运用资料，说明不同地区城镇化的过程和特点，以及城镇化的利弊。 2.5 结合实例，说明工业、农业和服务业的区位因素。 2.6 结合实例，说明运输方式和交通布局与区域发展的关系。 2.7 以国家某项重大发展战略为例，运用不同类型的专题地图，说明其地理背景
区域发展（高中）	2.2 结合实例，从地理环境整体性和区域关联的角度，比较不同区域发展的异同，说明因地制宜对于区域发展的重要意义。 2.3 以某大都市为例，从区域空间组织的视角出发，说明大都市辐射功能。 2.4 以某地区为例，分析地区产业结构变化过程及原因。 2.5 以某资源枯竭型城市为例，分析该类城市发展的方向。 2.6 以某生态脆弱区为例，说明该类地区存在的环境与发展问题，以及综合治理措施。 2.7 以某区域为例，说明产业转移和资源跨区域调配对区域发展的影响

通过梳理和比较可以发现，初中阶段，课程标准的内容要求多是结合实例，说明、归纳、解释单个地理要素与人类活动、区域发展的关系。对于区域的认知，重在概括特征，说明差异，对成因的探究较少、层次较浅。高中阶段，课程标准既注意初高中知识的衔接，也注意必修和选择性必修在内容上的分工和递进。在区域学习中设置了相对复杂的地理现象的区域表现，或者现实区域地理问题，在区域特征和差异分析的基础上，探讨区域内部自然与人文要素的相互影响的规律；评价区域发展的自然条件、社会经济条件，提出区域开发的方向，明确区域发展中的问题，提出整治和改造的措施与途径，谋求人地协调发展，实现区域的可持续发展。在区域问题的分析和解决过程中，学生不断提升区域认知能力、综合思维和地理实践力，并树立正确的人地协调观。

(二)"区域认知"素养的进阶培养

以下分别呈现一个初中的教学案例和一个高中的教学案例，来对比说明对学生"区域认知"素养的进阶培养。

【案例1】

"干旱的宝地——塔里木盆地"（初中）教学片段

教学目标：运用地图，归纳塔里木盆地的人口、城镇、交通线的分布特点。

讲授新课环节：

学生活动	教师活动
寻找沙漠中的公路,介绍防止流沙掩埋农田和交通线的方法。 问题设计: (1) 找出塔里木盆地的主要城镇,说出它们的分布特点。 (2) 讨论塔里木盆地的城镇、交通线分布与水源、绿洲分布的关系。 (3) 分布在沙漠边缘的城镇面临流动的沙丘掩埋农田、阻塞交通的风险,当地人是如何解决这个问题的? 生物固沙,草方格固沙。宁夏沙坡头段成功治沙经验——包兰铁路实例。 (4) 塔里木沙漠公路是目前世界上在流动沙漠中修建的最长的公路。为什么要在这么恶劣的环境中修沙漠公路?	读教材第80—81页的图文资料,概括城镇、交通线的分布特点及其原因,讨论治理流沙的措施

案例评析: 案例1是八年级下"干旱的宝地——塔里木盆地"一节的教学片段,在前面学习塔里木盆地的海陆位置和地形特征及其影响下的干旱气候的基础上,让学生阅读图文资料,理解塔里木盆地的人口、城镇和交通线的分布与地形、水源的关系。案例中的问题设计始终围绕人地关系这一主线,层层递进,引导学生观察、探究、思考人们的生产生活与自然环境的关系;问题(4)又为后面"油气资源开发"的学习做了铺垫,起到了承上启下的作用。

教学过程中教师有意识地引导学生从图文中获取信息,归纳区域要素的分布特征,初步探讨区域要素之间的关系、区域特征与人类活动的关系、区域问题的解决。与高中阶段相比,初中阶段对区域的认知重在概括特征、说明差异,对成因的探究较少、层次较浅。例如,在讨论如何解决流动沙丘掩埋农田、道路的问题时,教师通过图片和讲解,帮助学生了解沙生植物对环境的适应特征。教师介绍了如何扎草方格,也通过宁夏沙坡头包兰铁路畅通无阻几十年的实例,说明了草方格的固沙作用,但对于草方格为什么能固沙,没有做更深入的分析。教师主要是引导学生接触、体会认识区域特征和进行简单区域研究的基本方法和技能。

【案例2】

"生态脆弱区的综合治理"(高中)教学片段

学习目标: 运用资料,以北方农牧交错带为例,说明其存在的环境与发展问题及综合治理措施。

教学片段:

教师活动	学生活动
具体措施:构筑防护体系 ① 建设乔、灌、草结合的防风固沙体系。 播放视频:在浑善达克沙地南缘多伦县植树造林构筑绿色屏障,于2011年启动实施百万亩樟子松造林工程。 揭示造林遇到的问题:土地沙化严重的地区有大面积的流动沙丘,植树种草很难成活。 ② 工程措施先固沙,再植树。 提出思考问题:说明草方格沙障的作用。 ③ 新技术提高干旱缺水地区植被成活率。 播放视频:鄂尔多斯市利用滴灌技术种植固沙植物——柠条	感受浑善达克沙地造林工程利用生物措施治沙取得的生态效益。 初步感受治理措施要因地制宜。 从固沙、提高植被存活率等角度探究麦草方格的作用。 了解植树种草需要投入大量资金、技术,新技术的运用有利于提高植被恢复的速度

续表

教师活动	学生活动
活动意图说明：在教学中运用视频资源、案例、图文资料，引导学生分析理解综合治理的具体措施，渗透因地制宜、人地和谐可持续发展理念	

案例评析：案例2是高中选择性必修2"区域发展"第二章第二节"生态脆弱区的综合治理"教学片段。

对比案例1和案例2，在"区域地理"学习过程中，一是可以直接利用学生已有的地理知识基础，例如，治理流沙的有效措施是建草方格沙障。二是在学生初中所学知识的基础上进一步深化，例如，在讲浑善达克沙地用草方格沙障治理大面积的流动沙丘时，不仅仅停留在对现象的了解上，而是让学生从固沙和提高植被存活率的角度探究麦草方格的作用。三是结合实例，拓宽问题解决思路，例如，不是简单地讲植树造林，而是"建设乔、灌、草结合的防风固沙体系"，利用新技术提高干旱缺水地区植被成活率。相比初中来说，高中的学习情境更加真实、复杂，内容的深广度提高，区域认知素养水平呈现进阶提升。学生在高二"区域发展"的学习过程中，获取和解读地理信息、描述和阐释地理信息、论证和探讨地理问题的能力均有大幅度提升，核心素养发展的能力培养目标达到水平3和水平4。

二、依托递进式的设问与学习任务实现核心素养的进阶发展

新版课程标准明确指出：问题式教学是用"问题"整合相关学习内容的教学方式。问题式教学以"问题发现"和"问题解决"为要旨，在解决问题的教学过程中，教师应引导学生运用地理的思维方式，建立与"问题"相关的知识结构，并能够由表及里、层次清晰地分析问题，合理表达自己的观点。

教师创设问题情境，围绕问题解决设计不同层次的问题链，注重地理知识间的内在关联性，并将所学内容有逻辑地整合成可操作性的学习问题链，进而形成问题解决的问题线索，让学生的知识学习依问题线索，在问题解决中学习知识。这样可以激发学生的兴趣，形成驱动任务，引导学生从地理的视角探究、评价、尝试解决地理问题。

【案例3】

"地理区域的整体性和关联性"问题情境设计

案例资料	案例设问
青田县景观图、稻鱼景观图（略）	1. 从图中可以看到哪些区域要素？
浙江省青田县地处亚热带季风气候区，瓯江中下游，地形崎岖，以中低山丘陵为主，拥有1200多年稻田养鱼历史。2005年，青田县的稻鱼共生系统被联合国列入"全球重要农田文化遗产保护试点"	2. 稻鱼共生系统被列入"农田文化遗产"，与哪些区域要素有关？

续表

案例资料	案例设问
视频：青田县稻田养鱼生产情况介绍	3. 观看视频，思考：青田县的稻鱼共生系统各要素之间是如何关联的？请尝试画出要素关联图
青田县是典型的侨乡，随着城镇化的发展，务农人员锐减。例如核心保护区之一的龙现村有人口765人，却有650多人侨居世界50多个国家和地区。稻鱼共生系统面临延续的困难	4. 从区域差异角度分析：青田县务农人员锐减的原因是什么？
视频：青田县稻鱼共生系统保护、发展的介绍	5. 青田县与外界的哪些联系能够促进稻鱼共生系统的传承？（如何加强区域关联促进稻鱼共生系统的传承？）

案例评析： 案例3是"区域发展"第一章第二节"区域整体性和关联性"的教学实施片段。教学目标是：结合实例了解区域的组成要素，理解区域的整体性特点、区域的差异性与区域关联，说明因地制宜对区域发展的重要意义。

教师在概念讲解的同时，以青田县稻田养鱼案例贯穿整节的教学过程，不断地验证概念，加深学生对概念和要素关联等的理解。将"浙江青田县稻田养鱼为何持续至今"作为主要探究的问题，开展问题式教学。

问题的确定既考虑与实际情境相关联，也考虑学生的前认知，"稻田养鱼"的案例曾用于"地理2"的学习，涉及的内容包括地域文化与乡村景观、农业区位、可持续发展等。当学生再次接触这个案例时，教师对案例资料进行了补充完善，设计有逻辑的、递进式的问题链，用地理环境整体性的思路引导学生分析浙江青田县的自然环境及人类活动方式和特点，引导学生从区域文化价值角度入手，感悟、欣赏这个独特的地域文化景观，分析其中存在的文化现象和区域可持续发展应采取的对策。围绕问题，使教学内容的结构化与关联性更加突出。学生能够对现实中的区域地理问题，运用认识区域的方法和工具进行分析，从区域特征、区域联系等方面认识区域，较全面地评析区域可持续发展的措施。在问题的探究和解决过程中，学生区域认知、综合思维、地理实践力和人地协调观等素养水平得到了提升。

【案例4】

"景德镇还要不要走'世界瓷都'之路"教学问题设计

本节课是"区域发展"第二章最后的"问题探究"。在教学实施过程中，教师采用问题式教学的方式设计了以下几个递进的问题（任务）：

（1）根据资料，分析景德镇发展瓷业的有利条件。

（2）20世纪90年代景德镇瓷业衰退的主要原因。

（3）景德镇瓷业再发展会面临哪些挑战？

（4）讨论：景德镇还要不要走"世界瓷都"之路？

案例评析： 案例4作为完成第二章学习之后的"问题探究"，是在学生有了一定的学习基础上进行的。学生在前面刚学习过"资源枯竭型城市的转型发展"，本节的"问题探究"以景德镇这一典型、真实案例作为依托，教师采用问题式教学的方式设计递进式的问题,在教材资料的基础上,进一步提供基本的区域图文、视频资料,以支撑学生分析景德镇"因瓷而兴—土尽瓷衰—依瓷复兴"的发展历程,引导学生自我发现、自我探究,加深认识区域发展的关键是人类如何在利用自然环境的同时保护自然,实现区域发展与自然环境的可持续发展,认识区域及其发展的多样性,认识人地协调发展是区域可持续发展的必然选择,认识不同区域的发展路径差异。这样的教学,有利于学生巩固本章所学的区域发展的分析思路、方法与技能,提升区域认知、综合思维、人地协调等素养水平。

三、案例比较分析、迁移应用,推进区域认知素养进阶发展

(一)不良结构的真实案例剖析,促进区域认知素养进阶发展

学生之所以不能把课堂所学知识灵活地应用于具体的实际情境中,是因为课堂教学呈现给学生的问题都是单一的结构良好的问题。这类问题多是经过简化处理的结构性知识,定义明确,学生只要对已有信息充分理解,并采取特定的解决步骤,就可以获得相应的确切答案,学生接受教师对抽象概念和原理的讲解,将问题解决看作概念和原理的应用。

有价值的地理问题源于真实的情境。情境源于真实的现实生活,多是不良结构的。案例剖析和问题解决的过程,强调学生对知识与技能的迁移应用能力,需要学生调动全面学习的区域发展问题的探究思路和方法,进行迁移和应用,来解决不良结构的真实案例问题。

【案例5】

"生态脆弱区的综合治理" 案例剖析与问题设计

教 师 活 动	学 生 活 动
展示浑善达克沙地温带榆树稀树草原分布示意图。 【问题1】依据东西部自然环境的差异,说出当地政府恢复植被应采取的不同措施。 【问题2】植树造林是不是生态脆弱区生态建设的最佳措施? (2)以地养地,自然恢复 【问题3】探究:人工种植的乔-灌-草多层次、高密度的防风林为什么枯死,而自然恢复的榆树却长势较好? 【讲解】人工种植的乔木、灌木生长本身需水量大,由于蒸腾作用强,导致地下水位降低,乔木、灌木等最终因缺水而枯死。自然恢复的榆树更耐旱,适应当地严酷的自然环境因而能成活。 补充视频资料:自然的力量——榆树	学生思考,进一步理解治理措施要因地制宜。 学生自学教材第30页"人类和自然,谁来决定浑善达克沙地的命运"。
设计意图说明:制造认知冲突,激发学生深入思考,提高区域认知和综合思维能力。有助于学生理解在已经严重退化的土地、治理难度大的干旱、极端干旱区围栏禁牧,"以地养地,自然恢复"也是治沙的有效措施	

案例评析： 案例 5 中的问题 2 和问题 3 就属于结构不良的问题，也是有思维含量、有挑战性的问题。学生具备一定的地理常识，当遇到水土流失和荒漠化等生态环境问题的治理措施时，第一个想到的就是植树造林，它也是学生回答问题时使用的一个高频词。而真实世界中的问题是多变的、复杂的、结构不良的，它要求问题解决者不仅要拥有解决问题的基本知识，还要具备批判性思维能力、应变能力，理论结合实际，具体问题具体分析，而这些是很难在浅层的、解决良性结构问题的训练中得到培养和提高的，这也是学生在面对现实问题时无法实现知识迁移的主要原因。因而，在高二"区域发展"的教学中，若要促进学生深度学习的真实发生，教师要创设复杂的问题情境，因为复杂情境的问题往往是含有不良结构的问题，例如，案例 5 中的问题 2 和问题 3。问题的提出制造了认知冲突，激发学生深入思考，学生通过探究认识到，对于浑善达克沙地这一具体地区，前面学过的乔-灌-草的人工种植模式也要做出因地制宜的调整改变，理解在已经严重退化的土地、治理难度大的干旱、极端干旱区围栏禁牧，"以地养地，自然恢复"，也是治沙的有效措施。

可见，基于结构不良问题的教学设计，有利于培养学生高阶思维，培养学生解决真实、复杂问题的能力，使学生从一个被动的信息加工者变成一个主动的问题解决者，在提升学生的区域认知素养水平的同时，也提升了学生的地理实践力、综合思维素养，对人地协调观点的理解和认识也更加深入。

（二）比较分析、迁移应用，实现区域认知素养进阶发展

基于"区域发展"模块的内容要求，在实际的教学中多采用案例教学法。地理案例教学是一种为了实现特定的教学目标，教师指导学生对生动的、具有完整情节的地理案例进行剖析和研究的，以此获得对地理原理的深度理解，形成一定的地理思想方法，增进地理问题解决能力的教学方法。案例教学实际上是一种典型的范例教学，范例教学的范式是从具体到抽象再到具体的过程，符合学生的认知规律。在教学过程中会呈现给学生多个案例，以实现案例析理—提炼方法—迁移运用。教学过程中的重点也绝不是对案例本身的学习，而是透过案例提炼思路，获得方法，以及提升区域认知素养。

【案例 6】

"资源枯竭城市转型发展"案例教学

案例教学	典型案例 大庆	比较案例 阜新	迁移案例 焦作
教材资源	石化公司厂景	海州露天矿国家矿山公园	焦作地理位置示意图 煤炭开采一流的主要环境问题 云台山景观 铁棍山药 1999—2017 年焦作市生产总值
补充资料	转型发展文字资料	转型发展视频资料	图文、视频资料： 位置图 1 张、景观图 7 张、统计图表 6 张、视频 1 段、结构关联图 2 张

续表

案例教学	典型案例 大庆	比较案例 阜新	迁移案例 焦作
转型路径	延长产业链，提升原有资源的利用价值	开发新的自然资源，培育新的主导产业	推动工业多元化发展，大力发展旅游业，加快农业产业化步伐

案例评析：案例6是"区域发展"第二章的第三节"资源枯竭型城市的转型发展"。基于课程标准的要求"以某资源枯竭型城市为例，分析资源枯竭型城市发展的方向"，采用案例教学。教师选用了教材中的大庆、阜新和焦作三个"因煤而兴"的城市转型发展的案例，它们在教学的过程中分别发挥着不同的作用。

以大庆案例为典型案例，在真实案例中说明资源型城市的生命周期发展位置，并归纳转型发展的路径。

以阜新案例为比较案例，在给定的案例中，说明资源枯竭型城市的关键特征，并与大庆的转型发展路径进行比较，明确资源枯竭型城市转型升级应因地制宜。

在两个案例分析的基础上引导学生梳理、提炼出资源枯竭型城市转型发展思路框架（图5-2-1）。

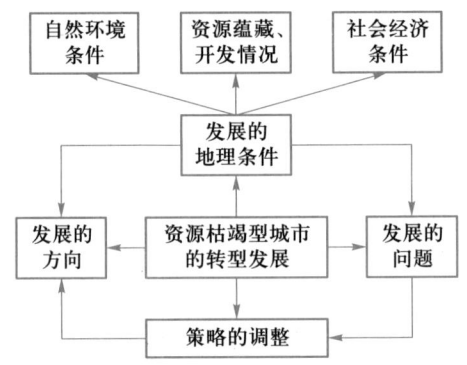

图 5-2-1 资源枯竭型城市转型发展思路框架

焦作案例作为迁移案例，教材呈现的资料和教师补充的资料非常充分、翔实，为学生迁移运用所掌握的分析思路和方法分析真实案例提供了很好的支撑。

三个案例前后呼应，始终围绕资源枯竭型城市可持续发展的主题有序展开，辩证地分析自然条件、自然资源与区域发展的关系，实践从区域的角度分析和认识地理环境及其与人类活动的关系，学以致用，培养学生区域认知、人地协调观等素养。

教学建议

"区域发展"是全面落实地理学科核心素养的重要依托，不仅仅是区域认知核心素养，在真实案例分析的过程中，综合思维、地理实践力和人地协调观素养也都得到提升。对区域认知素养的提升，教师应关注学生的前认知，整体把握章节内、章节间、学段间的学习进阶，以学生的认知水平和知识基础为起点设计教学。

"区域发展"模块的教学多采用问题式教学和案例教学的形式,教师在选取问题情境和案例时,要注意贴近学生知识水平、生活实际和社会背景,使学生理解情境中蕴含着问题,给学生提供探究的空间;要体现关联性,让学生在一个贯穿全过程的情境中经历地理思维发展的过程;要注重课程标准和地理教科书内容联系,便于学生找到基本的依据和资源,要围绕问题设计不同层次的问题链条,注重地理知识间的内在关联性,并将教学内容有逻辑地整合成可操作的学习链条。通过案例比较分析,不断深化概念,提炼思路,实现迁移应用,推进核心素养进阶发展,使学生形成以区域的视角和方法认识地理事物和现象的意识与习惯、思维品质与能力。

5-2 数字资源

5-3 如何通过案例建构"区域发展"的学科大概念？

 关键问题的基本内涵

大概念（big ideas）也被称为大观念、核心观念、核心概念等。大概念是一个相对概念，通常依据所适用的范围不同，有跨学科大概念、学科大概念、课程大概念、单元大概念、课时大概念之分。在学科教学中，以学科大概念来统摄和组织教学内容，将更为充分地揭示知识间的纵横关系。知识间的横向联系揭示了不同知识的形成过程的共同之处，使得先前所学的知识对后继所学的知识起到承前启后的作用，有利于培养学生利用已有知识解决问题，进而生成新知识的能力；对具体的事实、概念进行抽象概括、一般化等思维加工活动，形成知识之间纵向向上的联系，能够从中获得更有普遍意义的大概念，实现知识的拓展和知识结构的改造；将抽象概括获得的大概念用来指导或运用于解决具体问题，形成知识之间纵向向下的联系，也是促进学生将知识转化为能力的重要途径。大概念具有系统化统摄知识与思维的作用，也有利于促进学生在结构化的知识系统中提升学科思维品质及分析处理复杂问题的素养水平，因此更适合采用由若干课时整合而成的单元教学的方式进行教学。

地理学科大概念是指在地理学科之内，跨越了不同内容领域，并模糊了不同内容领域边界的数量很少的学科顶层概念。它们是经过检验且位于地理学科中心位置的概念性知识，对广泛的具体地理事物和现象具有解释力，具有很高的抽象与概括程度，是组织整合本学科许多一般概念、原理和理论的少数关键概念。地理学科大概念是能解释学科本质、整合学科知识、构成学科课程内容的骨架，更是分析地理问题的思想方法。用地理学科大概念可以整合大量地理事实性材料或众多具体地理概念、规律与原理，能很好地帮助学生构建系统的地理认知结构，形成良好的地理思维，提升学生对具体知识的理解力，以及面对新情境时知识的迁移应用能力、分析解决能力。

选择性必修 2 的模块名称"区域发展"本身就是一个地理学科重要的学科大概念。在现实区域的分析中，这种区域发展又可以分为单一区域的发展与多个区域的协调两种类型，由此可以从两个方向细化该学科大概念，即生成"区域与区域发展"和"区域关联与协同发展"两个次一级学科大概念。从内容上，该模块包含区域的概念和类型、区域发展、区域协调三部分内容，其中第二、三部分也与上述两个方向相对应，而第一部分则是后两部分的认识基础。下面主要从这两个方向，结合具体教学案例对本教学关键问题进行阐述。

 关键问题的解决途径与教学案例

学科大概念可以表达为高度概括的名词、词组，或者陈述句。通常认为，越是使用更为明确具体的陈述句，越有利于解释概念之间的本质联系，提升学生的理解力和迁移力。因此，本教学关键问题中的大概念更强调是用以揭示关系并用陈述句表达的具有统摄性的观点。根据前述分析，选择性必修2"区域发展"模块可以从"区域与区域发展"和"区域关联与协同发展"两个学科大概念出发，用陈述句表达的方式细化大概念内容，由此构建这两个学科大概念统摄下的单元教学设计思路。

一、基于"区域与区域发展"学科大概念的教学设计

从与课程标准的对应来看，"区域与区域发展"大概念所对应的课程标准主要是区域的概念和类型、区域发展两部分，即选择性必修2的2.1至2.6条。其中2.1和2.2条是认识区域发展问题的基础，2.3至2.6条分别针对某大都市、某产业结构发生变化的地区、某资源枯竭区、某生态脆弱区四类不同的典型区域的区域发展。

基于该学科大概念构架单元教学，其整体的教学设计一般思路遵循图5-3-1所示的框架展开。

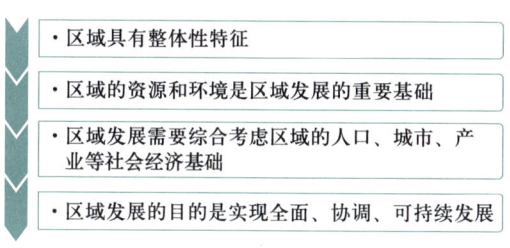

图5-3-1 基于"区域与区域发展"学科大概念的教学设计一般思路

图5-3-1中的四个陈述句的观点实际上也是"区域与区域发展"大概念下的次一级概念或观念，将其表述为陈述句更有利于明确概念的含义，解释概念之间的关系。四个概念之间大致为递进关系：从区域整体性特征出发，进而基于区域发展的资源和环境与社会经济基础，探寻因地制宜实现区域可持续发展的途径，由此构成了对"区域与区域发展"这一大概念认识的层层深入。将该框架对应某种典型区域的单元教学，就形成基于这一大概念的学习与认识思路。下面以生态脆弱区的综合治理这一主题为例，介绍如何基于"区域发展"学科大概念进行教学设计。

【案例1】

"生态脆弱区的综合治理"单元教学思路分解

子主题一：生态脆弱区具有多样的表现和成因

通过搜集真实案例，结合生态脆弱区的定义，概括生态脆弱区的共性特征，根据资料指出我国生态脆弱区的类型与总体分布特征，并认识到生态脆弱区的形成是多种自然和人为因素共同作用的结果，具有多样的生态环境问题和表现。

子主题二：生态脆弱区具有较为突出的人地矛盾

运用区域认知与综合思维的思维方法，通过小组合作学习等方式，对具体案例中生态脆弱区问题产生的原因和表现进行分析，明确其独特的地域性特点，找出其中的人地矛盾，以及由此产生的危害。

子主题三：通过综合治理措施实现生态脆弱区的协调发展

结合具体生态脆弱区的区域案例，根据其环境问题与人地矛盾的产生原因，提出该地区因地制宜改善环境和促进区域发展的综合治理措施。

案例评析：以上案例中的三个子主题实际上是以生态脆弱区作为典型区域，按照前述"区域与区域发展"学科大概念的一般思路，对整个单元教学进行了分解细化。三个子主题之间既构成了对一个生态脆弱区整体分析的逻辑思路，从而支撑整个基于学科大概念的单元教学，又各自独立成为一个小型单元。一个子主题可以根据学习内容对应一节或多节课时，而且这种单元学习的教学思路有可能需要教师打破教材现有顺序，重新对教学内容进行梳理和整合，最终目的是落实学科大概念，强化学生对学科的深入理解，提升核心素养。

【案例2】

"区域与区域差异"单元案例探究作业

在完成"区域与区域差异"的单元学习后，向学生布置一份案例探究作业，内容与基本要求如下。

任务要求：利用国家统计局官网（data.stats.gov.cn）上的"数据查询—地区数据—分省年度数据"中任意年份的任意一项数据，自己制作一份针对该内容的省级行政区区域划分方案，并撰写报告，说明划分的依据、结果与意义。

说明：也可以利用其他正规来源的分区域统计数据。

可以采用以下评价方式。

（1）学生互评：学生提交纸版报告后在班内展出，大家相互交流、学习，并从科学性、实用性、趣味性的角度对其他同学的作业进行互评。

（2）教师评价：在学生互评结果基础上，教师选取部分优秀作业进行表扬鼓励。

案例评析：这项案例探究作业是在完成"区域与区域差异"的单元学习后给学生布置的。其目的在于使学生更加理解区域的基本特点与区域差异的普遍存在，学以致用，夯实对"区域与区域发展"这一学科大概念的认识，并增强区域认知的学科核心素养。另外，通过查找、挖掘、分析数据资料，学生也可以增强地理实践力的学科核心素养。

对这项开放性作业的评价，也是单元教学评价的一部分，通过学生互评与教师评价，在"科学性、实用性、趣味性"的标准下，选出其中的优秀作业，据此进一步巩固学生对该单元学习内容的掌握，即理解区域的概念与类型，以及区域划分的方式与结果对于区域发展的意义。它充分调动了学生的学习主动性，使学生在与同学和教师分享其探究成果的过程中获得成就感，从而激发进一步学习的热情和意愿。

二、基于"区域关联与协同发展"学科大概念的教学设计

"区域关联与协同发展"是本模块第二个重要的学科大概念，与"区域和区域发展"强调单一典型区域的思路不同，"区域关联与协同发展"更强调多个区域，尤其是

相互之间具有差异的区域的整体协同发展。其所针对的课程标准内容要求是 2.1 和 2.2 条，以及 2.7 至 2.9 条。同样，2.1 和 2.2 条内容要求是认识区域协调发展的基础，而 2.7 至 2.9 条内容要求则分别针对产业转移、河流流域、"一带一路"这三类涉及两个或多个区域的协同发展问题。

基于该学科大概念构架单元教学，其整体的教学设计一般思路遵循图 5-3-2 所示的框架展开。

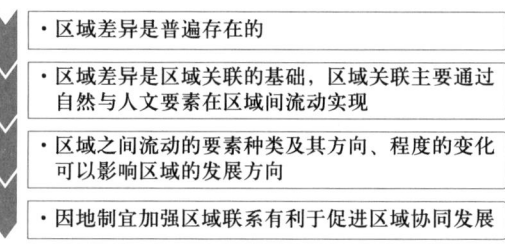

图 5-3-2　基于"区域关联与协同发展"学科大概念的教学设计一般思路

图 5-3-2 中的四个陈述句是"区域关联与协同发展"这一大概念之下的次一级概念或观念。四个概念之间呈现出思维认识的递进关系：首先，承认区域差异是普遍存在的，这既是地理学科区域性特点的体现，又是因地制宜进行区域发展的现实基础。其次，由于客观存在的区域差异产生了区域之间要素的流动，而这种流动的特点会影响区域发展的方向与程度，因此需要因地制宜地强化区域之间的联系，从而促进各区域协同发展。下面以"河流流域开发与保护"这一单元教学主题为例，阐释如何通过进一步分解教学目标来构建整体教学思路。

【案例 3】

"河流流域开发与保护"单元教学思路分解

子主题一：不同河段的河流流域具有明显的区域差异

以某具体河流的全流域为案例，结合相关资料，说出河流上、下游等不同河段在自然与人文地理要素方面的基本特征，理解通过水资源等要素的流动联系整个流域的含义，进而比较不同河段的区域差异。

子主题二：不同河段的河流流域存在资源开发与环境保护的冲突矛盾

以某具体河流流域为例，分析不同河段在开发利用水资源等自然资源方面的冲突和保护生态环境方面的矛盾，通过小组合作学习等方式，探讨这些冲突矛盾产生的原因，加深对全流域不同河段人地关系的理解。

子主题三：河流流域应因地制宜统筹资源开发与环境保护

根据河流流域内不同河段资源开发与环境保护所产生矛盾冲突的原因，进一步探讨解决措施，并提出流域内实现不同河段之间协同发展，全流域可持续发展的具体措施。

案例评析：以上案例中的子主题就是以某河流流域为例，基于"区域关联与协同发展"的学科大概念的一般思路，对教学单元进行的分解细化。同样，三个子主题之间存在极强的内在联系，并形成对河流流域开发与保护这一主题的整体学习逻辑，而且三个子主题各自也相对独立构成一个小型单元。

【案例4】

"区域地理环境和人类活动"单元教学思路分解

认识区域（第1课时）：

教学环节	教师活动	学生活动	达成目标
环节1	展示研学活动四地图片	看图，小组合作交流	引导说出区域的含义、类型、特征
环节2	出示：敦煌和西安相关专题地图等	产生认知冲突，激发探究欲望	认识区域差异
环节3	课堂小结，诊断练习	学习回顾，限时训练	明确学习目标和重点；查漏释疑，攻克难点

认识区域（第2、3课时）：

教学环节	教师活动	学生活动	达成目标
环节1	播放视频，出示"一带一路"路线图	观看视频，空间定位	将传统文化和研学实践渗透在地理教学中，体现地理的文化性、实践性、趣味性
环节2	学案活动1：空间差异——敦煌和西安现在的环境特征	分组合作研究：结合古诗词，说出敦煌、西安环境特征，提炼区域环境特征描述方法	从空间角度，分析区域差异，提炼方法
环节3	学案活动2：时间差异——西安的"前世今生"	小组合作研究：西安在不同时期的自然环境对其人类活动的影响	从时间角度，体味区域发展变化性、时代性
环节4	区域协调发展	运用所学，为区域发展献计献策	因地制宜原则，区域联系的重要性

区域联系（第4课时）：

教学环节	教师活动	学生活动	达成目标
环节1	新闻大放送：敦煌、西安招商引资	观看，思考：两地发展方向不同原因	增强冲突，激发探究欲
环节2	学案资料1：两地基本概况	小组合作探究1：分析两地发展优势、存在问题	学会获取和解读信息
环节3	学案资源2：两地开展的合作项目	小组合作探究2：分析合作对两地产生的影响	联系实际，加强调动和运用能力，论证和探究能力培养
环节4	课堂和单元小结，检测	建构知识构架图，训练	辩证思想、动态发展变化思维

案例评析：该教学案例是学生在研学实地走访和考查了西安和敦煌两地后，基于两地区域特征和差异比较，探讨两地开展区际联系与区域合作的途径的单元教学案例。

教学的总体思路是"认识区域—区域差异—区际联系",区域在时间与空间上的差异是隐含于整个教学过程中的一条主线,整个单元内容预计用 4 课时完成。

第一部分是通过回顾学生研学考查内容来引入西安与敦煌两地的学习情境,分析两地的区域差异:即便两地都处在西北地区,区域差异也是普遍存在的,这也与区域尺度相关联。第二部分是学习的重点,通过比较西安与敦煌的主要区域特征在空间、时间上差异,认识到区域联系对区域发展的重要意义。第三部分则通过分析两地之间、两地对外具体的区域联系方式与过程,深入理解因地制宜加强区域联系有利于促进区域协调发展。总体来看,单元教学的各环节衔接紧密,充分体现了"区域关联与协同发展"这一学科大概念的基本思路。

 教学建议

基于大概念的单元教学设计通常被认为是一种"自上而下"的教学设计思路。此处的"上"是指从地理学科整体特征和思维方法出发构建的学科大概念,它是基于大概念的单元教学设计的总体统领,既明确了单元教学设计的逻辑展开路径,又突出了单元教学设计的逻辑起点。此外,学生对该学科大概念的深入理解,并由此提升学科核心素养,也成为单元教学设计的目的所在。

但是,基于学科大概念的教学设计只是单元教学设计的思路之一,在实际操作中也存在一定的不足。比如,基于学科大概念的教学设计需要教师对相应的大概念有深刻、准确的理解,尤其是对学科思想方法的理解。这种深刻、准确的理解需要教师在学科领域具有较为长期且深入的积累。而通常情况下,不同教师对同一概念的理解都会存在一定差异,加之任何他人通过语言、文字等形式表达出来的对学科大概念的理解都可能在传播和解读时产生误差,从而造成对学科大概念的理解差异,进而影响教学设计,这也是基于学科大概念开展教学的主要难点所在。

当然,这并不代表基于学科大概念的教学设计是尝试追求教学模式的完全统一。相反,它更追求在学科大概念的统摄下,通过差异化的情境构建、教学方法、学习途径等实现培养学科核心素养的共同目标。从这个角度来说,基于学科大概念的教学设计也需要从不同的途径,实现教师与学生对学科大概念深入理解上的共同学习与进步。

5-3 数字资源

5-4 如何理解人地协调是区域可持续发展的必然选择？

关键问题的基本内涵

地理学是研究地理环境以及人类活动与地理环境关系的科学。这一学科属性决定了人地协调观对地理学科的重要性。地理学科核心素养中人地协调观是地理课程内容蕴含的最为核心的价值观，它包含正确的人口观、资源观、环境观和发展观等。区域认知既是地理核心素养，也是学科的基本思想和方法。区域可持续发展是在区域认知的基础上，综合分析区域发展方向。随着社会的进步，人们认识到，走可持续发展之路是人类的必然选择。区域可持续发展对高中地理课程的影响逐步加深。

区域可持续发展是一种以保护区域自然生态环境和资源持续利用与改善为基础，以激励区域经济增长和配置可持续发展能力为主导，以改善区域内部人口生产生活促进人的全面发展为目标的发展模式。人地关系地域系统是区域可持续发展的理论基础，人地关系和谐是可持续发展的途径。人口、资源、环境与经济协调发展是科学发展观的必然要求。充分发挥地区优势，加强区域联系，协调人地关系，是实现区域可持续发展的重要保证。

人地关系是现代地理学研究的重要课题，也是地理教育探讨的中心问题。人地关系系统中"人的管理调控"直接影响着可持续发展的实现。人与自然之间是一种对立统一的辩证关系。近年来，人和自然之间的对立和矛盾的激化程度，迫切要求人们更加重视人和自然的协调发展。人地协调发展的思想已经深入人心，我国也将人地协调发展摆在非常重要的位置上。只有实现人地协调发展，才能促进经济社会的可持续发展。

高中地理课程标准要求高中地理教学要从学生的全面发展和终身学习出发，增强社会责任感，强化人口、资源、环境、社会相互协调的可持续发展观念。"区域发展"模块要求从区域角度认识人地关系和可持续发展问题。本模块内容是以区域可持续发展为主干，关注不同区域背景下，区域创新发展和转型发展的原因、过程和方向，以认识区域地理条件、区域特征和发展方向为线索组织教学内容，通过典型的或身边的案例，让学生了解区域及其发展的多样性，以及人地协调是区域可持续发展的必然选择。

在课程标准的内容要求中，"2.5 以某资源枯竭型城市为例，分析该类城市发展的方向"是从自然资源利用的角度，认识依赖自然资源发展起来的资源型城市的区域特征及发展路径；通过了解资源型城市的发展周期，理解资源枯竭型城市转型发展的意义；因地制宜地提出具体资源枯竭型城市的发展路径，树立因地制宜、人地和谐区域协调发展观；明确自然环境是区域发展的基础，人类发展对自然环境影响具有主观能动性，最终应谋求区域的可持续发展。"2.7 以某区域为例，说明产业转移和资源跨区域调配对区域发展的影响"从区域联系的角度，对区域发展进行讲述，分析发展的方向；强调区域之间的要素流动空间联系互动，对区域发展的作用，重点在于区域经济联系，主要包括自然资源、产业等人类活动。区际联系不仅能促进区域间的资源优化配置、要素优势互补、产业分工合作结构调整等，而且影响着区域生态环境的改善与保护，从而形成以生态持续发展为基础、经济持续发展为条件、社会持续发展为目标的区域内可持续发展和区域间的协调发展。两部分内容都是以培养学生的区域认知、综合思维和人地和谐的区域协调发展观为目标，贯穿其中的主线是正确认识人与自然的关系，处理好人地关系，促进区域可持续发展，主要强调的是实现区域内可持续发展。

由此可见，本部分教学的关键问题是深化对人地协调是区域可持续发展的必然选择的认识。

 关键问题的解决途径与教学案例

区域发展是地理学关注的主题。区域的可持续发展是地理学的学科价值追求。随着学科的发展和时代的要求，区域地理不再着眼于面面俱到的地方志式的记述，转而重点关注区域发展，尤其是区域可持续发展。人地协调本质是妥善解决社会总需求与环境承载力之间的矛盾，就是谋求人与地的、人与自然的高度和谐与统一，从而与自然环境和谐相处，是区域可持续发展的必然选择。如何深化这一认识？教学过程应以区域为单位，结合区域的地理环境特征，在人地和谐的理念下，探讨相应的可持续发展的策略。教师要引导学生辩证地看待自然环境与区域发展的关系，学习将人类与地理环境协调发展的基本原理应用于实践，从而更有针对性地研究相应的可持续发展策略，强化资源观、环境观、发展观和人地协调观。

一、借助真实案例创设情境开展教学

近年来，中学地理课程都是以案例的方式，深入剖析不同的区域发展专题。人地协调和区域可持续发展，关注的是现实区域的情况，一方面，由于"区域"类型不同，区域特征和可持续发展存在差异，教师一般选择较为典型的、贴近学生生活或能体现我国区域可持续发展成就的案例。另一方面，由于不同主题的区域可持续发展过程具有自身的特点和分析方法，教师选择生动形象的案例或资料为支撑，设置复杂的地理现象的区域表现或现实区域地理问题，引导学生学会综合分析区域特征和探讨区域可持续发展问题的一般方法，对区域应对决策进行评价，提出合理意见或建议。

（一）典型的案例

【案例1】

"景德镇瓷都发展"教学过程设计

步骤1：视频导入，激发学习兴趣

教师播放视频《江西景德镇游学》，使学生了解景德镇曾经的辉煌和近些年的衰落,以及景德镇旅游的见闻和旅游活动的发展,明确资源枯竭型城市的转变过程,并引出典型案例——焦作市。

设计意图:通过视频短片导入新课,激发学习兴趣,使学生明确本节课的学习内容。

步骤2:温习回顾,梳理分析思路

教师展示焦作市的相关图片和资料,引导学生回顾工业区位知识,了解焦作市发展区位优势、产生的问题及原因,寻找可持续发展的方法及分析思路。

设计意图:展示图文资料,运用工业区位分析方法分析焦作市"兴—衰—复兴"的过程,使学生深入了解区域特征及区域可持续发展的策略,并在此基础上,形成资源枯竭型城市可持续发展过程的思维链,从而提高学生综合分析问题的能力,同时也为下一环节做铺垫,起到承前启后的作用。

步骤3:迁移拓展,实现知识应用

教师引导学生依据总结归纳出的规律,结合学案中的图文资料,解答问题;通过对景德镇矿产资源结构、开发条件及地理区位和环境概况的分析,深入了解区域特征。从而提高学生分析问题的能力,促进学生地理思维的培养,同时也为下一环节找出区域问题、分析原因做铺垫。

环节一:教师通过课件分别展示景德镇的资源分布状况、位置、交通和历史等资料,引导学生分析评价景德镇发展中资源开发条件及主要发展的产业及特点。

设计意图:教师引导学生运用区位分析方法,依据归纳出的资源型区域可持续发展的一般规律,分析学案中的图文资料,通过对景德镇矿产资源结构、开发条件及地理区位和环境概况的分析,正确评价本区域资源开发条件。从而提高学生分析问题的能力,同时也为下一环节找出区域问题、分析原因做铺垫。

环节二:教师通过资料展示,引导学生运用资源型城市可持续发展的一般规律,分析相关资料,了解景德镇资源开发现状及区域可持续发展的主要矛盾,如矿产资源后备不足、环境问题突出、资源环境承载力低等。

设计意图:教师引导学生通过自主探究合作学习的方法,分析区域问题,明确景德镇的兴衰和矿产利用开发的关系,分析总结出产生问题的原因。从而培养学生综合分析能力,建立人地协调观。

环节三:问题探究——景德镇还要不要走"世界瓷都"之路

教师结合学生社会实践活动创设情境,引导学生依据可持续发展的相应模式,有针对性地提出景德镇可持续发展的实施策略及方法,主要强调在本地区如何合理地开发矿产资源,综合利用资源,探究景德镇产业转型的道路,为景德镇的可持续发展献计献策,并通过景德镇可持续发展的过程予以印证。

设计意图:教师引导学生运用分析、综合对比方法,在角色体验活动中认识景德镇矿产资源开发促进区域的可持续发展的过程和方法,达到知识迁移的目的。从而使学生学会学习,掌握分析相同或相似类型问题的基本方法,体会学习的过程。

步骤4:总结提升,提炼思路途径

教师引导学生将资源枯竭型城市可持续发展模式补充完整,提炼分析区域可持续发展的一般思路。

设计意图：引导学生从人地协调的角度，论证和探讨区域可持续发展的路径。

案例评析： 区域可持续发展问题的分析与探究离不开区域认知的基本方法。本课将典型案例与研学活动相结合，运用区域分析方法，按照"案例引入—归纳概述—案例分析—拓展应用"的思路，归纳不同模式的资源枯竭型城市的可持续发展案例的异同点，引导学生在资料分析与对比过程中，归纳区域发展的优势和问题，形成分析区域可持续发展的思维方法。课堂教学中，教师既关注学生学习体验的过程，又注重知识的建构以及思想方法的渗透，使课堂既活跃又不流于形式。

（二）学生身边的实际案例

以认识区域地理条件、区域特征和发展方向为线索组织教学内容。教学设计从具体情境出发，选择学生身边的案例，将理论与实际紧密联系，使学生了解区域及其发展的多样性，以及人地协调是区域可持续发展的必然选择。

【案例2】

产业转移——以首钢为例

（一）教学目标和内容要求

1. 运用资料，结合实例，分析产业转移的原因。

2. 结合实例，说明产业转移对产业转出区和承接区的经济、环境、社会影响，辩证认识产业转移对区域发展的影响，提升人地协调观。

（二）教学片段

教学环节	教师活动	学生活动	设计意图
环节一：创设情境	【展示】2020年2月，人民网发表《43个重点平台精准承接京津产业转移》文章，报道首钢京唐二期、北汽福田等一批制造业疏解项目落户河北省，中国电科涞水产业园、金隅·曹妃甸协同发展示范产业园等项目加速实施……	观看资料，了解案例	激发学生的探究欲望
……	……	……	……
环节四：剖析案例明确产业转移的原因	【展示】教材活动"以首钢为例，说明产业转移的原因"及"首钢搬迁示意图" 【提问】（1）首钢迁出北京的原因是什么？（2）北京容易发生雾霾天气，这一现象从自然原因分析是哪类天气活动造成的？人为原因主要有哪些？（3）曹妃甸位于塘沽新港和秦皇岛港之间，在曹妃甸建设一个具有国际先进水平的钢铁厂作为首钢搬迁的载体具有哪些区位优势？	阅读资料，思考后讨论，结合首钢实例，通过合作探究、案例分析，了解产业转移的概念，理解影响产业转移的因素	呼应导入环节中的问题情境，以环环相扣的问题链引导学生思考，深化学生对区域差异和区域联系的认识
环节五：拓展延伸，思考产业转移对区域的影响	【承转】首钢搬迁后，9平方千米的首钢原址可以用来做什么？ 曹妃甸承接产业转移后有什么变化，影响哪些方面的发展？ 【调查实践】感兴趣的同学可以参观首钢旧址，感受首钢发展方向，为首钢未来的发展提出建议	通过查阅资料、实地考察等方式，结合首钢片区的发展历程，分析归纳产业转移对区域发展的影响	提升学生的行动意识和实践能力，通过案例使学生将产业转移与区域特点相结合，认识到产业转移对区域发展的影响，观察和感悟地理环境及其与人类活动的关系，树立人地协调观

案例评析： 首都钢铁厂搬迁至河北曹妃甸是一个典型的产业转移案例，此问题情境源于真实生活，是一个结构不良的问题，学生需要对情境进行深入剖析才能解决问题。同时，首钢搬迁至曹妃甸的乡土地理案例可以与课程标准中所涉及的内容有机地联系起来，不仅能激发学生的探究欲望，而且能培养学生运用可持续发展理论分析和解决实际问题的意识，进一步掌握从个别到一般、从理论到实践的思维方法，不断提升地理学科核心素养。教师要注意树立学生的主体地位，给学生提供区域的基本数据来源，让学生了解这些数据对分析社会经济和人地协调问题的支撑作用，以及探究区域部分与整体区域动态变化的地理问题，认识到产业转移对区域发展的重要性，感悟人地关系。

二、设计深度学习实现知识与经验相互转化

在教学实施过程中，教师扮演着引导者的角色，给学生的自主学习和合作探究预留充足的时间，有效促进学生的深度学习。通过任务驱动、小组合作活动探究等方式，引导学生主动参与、独立思考、合作探究，发展学生获取新知识、收集和整理信息、发现问题、用已有知识解决问题、交流与合作的地理实践力，建立人地协调发展的观念。

【案例3】

"京津冀地区产业转移"教学设计

环节一：统计引入，激发兴趣	
教师活动1 呈现家庭成员职业和收入情况统计案例，请学生阅读统计图表，说出各自观点 展示课前本班关于家庭职业和收入情况的调查数据，与学生一同寻找异同	学生活动1 学生观察职业和收入情况统计案例，并发表观点。 学生观看统计图表，并发表观点，其他同学补充
活动意图说明：通过调查结果，展示家庭成员的职业和收入情况，引出产业概念和分类，说明家庭收入构成与产业结构的关系，并引出产业结构的概念。培养学生从图文资料中获取信息、解读信息的能力和地理实践力	

环节二：北京的"昨日"与"今天"	
教师活动2 展示北京市40年产业结构变化示意图，请学生独立完成学案的活动一，并提问： （1）随社会经济发展，北京市产业结构有何变化特点？该特点说明了什么现象？ （2）产业结构变化与经济发展水平之间有什么关系？	学生活动2 学生通过观察分析统计图，独立完成学案活动一中的问题，并回答教师提出的问题，其他同学补充完善
活动意图说明：通过分析北京市40年产业结构的变化，归纳其变化特点，分析产业结构所呈现的经济发展状况，理解产业升级概念，为产业转移奠定基础	

环节三：探究"京津冀"协同发展的秘诀	
教师活动3 2016年"京津冀"协同发展，给三地带来了机遇。请学生以小组合作的形式完成学案案例探究，并思考： （1）依据资料，说出北京市向河北省转移的工业部门类型。 （2）说明北京市的企业迁往河北省的原因	学生活动3 学生通过小组合作完成学案案例的探究，并进行汇报展示。其他小组聆听并发表不同观点
活动意图说明：通过"京津冀"协同发展案例，小组合作探究产业转移的主体部门及原因，培养学生分析问题的综合思维和地理实践力	
环节四：我为"京津冀产业转移"代言	
教师活动4 从居民和政府两个角度考虑，北京和河北之间的产业转移带来的影响（利与弊） **居民组** A组：北京居民是否支持企业迁出北京，试说明理由。 B组：沧州居民是否支持承接产业转移，试说明理由。 注意：其他组可提出不同意见。 **政府组** A组：从北京政府部门的角度，说明产业转移带来的影响及应做的工作。 B组：从沧州政府部门的角度，说明承接产业转移带来的影响及应做的工作。 注意：其他组可提出不同意见。 教师总结：在神州大地上，像"京津冀"这样的地区还有很多。未来中国的发展一定是在区域间合作之上的发展。而产业转移又是联系两个区域的纽带，区域间优势互补，互利共赢，携手发展	学生活动4 学生分组限时讨论，并逐一发表观点，其他组补充
活动意图说明：通过角色扮演和小组合作的形式，培养学生的综合思维和地理实践力，并树立正确的区域发展观	

案例评析： 本节课教学采取案例分析的方法，激发了学生的兴趣，开启了学生的思维，整个教学过程是在互动、开放、合作交流中进行的。教学过程的设置能够为学生提供自主学习的支撑，教师可以更清楚地看到学生的思维过程，有助于培养学生从材料中提取信息、分析信息的能力，让学生的思考过程可视化；也有助于师生之间的互动，便于教师掌握、评估学生的学习情况；还有助于通过小组合作和知识迁移，增强学生地理实践力。

三、实施表现性评价提升人地协调观

在完整的课堂教学中，表现性评价比较适用于评价学生能力，是一种适合评价学生核心素养的方法。使用表现性评价，恰当地评价学生所具备的正确价值观、必备品格和关键能力，在评价中对学生进行合理定位，让学生明确努力的方向，深刻认识到人地协调是区域可持续发展的必然选择。

表现性评价的内容如图5-4-1所示。

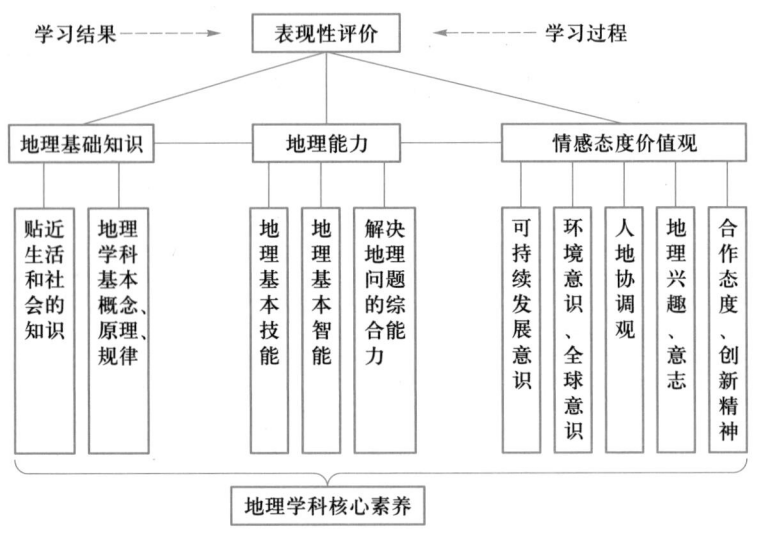

图 5-4-1 表现性评价的内容

(一) 使用表现性评价推进课堂教学

【案例 4】

"资源的魔咒？——德国鲁尔区的探索"表现性评价

● 教学片段

环节五：成果展示，规避魔咒

任务设定：教师让学生收集资料，研判山西形势：看山西的经济结构、资源状况、环境问题，思考山西目前的工业结构能否实现可持续发展，并提出相应建议，帮助山西规避魔咒，并完成一篇地理小论文。

从鲁尔区的发展现实过渡到山西规避魔咒的策略，能够有效发展学生的迁移能力，并搭建起解决相似问题的思维路径。小论文的作业主要在于证明学生是否真正理解解决资源枯竭地区的发展问题，是否建构了解决此类问题的思维架构。评价量规如表 5-4-1 所示。

表 5-4-1 "山西可持续发展"地理小论文表现性评价量规

评价项目		等级 1	等级 2	等级 3
内容	立论	没有创新之处，观点平淡；地理思维欠缺	论点见解一般，但比较有新意；在一定程度上反映地理思维	论点有独到的见解、有创新性；能反映综合全面的地理思维
	论据	只能依据山西资源一方面的特征论述资源型地区的发展方向；只能简单地搜集资料	能依据山西两三方面的特征论述资源型地区的发展方向；通过两三种渠道搜集资料，论据单薄	能依据山西资源、经济、自然、社会等多方面特征论述资源型地区的发展方向；能多渠道搜集资料，论据丰富

续表

评价项目		等级1	等级2	等级3
行文	论证	缺乏合理的论证方法，提出的发展建议缺乏证据的支持	论证方法一般，能提出发展的建议	论证方法准确，能深入分析问题，并提出科学合理的建议
	语言	语言不流畅，地理术语缺乏得当的应用	语言比较流畅，地理术语运用比较得当	语言流畅，地理术语运用得当
	条理	缺乏条理，表述随意	条理分析表现一般	条理清晰，逻辑性强
	版面格式	版面不整洁，书写潦草；不符合论文格式要求	版面较整洁，书写较工整；基本符合论文格式要求	版面整洁，书写工整清晰；符合论文格式要求
认识	态度	对小论文采取敷衍的态度，作品有抄袭现象	在教师的要求下写作，完成小论文的态度较为积极	能认真完成小论文，态度积极自觉
	情感	对可持续发展的内涵领悟不深刻透彻，缺乏积极的情感体验	在教师的指导下能搭建问题解决思维框架，对可持续发展问题的认识较为深刻	文章中能搭建起解决相似问题的框架，对可持续发展问题的认识深刻

案例评析：本节课以过程性评价推动课堂教学，确定评价目标，让学生明确学习目标和方向。学生在评价目标的指导下，选择不同的资料作为证据说明该地区某资源枯竭，根据该地区的特点和发生的问题，提出合理可行的发展方案，搭建解决此类问题的思维路径，并总结出资源型地区可持续发展的一般性问题规律，掌握本类案例的研究方法，完成相应的论文。教师依据评价目标设置任务，通过使用表现性评价量规对学生在学习过程中的行为表现进行评价，以确定学生对知识的掌握情况，以及区域认知、人地协调观等核心素养发展情况等内容。

（二）对教材"活动"进行表现性评价

【案例5】

"澳大利亚雪山调水工程对区域的影响"的表现性评价设计

讨论雪山调水工程对墨累河流域的城市供水和供电、农牧业发展、生态环境带来的影响。

对本活动中学生的表现评价，教师可参考表5-4-2。

表5-4-2 学生活动表现评价及样例

水平	表现	样例
水平1	能简单笼统地说出个别影响	增加城市供水，有利于农牧业的发展
水平2	能说出两三个方面的影响，但是不具体	增加城市供水，增加供电量；促进农牧业的发展，有利于改善生态
水平3	能较为全面、详细地说出对各个方面的影响，但仅限于有利影响	增加墨累河流域的水资源，增加城市供水量和供电量，扩大农牧业发展规模，有利于缓解荒漠化等生态问题

续表

水平	表现	样例
水平4	能较为全面、详细地说出对各个方面的影响，包括有利和不利影响	有利影响：增加墨累河流域的水资源，增加城市供水量和供电量，扩大农牧业发展规模，有利于缓解荒漠化等生态问题。 不利影响：灌溉增加后，可能会加剧土壤盐碱化；农牧业规模扩大后，可能会造成水污染等环境问题

案例评析：在课堂教学中，常用的评价方法除纸笔测验外，还有通过课堂观察对学生活动表现进行评价等。这样的评价要紧扣重难点观察评估学生的认知方法、思维水平和核心素养水平。如本节内容重在资源的跨区域调配对区域发展的影响分析。课堂上，教师要关注学生从区域差异分析和探究资源跨区域调配的原因，不仅要观察和评价学生对活动案例的分析，还要观察学生能否分析其他案例，重点评价学生的知识迁移和应用能力。

 教学建议

人与自然和谐共生、因地制宜科学发展、人类命运共同体，是地理教学进行社会主义核心价值观教育、生态文明教育、爱国主义教育、国家安全教育等的优质素材。在国家"坚持人与自然和谐共生"的时代要求下，课标课程内容大致分为：第一个层面是国家对地理学科的宏观要求，体现爱国主义、家国情怀、科学发展观。第二个层面是地理学科的内容要求，体现人地关系、环境与区域认知、可持续发展、地理实践力。第三个层面是高中地理的教学要求，体现对比分析、区域分析与综合思维、学习对生活和终身发展有用的地理。在这三个层面中，人地协调的和区域可持续发展始终是关键内容。

区域可持续发展侧重区域地理的研究领域，立足自然地理、人文地理基础，以区域发展面临的问题为核心，探究问题产生的原因、过程、结果和对策，力图寻求区域可持续发展。在必修的基础上，本模块要求学生通过影响机制分析、比较分析、综合分析和评价等过程，深化人地协调观念，提升迁移应用能力，明确区域可持续发展的重要途径。在教学设计和实施的过程中，教师要明确人地协调观和区域可持续发展的重要地位，不断深化对人地协调是区域可持续发展的必然选择的认识，将科学的发展观贯穿始终。

5-4 数字资源

单元 6 "资源、环境与国家安全"模块的教学关键问题

6-1 如何凸显"资源、环境与国家安全"模块的育人价值?

关键问题的基本内涵

"资源、环境与国家安全"模块从学习内容上主要分为三部分:一是自然资源开发利用;二是环境保护;三是资源、环境对国家安全的重要意义。本模块旨在帮助学生了解资源、环境与国家安全的关系,增强保护资源与环境的意识,树立维护国家安全、发展利益的观念。本模块在教学过程中,应以资源、环境与国家安全的关系为线索组织教学内容;采用图表判读、综合分析等方法,帮助学生理解资源、环境问题的基本内涵;站在国家安全、国际合作的高度,引导学生认识资源和环境的现状、问题及对策措施,了解资源、环境问题对于国家安全的重要性;创设多种教学情境,如资源短缺、环境恶化的模拟情境,组织学生开展社会调查和专题探究,调查家乡的资源、环境问题,讨论节约资源和保护环境的重要意义,树立"绿水青山就是金山银山"的理念。从学科核心素养层面看,通过本模块学习,学生能够运用地理信息技术或其他地理工具,或实地调查身边的资源、环境状况,分析问题及成因,有理有据地提出可行性对策,以提升地理实践力素养;能够综合分析各种区域性或全球性资源和环境问题对国家安全的影响,了解国家资源利用现状及政策和法规对维护国家安全的意义,以提升综合思维和区域认知素养;能够树立和谐的人地关系是国家安全的重要保障的意识,以提升人地协调观素养。

"育人"的内涵是培育"主动健康发展的人",因此,地理学科的育人价值就要从学生成长的需要出发。地理学科作为基础教育中重要的必修科目,承担着培养人的基本功能:首先,地理教学要满足学生认识世界、认识地理环境的需求;其次,认识世界的目的是更好地利用和改造世界,促进人地关系的和谐,通过地理教学,使学生学会正确评价自身及人类对地理环境的行为,并践行正确行为。基于此,地理学科的育人价值主要体现在两个方面:一是认识地理环境的育人价值,即通过地理教学,使学生掌握地理学科必备知识,包括基本概念、规律、原理等,学会运用综合的、区域的观点来观察所生活的世界,掌握地理研究、地理实践的能力方法等;二是提升道德情操方面的育人价值,通过地理教学,使学生充分认识人地协调的重要性和必要性,提高对人类活动合理性的判断能力,并能约束自身行为,理性认识和对待各个国家的社会文明差异,借助地理视角感受环境和科学之美,认知文化与文明景象。因此,地理学科核心素养正是学科育人价值的集中体现,可以说地理学科具有一套完整的、与学科核心素养紧密契合的育人价值体系。

关键问题的解决途径与教学案例

立德树人是教育的根本任务，体现与落实地理学科育人价值的主阵地是地理课堂，因此高中地理"资源、环境与国家安全"模块的育人价值需要在地理课堂上凸显，要在教学过程中的师生、生生多样态互动过程中生成。根据"资源、环境与国家安全"模块中不同教学内容的特点，结合学生的认知规律，依据一定的教学原则，组合教学资源等，制订有效的地理课堂教学实施方案，从而保证育人价值的实现（图6-1-1）。

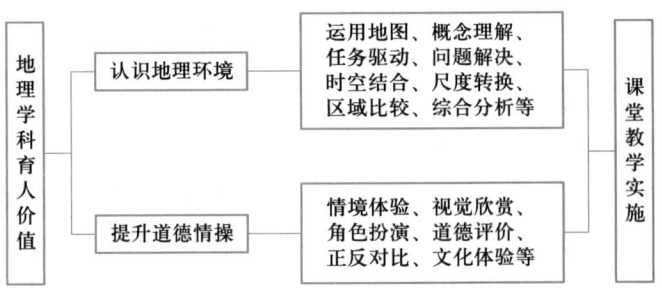

图6-1-1 地理学科育人价值的课堂教学实施

一、通过单元教学设计，实现育人价值的完整获得

地理学科育人价值的实现，不是靠一节课就可以完成的，这是一个长期的循序渐进的过程。要凸显育人价值，就必须以知识和技能为载体，将育人价值显性化，将其作为一个长期连贯的目标，进行系统的单元教学设计，才能将育人价值落到实处，真正提升学生的学科核心素养。

单元教学是相对于单课时教学而言的一种教学组织方式，单元教学设计的实质是教学内容的综合与重组，其特点是在贯穿整个单元教学过程中有一个深入展开的核心线索，即单元教学主线。单元教学主线可以是一个具体的地理知识、一次综合地理实践活动，也可以是一个聚焦的、有任务驱动的地理问题。地理学科育人价值与核心素养的教学落地，需要整体把握地理课程结构，整合教材内容，将课程标准提出的学习要求分解到具体学习单元，形成地理概念—技能—思维的学习链条，使学科核心素养可培养、可评价，使育人价值可实现、可内化。

【案例1】

"自然环境与人类社会"单元教学设计

● 单元学习主题设计

单元学习主题	自然环境与人类社会
单元教学设计说明	本单元是高中地理"资源、环境与国家安全"模块的开篇单元，具有统领作用，重点阐释资源、环境与国家安全相关的基本概念和知识体系，为后续学习做铺垫，也为学生树立人地协调观打下基础。本单元教学设计以问题"用一句话概括自然环境和人类社会之间该如何发展"为主线，通过具体学习任务驱动，落实学科素养和育人价值

续表

单元学习主题	自然环境与人类社会
单元学习目标	（1）以森林为例，从森林价值角度理解自然环境的服务功能，并从水坝修建影响的辩证讨论中体会正确的人地协调观。 （2）以水资源为例，分析图文资料，运用综合思维，结合时空变化说明自然资源数量、质量、空间分布与人类社会的关系，树立科学的资源观。 （3）通过分组讨论的方式，查阅文献资料并调用已有地理知识，分析典型环境问题的产生原因及其对人类社会的危害。 （4）计算个人生态足迹，通过"如何减少生态足迹"的集体讨论，提升环境保护的自觉性和社会责任感

● 第 1 课时教学设计

环节一：导入	
教师活动1 出示材料，孟德斯鸠的环境决定论和恩格斯自然辩证法。提出问题：你是否认同以上论述？请说明理由	学生活动1 阅读材料，表达观点（孟德斯鸠认识到地理环境对人类的影响，但是不科学，说得太绝对了。恩格斯是辩证地看问题的，强调要尊重自然规律，人和自然环境要协调）
活动意图说明：以相互矛盾的人地关系论导入，激发学生思考和学习兴趣；提出单元学习主线——人地关系是怎样的，该如何发展？	
环节二：举例说出自然环境的服务功能的类型	
教师活动2 出示相关材料，提出问题：一棵树的价值都有什么？尝试将自然环境服务功能进行分类，并说明理由	学生活动2 阅读分析资料，回答问题（提供木材、果实等——供给服务；保持水土、涵养水源——调节服务；提供生物生存空间，保护生物多样性——支撑服务；可以开发为森林公园，天然"氧吧"——文化服务等）
活动意图说明：理解自然环境服务功能，并对其进行分类；提升描述和阐述事物以及论证和探究问题的能力，提升综合思维核心素养	
环节三：分组讨论人类活动对自然环境服务功能的影响	
教师活动3 出示水库大坝相关资料，提出问题：修建水库大坝的目的和不利影响是什么？修建水库大坝对自然环境服务功能的影响有哪些？针对不利影响可以采取什么措施？	学生活动3 阅读分析资料，分组讨论，回答问题（水坝可以发电、水库养鱼等加强供给服务；引发地震，破坏调节服务等）
活动意图说明：通过小组讨论和交流的方式，理解自然环境服务功能与人类活动的关系；体会可持续发展理念，提升综合思维素养	
环节四：总结提升	
教师活动4 总结人类社会需要可持续的利用自然环境的服务	学生活动4 总结思考，进一步理解自然环境服务功能与人类社会的关系
活动意图说明：理解重要概念，掌握相关知识，树立正确的人地协调观	

- 第2课时教学设计

环节一：导入	
教师活动1 出示材料，《梦溪笔谈》对石油的描写，提出问题：材料中提到了哪些自然资源？请将自然资源进行归类。现代社会自然资源的利用发生了哪些变化？	学生活动1 阅读材料，回答问题，温故知新（文中提到矿产石油和生物资源松木；现代社会对自然资源的开发和利用程度高）
活动意图说明：用古代文献导入，激发学习兴趣，引发学生思考；为本节核心内容做铺垫，说明自然资源的分类和属性特征	
环节二：以水资源为例，说明资源数量、质量、空间分布与人类社会的关系	
教师活动2 出示世界水资源数量及水循环资料，提出问题：水资源是否能取之不尽？ 出示北京水资源质量差异资料，提出问题：人类社会如何适应并影响水资源质量？ 出示水资源空间分布及南水北调工程相关资料，提出问题：水资源的空间分布有什么特点？人类如何适应并调节水资源空间分布？	学生活动2 阅读资料，分析回答（水循环体现出水是可再生资源，但是在不同时期、不同地点，水资源也存在稀缺枯竭现象，污染和浪费则加剧水资源紧缺） 阅读资料，分析回答（水资源质量有好坏之分，早期社会水质量差异的体现是淡水、咸水之分，随着生产力提高，水资源质量提升，但也存在污染及污水再处理等资源质量的变化现象） 阅读资料，分析回答（我国水资源南多北少，华北、西北缺水严重；跨流域调水解决空间分布不均现状）
活动意图说明：落实课标要求"结合实例，说明自然资源的数量、质量、空间分布与人类活动的关系"。通过具体资料的阅读和讨论分析，提升描述和阐述事物以及论证和探讨问题的能力，提升区域认知、综合思维核心素养	
环节三：总结提升	
教师活动3 总结自然资源与人类社会的相互关系	学生活动3 总结思考，进一步理解可持续利用自然资源的重要性
活动意图说明：理解相关概念，掌握相关知识，树立正确的人地协调观	

- 第3课时教学设计

环节一：导入	
教师活动1 出示材料，《寂静的春天》内容简述，提出问题：春天为何寂静了？其根本原因是什么？	学生活动1 阅读材料，回答问题（农业杀虫剂在杀灭害虫的同时，将益虫、鸟类等也杀死了，春天因无鸟鸣虫鸣而寂静）
活动意图说明：以名著内容导入，激发学习兴趣，引发学生思考，初步认识到环境问题的产生与人类开发利用自然资源有关	

续表

环节二：以几种环境问题为例，分组讨论环境问题产生的原因和危害	
教师活动2 出示几种典型环境问题的相关资料，提出问题：根据环境问题的特点，分析其产生与人类获取自然资源之间的关系，说出其对人类社会的主要危害	学生活动2 阅读资料，分组讨论，回答问题（例如，雾霾问题，主要原因是工业废气、汽车尾气等排放大量细颗粒物（PM 2.5），超出大气承载和循环能力；危害人体健康；使能见度降低，影响交通运输等）
活动意图说明：通过具体资料的阅读和讨论分析，从自然环境与人类社会的关系角度，分析环境问题产生的原因和危害，提升描述和阐述事物以及论证和探讨问题的能力，提升区域认知、综合思维素养	
环节三：总结提升	
教师活动3 总结环境问题的产生和危害。 布置课后学习任务"计算自己的生态足迹"	学生活动3 总结思考，进一步理解自然环境和人类社会发展的辩证关系
活动意图说明：理解相关概念，掌握相关知识，树立正确的人地协调观	

- 第4课时教学设计

环节一：导入	
教师活动1 简要介绍生态足迹相关背景知识，提出问题：计算自己的生态足迹大小，谈谈对此有什么想法	学生活动1 回答问题，提出见解（生态足迹又叫生态占用，将人类对于自然资源的消耗、占有等进行数值换算）
活动意图说明：展示总结前课作业情况，温故知新	
环节二：分组讨论，个人可以有哪些具体行动，以减小自己的生态足迹	
教师活动2 出示生态足迹的相关资料，提出问题：生活方式对生态足迹有什么影响？个人减少生态足迹的具体行动有哪些？	学生活动2 阅读资料，分组讨论，回答问题（交通出行、用水用电、垃圾处理等生活方式均影响生态足迹，个人要从节能减排、垃圾分类、绿色出行等做起）
活动意图说明：讨论分析，提升环境保护的自觉性和社会责任感	
环节三：总结提升	
教师活动3 用一句话概括自然环境和人类社会的发展	学生活动3 分组讨论，概括提升（绿水青山就是金山银山；人与自然要和谐共生）
活动意图说明：理解相关概念，掌握相关知识，树立正确的人地协调观	

案例评析：本案例采取单元教学设计的呈现方式，单元教学主线是地理问题"自然环境与人类社会该如何发展"，显而易见，本单元需要实现的核心育人价值是道德价值中的人地协调观。因此，单元与课时都以人地协调观的达成作为教学目标之一，学

习资源的呈现、学习任务的设计、课时作业的布置等，也都围绕这一育人价值展开，并逐步进阶。第1课时围绕自然环境的服务功能核心概念展开，通过学习服务功能的类型以及人类活动对服务功能的影响，初步感悟人地关系需要协调的观念；第2课时和第3课时，分别以自然资源和环境问题两个必备知识为中心，通过资料分析、分组讨论等方式，认识到人类社会需要可持续利用自然资源，利用不当则产生环境问题并危害人类社会这一辩证的人地观；第4课时包含两个教学内容，一个是"用一句话概括自然环境与人类社会的发展"，另一个是借助生态足迹计算，探讨保护生态环境的身体力行方法。既是对人地协调观这一育人价值的提炼深化，也是将其与学生日常生活结合，将价值内化为行动的启发。

在本案例单元教学设计中，针对课程中可以实现的其他育人价值，也运用了多种课堂教学策略。例如，第1课时中，教师为帮助学生习得"自然地理服务功能"这一概念，实现育人价值中的地理知识价值，采取了定义理解、例证支持、概念辨析和概念应用等几个概念同化过程。定义理解是地理概念学习的起点，学生理解概念、定义的前提是熟悉所陈述的上位类别的事物概念。例如，将"自然环境服务功能"定义为"人类从自然环境中获得的各种益处"，学生要先熟悉"益处"这个上位类别的事物概念，因此在教学设计中首先以"一棵树的价值"为材料，通过对树的价值的分析，理解"益处"即价值。例证支持是概念的外延，就是要能够列举这个概念所表达的一类事物和现象的实例。例如，"自然环境服务功能"包括供给服务、调节服务、文化服务和支撑服务。概念应用是指学生能够准确用所学概念进行表达。教师在教学中设计了"修建水库大坝对自然环境服务功能的影响有哪些？"这一任务情境，需要学生在理解概念内涵的同时，能够在具体场景中准确使用"供给功能""调节功能"等概念表达，并且能够在表达中准确区别这些易混概念，这才表明学生真正掌握了"自然环境服务功能"这一概念，实现了育人价值。

又如，第2课时教学目标是从数量、质量、空间分布等角度理解自然资源与人类社会的关系，这是一个可以很好地实现区域认知与综合思维育人价值的载体，因此本节课采用了时空结合认识地理事物发展这一教学策略。具体来说：一是同一空间、不同时间尺度下，如北京市水资源质量与人类生活的关系变化，从早期的适应，到现代的技术改造以及污染治理；二是同一时间尺度、不同空间视角下，如利用南水北调工程来认识水资源空间分布特征及人类活动的调节干预；三是不同时空尺度下，如从世界水资源总量到中国南北差异，再到北京市水质差异。教学中强调从空间视角和时间视角来看世界，还强调从不同时空尺度来理解地理事物及其发展变化，通过构建清晰的时空认识逻辑，帮助学生从时空结合的角度科学认识水资源与人类社会的关系，有助于区域认知和综合思维育人价值的实现。

二、以时事热点为教学资源，贴近学生生活，实现育人价值

时事热点材料是来源于实际生活中有一定影响力的即时事件和现象，因其独特的

时代性、生活性和区域性，与地理学科有密切的联系。在时事热点中有极为丰富的地理教学素材资源，引导学生以地理视角看待时事材料，从认识现象到研究分析再到解决问题的过程中，实现地理原理在现实生活中的应用，逐步提升地理学科核心素养，凸显地理学科育人价值。

【案例2】

"建立国家公园的意义"教学片段

教师活动	学生活动
出示我国《建立国家公园体制总体方案》及相关国家公园新闻资料。提出问题：① 在地图上标注第一批国家公园的位置，简要介绍该国家公园自然生态环境特征。② 分组讨论，就某一国家公园分析其生态效益。③ 分组讨论，建立国家公园对生态安全的意义。	阅读资料，分组讨论，分享交流（以大熊猫国家公园为例，其位于川、陕、甘三省，生态效益是保护大熊猫等珍稀动植物资源和山区生态环境。从生态安全角度看，国家公园的建立可以遏制生态恶化，维持自然环境稳定；保护生物多样性，提供生态监测、科研基地、环保科普场所等）

案例评析： 本案例以我国建立国家公园这一时事热点为素材，通过资料分析、分组讨论等方式帮助学生理解设立国家公园、自然保护区等对生态安全的意义，并展现了我国生态文明制度建设，推动绿色发展，促进人与自然和谐共生，推进美丽中国建设的国情。以家国实例，理解人地关系，关注国家发展，实现了地理课堂在人地协调、家国情怀方面的育人价值。

【案例3】

讨论瑞典"环保少女"关于气候变化的言行的教学片段

教师活动	学生活动
出示瑞典"环保少女"相关新闻资料，提出问题：你是否认同她在气候变化和生态保护方面的做法和表态？网络上有一些讽刺"环保少女"的图片或评论文字，你是否会点赞甚至转发？	阅读材料，展开讨论，形成观点（不了解实情的时候，不应该在网络上随意发表评论、转发；环境保护需要国际社会的理解、支持与合作，而不是靠指责、说教……）

案例评析： 本案例以瑞典"环保少女"这一新闻人物的言行和相关报道评论为素材，通过设置两组问题，一是帮助学生进一步理解碳排放对环境的影响，明确碳排放国际合作的重要性；二是更希望借助这位有争议的新闻人物的言行，引发学生观点的碰撞和辩证的思考，从区域差异的角度认识碳排放，以及环境治理的现实复杂性。特别是第二个讨论加入了"网络点赞讽刺言论"的道德感情的因素，比单纯地理问题更加复杂，教师试图把学生带入一种道德讨论的环境之中，而不再是简单的道德灌输，

更多是对学生道德判断能力的一次训练，更能凸显本节教学在人地关系、国际理解等方面的育人价值。

【案例4】

"精准扶贫中的生态治理"教学片段

教 师 活 动	学 生 活 动
出示我国某西南山区精准扶贫村相关资料，提出问题：4人一组，通过角色扮演的方式，从扶贫村干部、投资商、生态学者、当地村民这几种角度展开讨论，依据该村地理环境及生产生活现状，提出脱贫具体措施。讨论结束后，汇报交流	阅读资料，角色扮演，深入讨论 扶贫干部：要提高村民收入，要提高村里财政收入，还要保护好环境…… 投资商：山里都是"宝"，林木、矿产等资源能否开发出来，建工厂加工…… 生态学者：生态保护最重要，是否可以开展封山育林、生态移民？…… 村民：能不能搞乡村旅游？能不能给农产品找个好销路？……

案例评析： 本案例选用我国重大国家工作脱贫攻坚为背景，以某精准扶贫村为案例，运用角色扮演的教学策略，组织学生以不同社会角色展开思考，结合该村自然环境和社会经济条件，提出脱贫措施。地理学科育人价值中的家国情怀教育最重要的目的就是增强学生对国家和家乡的归属感。要达到这样的教学目标，学生除了要对祖国和家乡的自然状况、社会发展等基本情况有比较深入的认识以外，还要将自身看作社会的重要一员，以主人翁身份去关心祖国和家乡的发展。角色扮演就是通过构建真实的情境，让学生通过选择合适的角色，对国家和家乡的发展表明自身的观点，是一种深入参与的体验式学习方式，以提高学生的社会认知水平。

教学建议

在"资源、环境与国家安全"模块开展课堂教学并实现育人价值的同时，还有两个需要深入思考的地方。

一是基于育人价值的课堂评价。《普通高中地理课程标准（2017年版2020年修订）》提出了关于开展思维结构评价和关注表现性评价的建议。在课堂教学中注重学科育人价值的实现，将有助于改进地理课堂教学，提升地理课堂教学质量。那么，地理学科育人价值的课堂实现情况，是否能与学生的思维结构和课堂表现评价建立联系，又该如何评价？这个问题值得思考。

二是育人价值导向的试题命制研究。试题具有诊断教学问题、评价学生学习质量、选拔学生等功能，是学校教育中最重要的评价诊断工具。2020年10月，中共中央、国务院印发了《深化新时代教育评价改革总体方案》，明确提出要"改变相对固化的试题形式，增强试题开放性，减少死记硬背和'机械刷题'现象"。那么，试题命制中如何凸显育人价值？特别是如何将较为隐性的实践能力价值、审美价值、道德价值等体现在试题中,并能够合理评价学生?这些问题同样值得我们深入思考。

6-1　数字资源

6-2 如何以资源、环境与国家安全的关系为线索组织教学？

关键问题的基本内涵

资源和环境是人类社会生存和发展的基础。然而我国人口众多，资源相对不足，生态环境脆弱，资源与环境问题正日益成为我国生存和可持续发展的首要问题。2014年，中央国家安全委员会第一次会议提出，要坚持总体国家安全观，走出一条中国特色国家安全道路。新时代国家安全体系涵盖16种安全，其中包括生态安全和资源安全。资源和环境安全教育是国家安全教育的重要组成部分。

地理学科在国家安全教育中具有独特的育人价值。地理学科作为研究自然以及人与自然之间关系的学科，对于解决自然和人文问题，建设绿水青山的中国、维护和治理全球生态等发挥着重要作用。"资源"和"环境"是自然环境影响人类社会的具体表现形式，属于自然环境范畴；"国家"是一个按主权国家划分的区域单元，属于人类社会范畴；"安全"是免受威胁或风险的状态与能力，体现了人与自然环境的相互作用。因此，"资源、环境与国家安全"所涉及的主题，从地理意义上讲，是人地关系中自然环境对人类影响的方面，是指国家尺度上维持与"资源"和"环境"影响相关的安全状态或能力。使国家安全免受资源与环境问题的威胁，是国家尺度上人地和谐的具体体现。①

"资源、环境与国家安全"是课程标准中新增加的课程模块，旨在帮助学生了解资源、环境与国家安全的关系，增强保护资源与环境的意识，树立维护国家安全、发展利益的观念。课程标准中，"资源、环境与国家安全"模块共有8条内容要求，其中第1—4条关注的重点是资源，涉及能源安全、粮食安全、国土安全等问题；第5—8条关注的重点是环境，包括碳排放、自然保护区、污染物跨境转移等。所有问题均紧密围绕资源、环境与国家安全展开，由此可见，深刻理解资源安全、环境安全与国家安全之间的关系是学习本模块的基础和前提。在教学过程中，以资源、环境与国家安全的关系为线索组织教学，把握各模块之间的关系，层层递进，有助于学生学习的系统性、连贯性、完整性。

 关键问题的解决途径与教学案例

一、开展单元教学，系统构建资源、环境与国家安全的关系

（一）构建单元教学的内容框架

地理课程的基本理念之一是培养学生必备的地理学科核心素养，使学生具备人地

---

① 方修琦，刘健. 理解资源、环境与国家安全的三个维度 [J]. 地理教学，2020（18）：13-17，7.

协调观、综合思维、区域认知、地理实践力等核心素养。单元教学设计从关注一节课的教学到关注更大范围的教学，以单元为单位，系统构建教学的内容和框架，可以更多地关注学科教学内容的本质、蕴含的学科思想，更有助于学生思维品质的提升和学科核心素养的养成。①

【案例1】

"海洋空间安全"单元内容框架

海洋空间安全是国家安全的重要组成内容。课程标准中，与海洋空间安全相关的内容要求有7条。据此，参考相关内容的教学设计①，可以将海洋空间安全的内容具体划分为四大模块，分别是海洋发展战略安全、海洋国土安全、海洋环境安全和海洋空间资源安全。

海洋空间资源是本单元的核心。随着人类对海洋空间资源的不断开发，必然会产生诸多问题，例如，海洋生态破坏与环境污染问题、受争议的海洋国土内资源的归属问题、国家海洋权益与国民利益问题等，而这些问题都与海洋空间安全其他模块的内容息息相关。因此，"海洋空间安全"教学单元的内容，可以以海洋空间资源为主线，构建以国家安全为核心，以海洋空间资源开发与国家安全为主线，以空间海洋权益为基本点的内容框架（图6-2-1）。

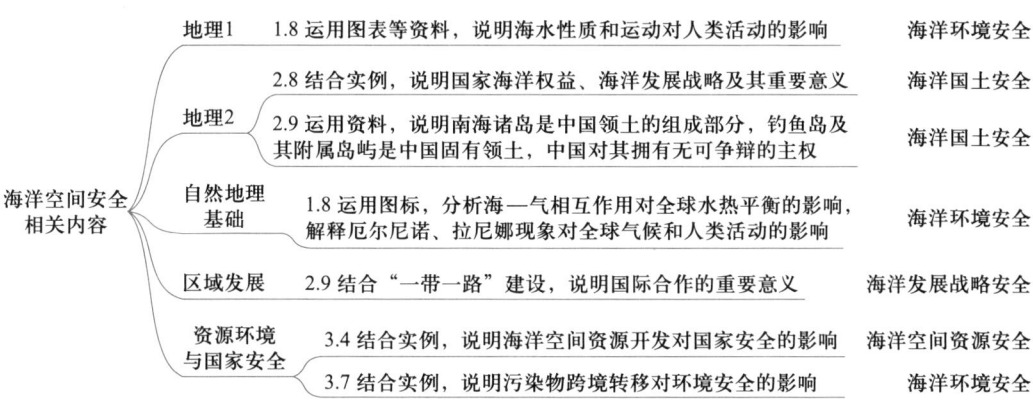

图6-2-1 海洋空间安全内容知识划分图

基于此，将该单元教学内容分为以下三个部分。

第一部分，本部分重点培养地理学科核心素养中的"区域认知"素养。以中国自行设计、自主集成研制的"蛟龙号"载人潜水器为主线，介绍"蛟龙号"五次下潜，从出发到潜行再到返航，可以让学生学会分析海陆交界、过渡地带、临海区域，初步感知海洋国土，了解海洋空间资源的类型及开发条件，探究资源与区域发展之间的密切联系。其中涉及海水运动、海洋性质等地理基本原理和规律，是对已有知识的进一步加深和提升，构建学生高阶思维。

第二部分，本部分重点培养地理学科核心素养中的"综合思维"和"区域认知"素养。运用第一部分内容，构建"海陆空"的立体国土观念。基于海洋争端时事，促

---

① 田晴怡. 高中生海洋空间安全意识培养策略研究 [D]. 天津：天津师范大学，2020.

进学生掌握内水、大陆架、毗邻区等专有名词的含义及其意义,掌握我国领土、领海、领空范围,以综合的空间视角看待海洋争端问题,树立正确国土观念。此部分应以历史资料和现实事件为案例,在事实中逐渐形成海洋空间安全意识及家国情怀。

第三部分,本部分主要培养地理学科核心素养中的"综合思维"和"地理实践力"素养。深化上述内容,通过"蛟龙号"科学考察、探测海洋空间资源、完成海底科学作业等材料,延伸到开发其他海洋空间资源和进行海洋经济的建设;了解我国"一带一路"建设,通过拓展国际视野认识到国际合作的重要性,渗透"海洋空间文化意识";通过了解海洋空间资源开发的重大技术应用,渗透海洋强国与"海洋科技安全意识"。

海洋空间安全单元框架图如图 6-2-2 所示。

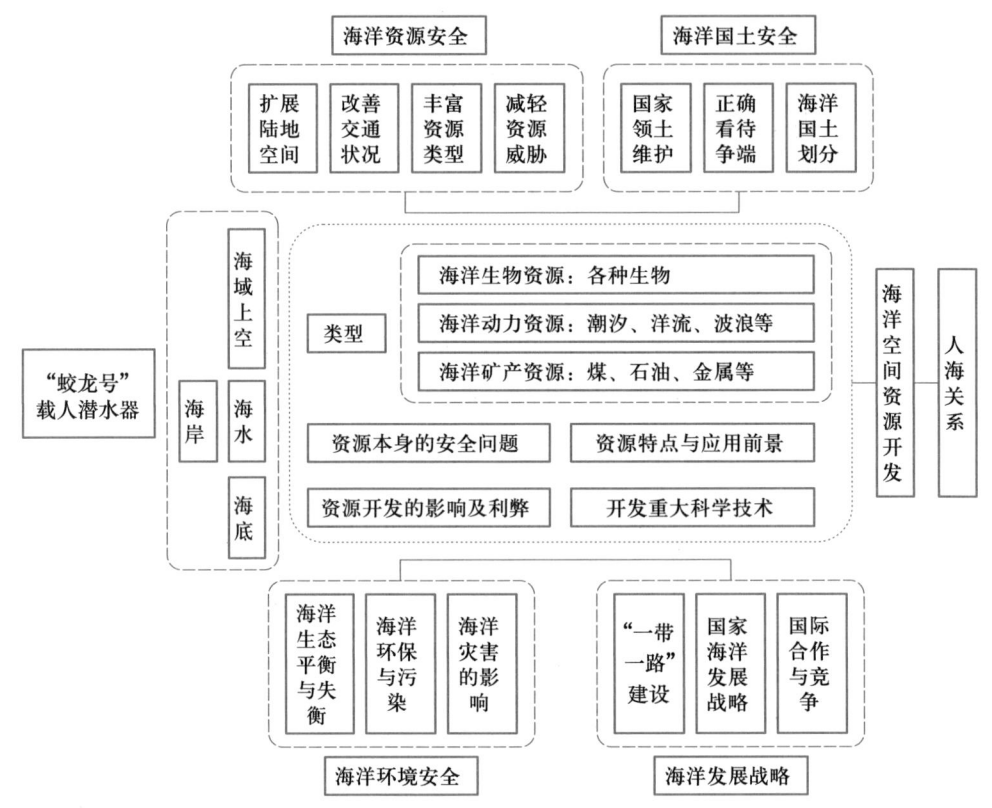

图 6-2-2　海洋空间安全单元框架图

案例评析：以上案例依据课程标准要求,基于学科核心素养培养,对"海洋空间安全"相关教学资源与知识内容进行整合,用系统连贯的单元教学促进学生将新知识同化到原有知识结构中,系统地梳理了资源、环境与国家安全的关系,从而帮助学生建构自己的知识体系。

（二）设计单元教学的实施途径——逆向教学设计

逆向教学设计是一种建构以"单元"为单位的课程设计工具,具体分三个步骤。① 明确教学目标：给学生提供学习方向；② 确定评估证据：能证明学生达成教学目标的各项依据；③ 增强学习体验：具体安排教学内容,设计学习任务,生成课堂结构。

【案例 2】

"海洋空间安全"单元逆向教学设计[①]

步骤 1：明确预期结果

1. 教学目标

① 举例说明海洋空间和海洋资源的特点、开发利用方式、应用前景及当前海洋资源开发重大技术及其应用。

② 运用资料和海洋空间争端事件，了解海洋争端事件中我国的立场和依据，结合实例说明维护国家领土主权和海洋权益的意义和重要性。

③ 结合实例，说明海洋空间资源开发对国家安全（资源安全、国土安全、环境安全）及经济发展的影响

2. 基本问题

① 什么是海洋空间及海洋空间资源？
② 海洋空间资源有哪些开发利用方式？
③ 什么是海洋主权和海洋权益？其意义是什么？
④ 开发海洋空间资源有哪些优势与困难？
⑤ 海洋空间资源开发对国家安全有什么影响？

3. 预期理解

① 了解海洋空间的范围及海洋空间的基本情况。
② 理解海洋空间资源的范畴、内涵、类型、特点。
③ 理解国家安全的含义。
④ 理解海洋空间资源开发带来的利益及问题，针对海洋空间资源开发过程中出现的问题提出解决措施和策略。
⑤ 理解海洋主权和权益的内涵，区别我国与邻国的海洋权益界限，根据时事分析关于我国海洋争端事件的起因、过程和解决措施。
⑥ 在掌握上述内容基础上，理解海洋空间资源开发与国家安全之间的关系及重要性。
⑦ 举例说明我国目前海洋资源开发现状和重大应用技术及其对我国的影响。
⑧ 理解并说明海洋空间资源开发与经济发展、国际合作之间的关系。
⑨ 用人海协调、可持续发展的眼光看待海洋空间资源开发与国家安全之间的关系，树立海洋空间安全意识

步骤 2：确定合适的证据

1. 表现性证据

① 了解并能向他人说明涉及我国海洋主权和海洋权益的相关问题（如专属经济区、南海诸岛、钓鱼岛事件等）；说明海洋空间资源类型，进行海洋空间资源开发的重大应用技术，在开发时出现的问题及应对措施；依据实例说明海洋空间资源开发对国家安全的影响，尤其是对我国的影响。

② 社会调查分析：学生以小组为单位设计调查问卷或访谈提纲，对自己的家庭成员及附近社区居民进行海洋空间安全内容的问卷调查或访谈，调查内容包括海洋主权和权益、海洋空间资源开发。调查后对调查结果进行小组讨论，并总结分析身边人们的海洋空间安全意识的现状、问题及应对措施。

③ 海洋空间保护：针对社会调查结果，学生自主创作主题手抄报，在学校进行手抄报展示与评比，同时向家人、社区居民宣传海洋空间安全的重要性，使更多的人认识到，要合理开发利用海洋空间，保护海洋空间生态环境，要坚持维护我国的国家安全和海洋领土、权益安全。

④ 理清知识脉络：设计一份本主题单元的思维导图

2. 其他证据

小测验：说明海洋空间的范围及海洋空间资源的类型。

简答题：当今我国在海洋权益、主权、生态安全、资源开发等海洋空间方面面临什么样的安全问题与威胁。请简要回答海洋空间资源开发对我国国家安全有哪些影响。

技能测试：判断海洋空间安全维护过程中造成的不良问题。

知识技能：课堂测验、课后作业的反馈情况。

---

① 案例参考：田晴怡. 高中生海洋空间安全意识培养策略研究 [D]. 天津：天津师范大学，2020.

续表

步骤3：设计学习体验	
问题归类及设计意图	问题链列表
海洋空间资源： 引导学生对建立对海洋空间的基本认知。 理解海洋空间资源的范畴、内涵、类型、特点。 能举例说明我国目前海洋资源开发现状及重大应用技术及其对我国的影响。 理解海洋空间资源开发的必要性及带来的利益及问题。 增强学生保护海洋空间资源、维护国家安全及发展合法利益的意识观念	（1）播放"蛟龙号"完成150次下潜，驰骋6大海区探寻深海秘密的新闻。 （2）回顾新闻，找出"蛟龙号"探测的海洋空间范围，思考海洋空间资源的类型、分布、特征，以及开发不同的海洋资源利用的技术。小组合作填写海洋空间资源类型表。 （3）为什么"蛟龙号"要进行海洋空间资源的探索？教师创设情境引导学生探讨我国资源安全问题，思考现阶段哪些类型的资源较为短缺，在资源短缺状况下应该采取什么策略。 （4）小组合作搜集海洋空间资源开发的重大技术及其利用方式。集体讨论我国当前有哪些海洋资源开发技术，以及这些技术的优缺点。 （5）结合初中学习的大洲大洋的分布与位置，高中学习的水循环环节、海水的性质及运动、环境污染等知识，思考不同类型海洋空间资源在开发过程中对我国资源安全、环境安全产生的影响
海洋国土安全： 引导学生关注与海洋空间安全息息相关的海洋国土安全问题。 理解海洋主权和权益的内涵，区别我国与邻国的海洋权益界限。 理解海洋空间资源开发与国家安全之间的关系及重要性	（6）"蛟龙号"多次下潜的地点都在中国南海。播放《中国南海》宣传片，导入我国关于钓鱼岛争端事件的新闻报道。 （7）结合资料，小组合作找到相关证据，有哪些能证明南海诸岛、钓鱼岛及其附属岛屿属于我国固有领土？ （8）教师给出内水、领海、专属经济区等名词的概念，学生根据定义，小组讨论绘制海洋国土示意图，明确海洋国土范围。 （9）结合第一课时的学习内容，思考在海洋空间资源开发过程中会和周边邻国产生哪些海洋权益问题。 （10）列举我国面临的海洋权益事件并分析原因，从而归纳总结出海洋空间资源开发对国家安全的影响，依据第一课时的学习基础，帮助学生建立国家安全与海洋主权权益、海洋空间资源、海洋生态环境之间的联系，并绘制树状图，集中在黑板上展示。 （11）学生以小组为单位进行调查问卷或访谈提纲的设计，对家人、社区居民进行海洋空间资源意识与国家安全意识及其关系进行社会调查并分析结果
相应措施策略： 针对海洋空间资源开发过程中出现的问题提出解决措施和策略。 能理解并说明海洋空间资源开发与经济发展、国际合作间的关系。 能用人海协调、可持续发展的眼光看待海洋空间资源开发与国家安全之间的关系，树立海洋空间安全意识	（12）复习前面学习的关于海洋权益、专属经济区、海洋空间资源的含义和类型等知识，可以采用师生问答或生生互问互答的形式。 （13）结合之前的学习内容，思考我们应该如何应对海洋空间资源开发过程中产生的资源环境问题，及与周边邻国产生的矛盾和利益冲突。 （14）将视野拓展到其他海域与国家，理解在全球化视野下，通过国际合作进行海洋空间资源开发与维护本国安全及全球安全的重要意义，掌握在真实情境中海洋资源与经济发展的关系，形成协调的人海关系和可持续发展观念。 （15）在教学结束时，学生回顾学习历程，反思是怎样学习的，学习中出现了哪些问题，自己又是如何解决的。 （16）①制作本单元知识体系的思维导图；②生成自我学习评估报告。 （17）学生依据社会调查结果进行分析，绘制手抄报并互评。依据评价结果进一步修改完善，并在学校班级进行展示

案例评析： 上述案例中，教师首先对学生的学习结果进行预设，保持教学目标与评价一致性，将学习结果评价与学习过程评价相结合，注重学生自评和互评相结合，引导学生升华情感，树立价值观。教师设计了多种多样的探究活动，充分考虑学生在课堂中的主体性，发展学生的主观能动性；还设计了主题手抄报、社会调查等多元化课外活动，让学生不局限于地理课堂之内，而是通过社区与校外基地进行拓展，发挥学校、课堂与社会的教育合力，在学习和生活中促进学生学科核心素养的发展。

二、构建教学案例，引导学生理解"资源/环境—资源/环境安全—国家安全"的逻辑

案例教学具有真实性、综合性等特征，在地理教学中占据重要地位。引导学生在情境中学习是课程改革对教材和教学提出的新要求。

为了帮助学生形成较为全面的认知体系，在选择或构建地理教学案例时，教师要注意遵循以下原则：第一，注意教学案例的典型性，要能够说明地理问题，反映一定的地理原理或规律，符合地理认知的逻辑。第二，依据具有关联性且符合情节的要求，遴选能够反映地理问题的案例资料，要符合学生的身心发展规律，能够激发学生的学习兴趣。第三，注意案例资料的客观性，选用真实可靠的案例资料，尽量少做人为修改。

（一）采用历史案例，以史为鉴突破教学难点

【案例 3】

"中国的耕地资源与粮食安全"教学案例①

目前我国已经稳定解决了十几亿人的温饱问题，但是在我国资源环境承载能力趋紧、粮食市场大幅度波动等形势下，仍要加强保障国家粮食安全的意识。然而，对没有受过饥荒的新一代青少年而言，他们缺乏对粮食安全的认识和体会，这是本节课教学的难点所在。"以史为鉴，可以知兴替"，中华人民共和国建立之前，粮食安全问题是一大难题，中国人民积累了大量与粮食安全相关的宝贵经验。因此，选择历史粮食安全教学案例可以让学生更直接地体会到粮食安全与国家安全的关系，更好地落实粮食安全教育的目标。

文本材料：从粮食安全看关中千年兴衰

关中地区由渭河冲积而成，**地势平坦**，**土层深厚、疏松多孔、矿物成分多**，更有渭、泾、洛等河流，加之当时**气候温和湿润**，自周王朝起就已经形成了关中农业区。

商鞅变法主张"为田开阡陌封疆"，**鼓励开荒**，是以"一室无二事""兵休而国富"。后来秦王政举全国之力修建郑国渠后，"收皆亩一钟"，从此关中为沃野，无凶年。

---

① 案例参考：赵佳，方修琦. 中学地理"粮食安全"情境教学历史案例开发［J］. 地理教学，2020（24）：40-43，64.

受战乱影响，汉初推出"休养生息"的政策，以保养民力、恢复农耕。随着人口增长带来大量粮食需求，**关中地区可开发的土地越来越少**。这时的西汉利用充足劳动力，积极引入冬小麦，改进耦犁、楼车等农业**生产技术**，推广代田法和区田法，组织修建大量水利工程，使关中地区"用力少而得谷多"。此外，为了应对粮食丰歉带来的不利影响，**汉代设立常平仓制度**，这项制度起到平抑粮价、调控市场、赈灾备荒、供养军队、备战应战的作用，也成为后世封建王朝沿用的主要仓储制度。

从东汉至隋唐，战乱频繁，关中农业生产遭遇了毁灭性打击，粮食紧缺。隋朝在"多罹水旱"的情况下，设置了以备荒救灾为主要目的的义仓。为解决京都供粮问题，隋朝统治者下令**营建东京洛阳**，并以此为中心开凿沟通中国南北的**隋唐大运河**。这些举措消耗了大量人力和财力，再加上水灾等多种因素的综合影响，以**瓦岗起义为代表的隋末农民起义爆发**。

唐初通过**劝课农桑**等政策，促进了关中地区**农业生产的恢复**。随着唐朝国力的攀升，非农业人口激增，**土地兼并日益严重**，粮食需求和生活消费的增加使得大量树木被砍伐，产生了诸如"灞水将竭，井皆无水"等问题，也直接使得关中地区**旱涝灾害频发**，百姓嗷嗷待哺。

据《新唐书》记载：唐都长安，而关中号称沃野，然其土地狭，所出不足以给京师，备水旱，故常转漕东南之粟。唐朝虽得隋开凿运河之利，但粮食运往关中的**道路仍颇为曲折**：集结的粮食沿着大运河进入黄河时，因为黄河水位的季节性升降，一年中可运输的月份有限，遇到枯水年份运输更为困难；而且由黄河段进入关中的途中会经过三门峡河道，此处"神门险，鬼门窄"，"多风波覆溺之患，其失常十七八"。

由于关中自身不能解决粮食紧缺问题，加之粮食漕运的困难，在歉收的年份，皇帝不得不率百官就食东都洛阳，这也被称为"天子逐粮"。**安史之乱爆发**后，安禄山攻陷东都，漕运受阻，再加上唐后期灾害频发所造成的关中粮食供应能力的大幅度下降，使得长安出现米斛万钱的场景。公元785年，太仓储粮不够天子六宫十天食用，统治者派御马从永丰仓运粮，"六军脱巾于道"，**在险些酿成兵变之际**，韩滉运米三万斛至陕，唐德宗与太子抱头痛哭："米已至陕，吾父子得生矣！"为不再面对如此困境，德宗不许私人酿酒，并采取"宫市"等手段敛财，《卖炭翁》中的场景就是唐政府后期走投无路的体现。

最终，连年灾荒加上沉重的赋役所导致的**黄巢起义**，军粮短缺所造成的唐军实力下降，都是唐政权灭亡的直接原因。缺粮问题，就如同一个困扰长安城的魔咒，一旦切断粮食运输线，整个国家便会陷入困境。粮食短缺恐慌历历在目，也让后来的统治者看到了关中的软肋，关中地区逐渐退出历史舞台……

基于此案例，教师可以通过一系列问题链条，总结出粮食安全的影响因素，实现安全的途径，应对危险的手段，以及粮食安全对国家安全的影响。关中地区历史时期粮食安全问题梳理如图6-2-3所示。

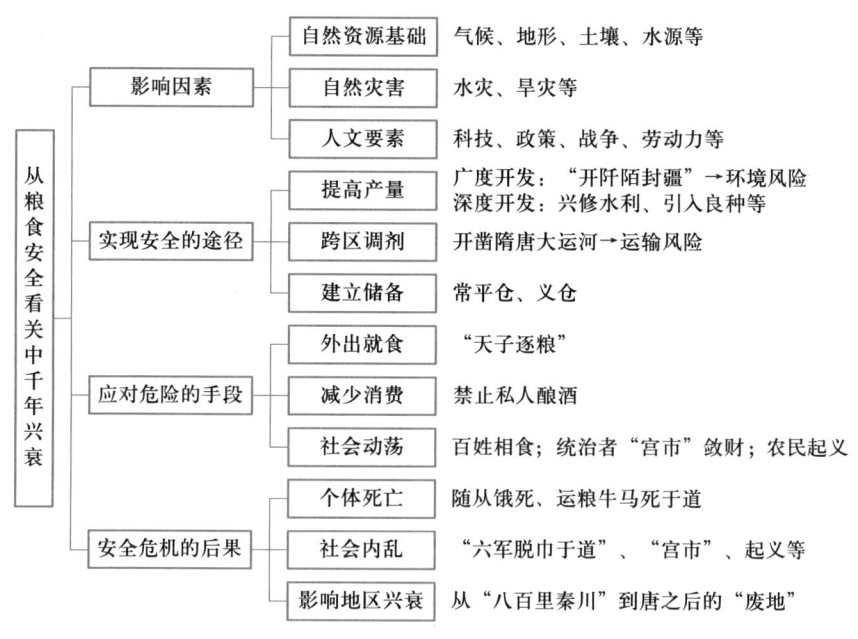

图 6-2-3 关中地区历史时期粮食安全问题梳理

案例评析：上述案例，以关中地区的兴衰为视角，探讨了历史上影响粮食安全的因素，实现粮食安全的措施，以及粮食安全对本地区乃至国家安全的影响。包含了教材"资源、环境与国家安全"的"粮食生产安全的资源基础"中耕地资源、水土资源配置以及气象灾害等对粮食产量的影响，以及"实现粮食安全的途径"中立足国内保障粮食安全的途径，比较具体地解释了资源安全对国家安全的影响。

（二）引入热点案例，提高课堂的时代性、活跃性和真实性

构建开放式的地理课程，是新版课程标准的三大基本理念之一。因此，地理教学要充分重视校内外课程资源的开发和利用，着力拓宽学习空间，倡导多样化的地理学习方式。时事热点就是一种宝贵的课程资源，具有与生活密切相关、时代气息浓、反映人们普遍关心的问题等特点。地理学科与生产、生活实际密切相关，许多时事热点与教学内容密切相关。

【案例4】

引入热点案例反映石油供需与我国能源安全问题

热点案例举例	案例引入意图
（1）我国推广使用新能源汽车 （2）我国铁路方面进行电气化改造	新课导入，以新能源汽车的普及和我国近年来在交通领域的"新能源化"的热点事件引发学生思考
（3）我国石油消费量远超生产量，石油价格节节攀升 （4）我国汽车保有量再创新高，汽车石油消费占比巨大	通过身边的热点事件，使学生明晰石油消费结构，了解我国石油消费量及消费途径不安全，从**需求角度**反映我国的能源安全问题

续表

热点案例举例	案例引入意图
（5）我国原有陆地主力油田陆续进入量产递减阶段，开采难度不断增大 （6）我国石油进口来源国动荡不断，如"阿拉伯石油禁运""两伊战争""第一次海湾战争""四次石油危机"等 （7）我国海上石油运输路线评价——"海上生命线"马六甲海峡	通过热点事件展示我国的石油产量困境、进口来源不安全、进口运输方式不安全，从**供给角度**反映我国的能源安全问题
（8）我国建设9大国家石油储备基地 （9）我国综合能源基地建设 （10）我国五大能源战略通道建设 （11）我国可再生能源的发电量领跑全球，不断提高新能源比重，优化能源结构	引导学生思考我国能源安全的应对策略。首尾呼应，使学生认识我国开发新能源的必要性和迫切性，并将能源安全上升至国家安全高度，增加危机意识，培养学生爱国主义情怀

教师用这些热点案例将课堂串联起来，教学流程如图6-2-4所示。

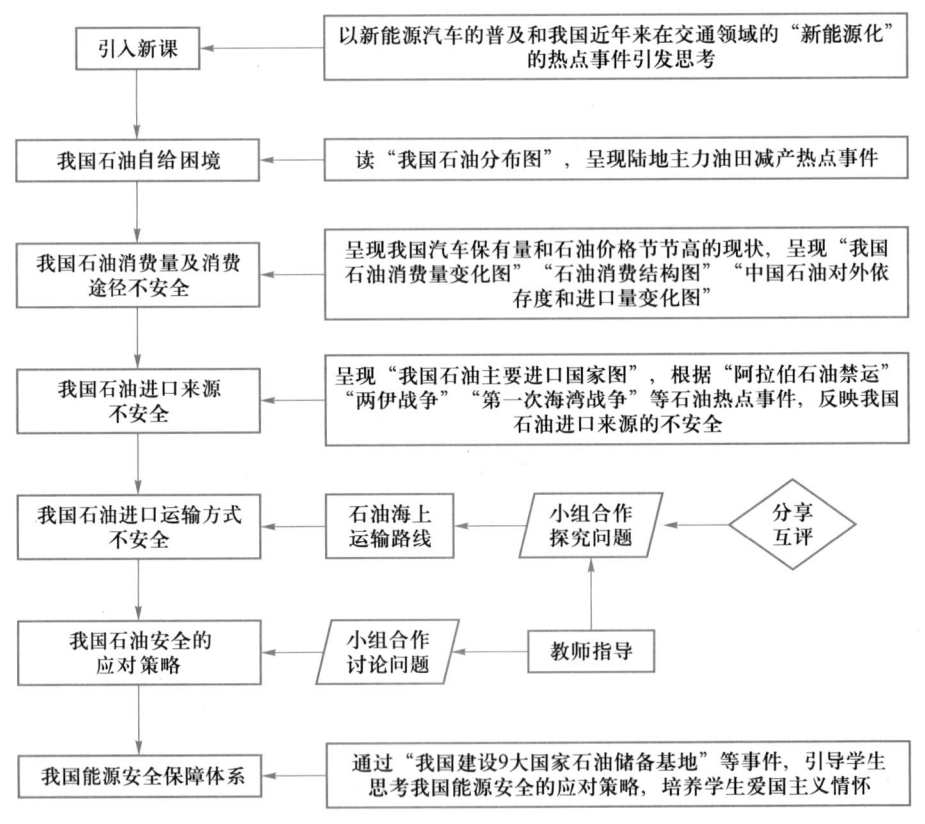

图6-2-4 石油供需与我国能源安全教学流程

案例评析：石油安全是各国经济发展的"命脉"，牵动着许多国家战略的"神经"，本身就是全球关注的热点事件。上述案例充分利用新闻、报道中的热点事件，并对其进行加工，提炼出与石油安全相关的知识点。引导学生分析生活中的地理，综合考虑各个要素之间的相关性，意识到石油供需与能源安全之间的关系。逐步培养学生的高阶思维，提高其分析和解决地理问题的能力。

三、拓展第二课堂，利用多样化课程自主实践探究

有条件的学校可以妥善利用身边的地理（乡土地理）进行教学，让学生先从自己熟悉的区域开始认知，利用已有知识对身边事物进行分析，并比较乡土地理与其他区域地理的异同点，促进知识掌握和能力迁移。第二课堂要基于学生兴趣爱好，明确活动方向和目的，发展多样化的形式，确保活动内容多样化、趣味性强，让学生在开放的、多元的空间参与活动。地理教师在进行第二课堂教学时，不仅应注重结果性评价，更应注重过程性评价，在活动过程中对学生的行为表现及时给予反馈信息，针对学生的整体表现进行调整，以取得更好的教学效果。

【案例5】

利用第二课堂认识粮食生产的资源基础

某中学原本有一条狭长的绿化带，经过申请学校允许将这片草坪变成一片农场。于是师生共同努力，想要在这片农场上种植北方地区的典型粮食作物——冬小麦。由此设定第二课堂的教学实践任务：采用哪些途径可以尽可能提高学校农场冬小麦的总产量？在实践过程中学生主动提出以下进阶式问题：

① 能否增加耕地数量？
② 在耕地数量有限的情况下，如何提高小麦总产量？
③ 如何提高小麦种植的单位面积产量？

通过这样一系列进阶式的问题，学生自主进行除草、开荒、平整土地、选择小麦品种、设置开沟间距、施肥、灌溉、适当喷洒农药、覆盖地膜等。主要目的是提高耕地质量，可以归纳概括为通过增加人力、物质和技术投入，从耕地利用率、养分、水热资源保障能力、作物品种和栽培技术、田间管理水平等方面，挖掘提高粮食单位面积产量的潜力。

案例评析： 以上案例中，教师利用第二课堂指导学生开展学习活动，深化基础知识，拓宽视野，顺利突破了"实现粮食安全的途径"这一重点，对学生粮食安全意识的培养产生了潜移默化的影响。

 教学建议

通过"开展单元教学""构建教学案例""开拓第二课堂"三个方面的策略，本节试图在国家安全视域下，将资源、环境与国家安全进行有机结合，以资源、环境与国家安全的关系为线索组织教学，意图充分发挥地理课堂对学生国家安全意识的培养和提高的巨大作用。

由于客观条件和实践能力有限,在案例设计及实践活动中可能会出现一些问题,在教学研究和教学实践中教师要不断完善、反思、总结,以期获得改进。

6-2　数字资源

6-3 如何通过项目式学习开展"资源、环境与国家安全"的教学？

关键问题的基本内涵

"资源、环境与国家安全"是《普通高中地理课程标准（2017年版2020年修订）》中的全新模块，是从地理课程的角度落实国家安全教育的举措。本模块内容的综合性较强，包括"自然资源开发利用""环境保护""资源、环境对国家安全的重要意义"三部分内容，且内容与我国重大国家战略密切相关，是我国现实发展过程中地理环境与人类活动关系的生动写照。[①]

在教学过程中如何利用案例和素材，引导学生从国家层面理解保障资源和环境领域国家安全的措施，并从个人层面理解公众参与解决资源环境问题的主要途径，是教师开展本模块教学以落实学科核心素养要求、培育学生家国情怀过程中，较为关键的问题。

项目式学习是一种动态的学习方法，它强调以学生为中心，学生组建团队，在一个根据关键素材构建的环境中，运用相关知识合作探究解决某一开放式问题的新型教学方式。[②]通过项目式学习，学生主动探索现实世界的问题，在这个过程中更深刻地理解知识，主动运用和掌握技能。这一特点与课程标准提出的要求——"根据学生地理学科核心素养形成过程的特点，科学设计地理教学过程，引导学生通过自主、合作、探究等学习方式，在自然、社会等真实情境中开展丰富多样的地理实践活动"不谋而合。

然而，项目式学习在我国发展及应用的时间较短，大部分学校还处于摸索阶段，理论和实践尚不成熟，可供借鉴的经验相对较少。此外，开展地理项目式学习需要耗费大量精力和较长的时间。教师要具备专业的地理知识，学生需要花费较多时间去图书馆、上互联网、实地走访，获得资料和相关素材。

因此，在开展"资源、环境与国家安全"教学时，如何将教学内容与生活实践相联系，并与生活中的教学素材进行整合，设计适合学情、具有操作性的地理学习项目，便尤为重要，也是高中地理教学中亟待解决的关键问题。

[①] 韦志榕，朱翔．普通高中地理课程标准（2017年版2020年修订）解读［M］．北京：高等教育出版社，2020．

[②] 郭志莲，胡晓丽，王美玲，等．项目式学习应用于地理教学的SWOT分析［J］．中学地理教学参考，2018（22）：4-5．

关键问题的解决途径与教学案例

一、项目式学习课程设计策略

(一)设计符合课标要求的实践项目主题

将项目式学习运用在选择性必修 3 "资源、环境与国家安全"的教学中,项目主题的选择是非常关键的一步。从教学内容来看,并非全部的课标要求均适合采用项目式学习的方法。从时间和课程资源的角度来看,项目式学习需要投入的时间较长,教师要结合学情和实际条件等,对项目主题进行可行性分析。此外,项目式学习作为一种教学模式,强调以学生为中心,以小组合作的方式,在真实情境下完成一系列相互联系的任务,因此还要考虑学生的兴趣。建议教师把握以下项目主题确立依据(表 6-3-1)。

表 6-3-1 项目主题确立依据

基 础	来 源	特 征	承 载
课程标准、教材 教学内容 学生经验	身边的问题 当前热点问题	真实情境 学生兴趣 具有可操作性	学科核心素养 主干知识

以"资源、环境与国家安全"模块为例,我们将课程标准中的核心知识点、概念、基本原理,逐一进行罗列与分解,打破教材原有的章节顺序与结构,梳理项目主题(表 6-3-2)。

表 6-3-2 以"资源、环境与国家安全"模块为例梳理项目主题

序号	项目主题	对应课标内容要求
1	如何实施藏粮于地、藏粮于技战略保障粮食安全	3.3 运用图表,解释中国耕地资源的分布,说明其开发利用现状,以及耕地保护与粮食安全的关系
2	如何改进灌溉方式提高水资源利用率	3.1 结合实例,说明自然资源的数量、质量、空间分布与人类活动的关系
3	如何提高清洁、高效能源比重,减少对化石能源的依赖	3.2 以某种战略性矿产资源为例,分析其分布特点及开发利用现状
4	改造或兴建"绿色建筑"探索节能减排的有效途径	3.5 运用碳循环和温室效应原理,分析碳排放对环境的影响,说明碳减排国际合作的重要性
5	编制学校突发环境事件应急预案	3.8 举例说明环境保护政策、措施与国家安全的关系
6	如何增强中学生资源、环境安全意识	

（二）确定符合学情的学习目标

围绕项目主题确定的学习目标，是进行后续项目活动的指南。学习目标应基于地理课程标准，遵循可操作性、具体性、可衡量性、可实现性原则。

【案例1】

"如何实施藏粮于地、藏粮于技战略保障粮食安全"项目的学习目标确定

粮食安全与我国重大国家战略密切相关，在学生学习了我国耕地资源与粮食安全的基础上，教师设计了将耕地保护问题进一步延伸，便于学生开展研究的项目主题——"如何实施藏粮于地、藏粮于技战略保障粮食安全"。

我国幅员辽阔，学生应针对不同地区各自耕地现状，因地制宜，形成资源安全的区域认知，加深对国家与资源相关的重大战略的理解。因此开展项目式学习要结合各自区域特点和耕地存在的问题，提出有针对性的措施。

因此，我们将学习目标确定为以下几点：

① 通过查阅资料，理解藏粮于地、藏粮于技的含义，分析该战略提出的原因。

② 通过查阅资料，了解历史和现实中因地制宜藏粮于地的典型案例，说出各地区因地制宜提高粮食生产能力的措施。

③ 通过开展耕作体验活动或调查所在地区周边农场，了解某地区农业发展现状，提出当地藏粮于地的可行方案。

案例评析：上述案例中，学习目标之间联系紧密，教师在开展项目式学习的不同阶段，提出具体可操作性的目标，引导学生充分发挥主观能动性，既了解了国家战略，又通过解决身边的实际问题加深了对"藏粮于地、藏粮于技战略保障粮食安全"的理解。

（三）设计层次清晰的项目学习问题

"资源、环境与国家安全"模块的课标内容要求重点是关注资源安全、环境安全，这些内容都与国家安全息息相关，解决各种全球性、区域性资源和环境问题对国家安全具有重要意义。然而，对这些全球性、区域性资源和环境问题的解决，一方面需要国家从战略层面提出保障策略，另一方面也需要包括学生在内的全体公众的积极参与。

因此，如何引导学生理解国家重大战略，并积极参与到保障资源安全、环境安全的实际行动中，是开展项目式学习需要关注的问题。教师要围绕项目主题对学习内容进行具体细化，设计明确、清晰的项目学习问题，从而逐步引导学生解决实际问题。以下是两个关于问题设定的案例。

【案例2】

"改进灌溉方式提高水资源利用率"项目的问题设定

前期调查：后勤人员针对校园绿化带的主要灌溉方式有哪些？

模拟分析：通过模拟实验分析，现有灌溉方式的灌溉效率怎样？对生态环境的影响有哪些？

统计计算：现有灌溉方式的经费投入（设备投入、灌溉频率及水费、人工成本等）是多少？

撰写报告：校园绿化带应采取怎样的灌溉方式？为什么？（经费投入、灌溉有效率等方面）

改进效果：了解学校是否采纳相关建议及原因，新型灌溉方式的效果如何。

案例评析： 该案例结合校园灌溉方式这一具体实例，引导学生关注水资源的数量、质量、空间分布与人类活动的关系。教师设计了五个方面的具体问题，引导学生对比不同灌溉方式在灌溉效率、经费、生态效益等方面的影响。在开展活动时，可围绕学校所在区域的自然环境特征及学校实际情况，调整具体问题设置或项目过程顺序，引导学生充分发挥主观能动性，解决实际问题。教师在引导学生开展活动时应适度提示学生，除关注校园绿化带这一小尺度区域外，还可从宏观尺度分析灌溉方式对区域水资源利用的影响，进而提升至国家安全层面以及国家战略层面维护资源安全的重要性。

【案例3】

开展耕作体验项目的问题设计

基于案例1确定的学习目标，在开展本项目学习时，教师应重点根据学校所在地区耕地和粮食安全状况及学生区域知识背景等实际情况，进行更具体的问题设计。

下面仅围绕案例1涉及的本项目的学习目标③"通过开展耕作体验活动或调查所在地区周边农场，了解某地区农业发展现状，提出当地藏粮于地的可行方案"，介绍在开展耕作体验实践项目过程中，可提出的具体问题。

1. 项目背景介绍

为深入贯彻落实中共中央、国务院在2020年3月印发的《关于全面加强新时代大中小学劳动教育的意见》精神，切实贯彻习近平总书记对制止餐饮浪费行为做出的重要指示。结合教学实际需求，某中学设计开展了华北地区冬小麦耕作体验项目式学习课程。课程旨在通过学生主动探索和解决麦地选址、耕作过程、产品销售等环节中面临的现实问题和挑战，提高学生解决实际问题的能力，培育学生劳动最光荣的观念，使学生具备满足生存发展需要的基本劳动能力，形成良好劳动习惯。加深对"藏粮于地"国家粮食安全保障策略及地理学科相关知识内容的理解，帮助学生基于农业生产特点和区域环境特征，理解农业区位的含义，理解并掌握农业的主要区位因素，进行农业区位的选择，也有助于学生认识农业生产活动与地理环境的相互影响。

2. 不同阶段项目问题的设定

该项目设计的初衷是让学生体会藏粮于地、藏粮于技战略的具体实践，感受在农业生产环节中，农业技术对保障和提高粮食生产能力方面的重要意义。因此在不同阶段，可以设计符合农业生产实际的系列问题，引导学生思考并解决农业生产过程中的困难。以下为种植冬小麦不同阶段可引导学生关注的问题示例。

核心问题：如何实施藏粮于地、藏粮于技战略保障粮食安全？

驱动性问题：在校园种植冬小麦并提出校园藏粮于地的可行方案。

内容性问题见表6-3-3。

表 6-3-3　开展耕作体验项目学习活动的内容性问题示例

项目主要阶段	内容性问题设计	加深学生对藏粮于地、藏粮于技战略的理解维度
准备期	1. 我们日常食物，饺子、面包、面条、馒头、烙饼等是来源于什么农作物？我们能自己种小麦包饺子吗？ 2. 小麦生长需要哪些条件？能否在校园里找到一片相对适宜的场所？ 3. 农场选址及主要依据是什么？该地种植小麦有什么优势和不足？ 4. 种小麦还需要哪些准备工作呢？ 5. 种小麦的主要生产阶段有哪些？制订小麦耕作计划	1. 耕作经验及耕作技术对农业生产的重要性； 2. 农业气象数据对农业生产的重要性
播种期	1. 原绿化草坪的土壤是否可以满足小麦正常生长？ 2. 锄草翻地的技术要领是什么？手动拔草、铁锹除草的对比，各种方法的优点和不足？ 3. 计划采用哪些土壤改良措施？ 4. 化肥使用数量及施撒要点？ 5. 如何提高疏松土壤的效率？	1. 提高自动化、机械化水平对提高农业生产效率的重要意义； 2. 加大科技投入对农业生产的重要性
出苗期	1. 减少鸟患、病虫害的主要措施有哪些？ 2. 为保障小麦平稳越冬要采取哪些措施？ 3. 冬灌水的技术要领是什么？	1. 农业技术措施对粮食安全生产的重要作用； 2. 提高水资源利用率的主要途径及其对农业生产的影响
越冬期	可采取哪些农业技术措施缓解寒潮带来的低温冻害对小麦生长的影响？	农业技术措施对粮食安全生产的重要作用
返青期	1. 返青水浇灌的要领是什么？ 2. 如何提高水资源利用率？	农业气象数据对农业生产的重要性
拔节期	1. 追肥的技术要领是什么？ 2. 如何使用更加环保的措施提高土壤肥力？	1. 农业技术对粮食安全生产的重要作用； 2. 提高农业技术对保障农业可持续发展的重要意义
成熟期（收获期）	1. 如何提高收割效率，抢种夏粮？ 2. 如何将收获的小麦进行加工制成面粉？ 3. 夏粮的选择及依据？	提高自动化、机械化水平对提高农业生产效率的重要意义； 了解不同作物生长习性、单产、耕种要点等
项目总结期	1. 种小麦的全部生产流程的投入成本和产出效益？ 2. 整个生长周期的投入成本和产出效益？ 3. 在校园种植冬小麦并提出校园藏粮于地的可行方案	感悟粮食生产的艰辛，体会节约粮食、藏粮于地、藏粮于技的重要性

案例评析： 以上是在校园内可具体操作开展的项目式学习案例，该案例以校园种小麦活动作为载体，学生通过参与种小麦的全部过程，加深了对必修地理 2 模块内容要求"说明工业、农业和服务业的区位因素"的理解。同时，教师在学生完成项目的过程中，不断追问、启发引导学生思考各环节中可以提高粮食生产能力的措施，以小见大，逐步认识到藏粮于地、藏粮于技战略对保障粮食安全的意义。

（四）建立落实素养的评价方案

项目式学习强调使用多种评价方式来进行评价，采用过程性评价与结果性评价相结合的评价方式，以检验学习目标达成情况、学业质量水平达成情况，及地理学科核心素养水平。

对学生实施项目情况的评价，可以是师评，也可以是自评，还可以是同学间的互评。自评主要是学生对项目作品的设计不断进行调整、改进，在反思中进行自我评价；互评主要是小组内成员在合作探究过程中每个人的表现进行评价；师评主要是教师对每个人的阶段性表现与最终项目成果展示的综合评价。

不同评价方式采用不同的评价工具，下面以"编制学校突发环境事件应急预案"项目式学习为例，利用评价量规（表6-3-4）、评价表（表6-3-5）等方式进行评价。

表6-3-4 "编制学校突发环境事件应急预案"项目式学习评价量规

评价指标	5分	4分	3分	2分	1分	0分
作品内容观点明确，思路清晰						
项目作品内容正确，无明显错误						
项目作品新颖，具有创新力						
项目作品结构合理，逻辑性强						
项目作品美观，具有美感						
作品展示者语言表达准确且流畅						
作品展示者表现得体，声音洪亮						

表6-3-5 "编制学校突发环境事件应急预案"项目式学习评价表

小组名称			
组长		组员	
组长所做工作（打√）	□很好	□一般	□较差
组内合作情况	组织分工（请简单描述）		
	参与学习（请简单描述）		
	交流情况（请简单描述）		
	合作效果（请简单描述）		
1. 小组内进行项目作品制作时，遇到哪些困难，是怎样解决的？			
2. 小组活动中具体的分工情况，谁在小组活动中表现得最好？			
3. 小组活动中存在哪些不足，以后应该如何改进？			
4. 简单分析本小组项目探究的情况			
组长签名		组员签名	

二、项目式学习的实施策略

（一）合理安排项目学习的时间和空间

项目式学习需要学生主动去探究，在探究活动过程中还要进行相应的验证、评价，因此完成项目的用时较长。建议教师结合课堂教学进度合理安排项目学习进度，或可以采用课上与课下相结合的方式来进行，尽可能精选项目式学习内容，也可以将项目式学习中学生生成性的教学资源作为课堂教学素材，起到事半功倍的作用。

从空间角度来看，有条件的学校可以充分利用学校提供的各类环境（如地理教室或其他学科专业教室）开展相关实验或探究活动。但也不必拘泥于校园中的传统学习环境，可以将学习空间进行拓展延伸，充分利用校园内各类资源，如利用绿化带开展耕作体验活动理解粮食安全和国家安全的关系，利用校园屋顶空间改造或兴建"绿色建筑"探索节能减排的有效途径；也可以通过学校或学生所在社区开展切实可行的项目式学习活动；还可以利用网络学习国家战略层面的宏观内容。

（二）提供必要的学习素材及资源支持

在开展项目式学习过程中，教师不必将自己预想到的学习素材和资源全部提供给学生，要充分发挥学生的主观能动性，在解决实际问题过程中，让学生探索可能需要的课程资源。

对一些较难理解或需要深入探索的问题，如果学生的资料来源比较匮乏，则教师可以为学生提供一些相应收集资料的网站或途径，增加学生的地理信息获取来源，或者直接用文字、视频等多种形式为学生提供相应的教育资源。但需要注意的是，教师为学生提供的教育资源不能直接给出学生答案，只是扩大学生相应的知识面，为其问题的解决提供参考。

【案例4】
项目式学习中教师提供学习资源的途径与方法

学校原本有一片草坪，根据我们在选址时分析的区位条件，这里的土壤应较为肥沃。然而这里建筑垃圾众多，土层浅薄，虽然后勤师傅为我们补了一些从旁边建筑工地运来的土层，但总体上看，这里的土壤肥力较低，我们需要施撒肥料，以提高土地生产力。

校内大多数"种粮专家"（保安、物业师傅等有经验的人士）给我们的建议是施撒有机肥（如鸡粪）。但考虑到补土时已经让楼上的师生忍受了臭味，我们还是决定放弃这种施肥方式。

农科院专家建议我们施撒磷酸二铵作为底肥。那么应该施肥多少呢？专家给出的标准是每亩地施肥50千克。接下来的问题困惑住了同学们：亩是什么单位？一亩等于多少平方米？我们的地有多少亩？

教师把这个任务交给两位同学，他说："我最终只要结果哦！需要五个小袋分别装各块地要施撒的化肥。"两位同学承担起了这个艰巨的任务，他们先用皮尺测量各块地的面积，根据1亩=666.67平方米计算出每块地需要施用的化肥质量。然后跑到学生食堂寻求帮助，他们用电子秤称量了相应的化肥质量，并从工作人员那里要来了塑料袋，把称好的化肥分别装袋，圆满完成了任务！

案例评析：上述案例中，教师为学生提供了必要的学习资源，如聘请了农科院专家为学生提供帮助，但学生也自行寻找了"种粮专家"（保安、物业师傅等有经验的人士），同时根据教师的活动任务，自行前往食堂寻求帮助，体现了自行获得必备学习资源的能力。教师在组织项目式学习时要充分留给学生学习空间，注意在学生有需要时提供必要的支持即可。

（三）做好自己的角色定位

项目式学习以学生为主体，教师要做好项目设计的参与者、指导者、监督者和管理者等。项目前期，教师应充分听取学生的建议，以项目设计参与者的角色，与学生共同确定项目方案；探究阶段，教师应根据学习目标指导学生完成具体任务，便于学生理解项目意图，尤其是遇到不可预见的问题时，教师要做好指导者的角色；为保障学习活动的有效性与有序性，教师还应做好监督者和管理者的角色。此外，教师还要根据项目评价方案做好评价者的角色。总之，在项目式学习过程中，教师要做好自己的角色定位。

 教学建议

项目式学习作为一种新型的教学方式，在突出学生的主体性，培养学生主动获取知识、解决问题的技能方面具有传统教学不可比拟的优势。将项目式学习运用到"资源、环境与国家安全"模块的学习过程中，有助于学生通过项目研究的方式解决实际生活中的问题，以小见大，理解资源、环境与国家安全的关系，增强保护资源与环境、维护国家安全的意识。

在实际开展项目式学习过程中，如果项目式学习主题过大，研究内容偏多，则容易造成学生因没有相应的知识储备量而失去兴趣，再强行进行项目式学习，结果可能会适得其反。教师应注意发挥项目式学习的优势，挖掘其在地理教学中的应用潜力，从而更有效地促进学生核心素养的发展。

6-3 数字资源

6-4 如何创设教学情境帮助学生树立"绿水青山就是金山银山"的理念？

关键问题的基本内涵

2005年8月，时任浙江省委书记的习近平同志在浙江省安吉县余村考察时，首次提出了"绿水青山就是金山银山"的科学论断。绿水青山代表自然环境，金山银山代表人类社会，从"既要绿水青山，也要金山银山"到"宁要绿水青山，不要金山银山"再到"绿水青山就是金山银山"的转变，说明人们对生态问题的重视和可持续思想的深入，"两山论"在系统阐述经济发展与生态保护相互关系的同时，更加突出了生态先行的理念。"绿水青山就是金山银山"之所以能成为地理教学的关键问题，是基于生态文明建设的本质要求和地理学科的根本属性。

改革开放后，我国经济的飞速发展、人口的快速增长不可避免地带来了资源短缺、环境污染等问题。面对严峻的生态形势，走可持续发展之路成为必然选择。2012年11月，党的十八大做出"大力推进生态文明建设"的决策，首次提出"五位一体"的总体布局，突出了生态文明建设的重大意义，是关系人民福祉、关乎民族未来的长远大计。2017年10月，党的十九大提出建设生态文明是中华民族永续发展的千年大计，必须树立和践行绿水青山就是金山银山的理念。生态文明已经成为社会主义建设的重中之重。教育的使命应该为社会需求服务，地理学科要充分体现其育人价值，贯彻落实绿色发展的理念。

地理学是研究地理环境以及人类活动与地理环境关系的科学，人地关系是地理学研究的核心主题，人地协调观是地理核心素养中的基本价值观。学生通过高中地理学习，要树立和强化人类与环境协调发展的观念。通过学习，学生能够辩证看待人与自然的关系，并对环境和发展问题建言献策。人地关系体现在地理教学的方方面面，地理学的性质也为环境教育提供了丰富的素材，相比其他学科，地理学科在帮助学生树立人地和谐、科学发展理念方面具有独特的优势，有助于落实立德树人的根本任务。

关键问题的解决途径与教学案例

2013年，教育部启动了普通高中课程修订工作，关于学科课程标准的变化之一就是更新了教学内容，使课程内容情境化。"情境"顾名思义就是情景、环境。"情境教学"是指在具体的课堂教学中，教师结合教学内容和学情，借助一定的手段创设一个特定的学习场景并引导学生在其中实现知识获得和深度体验，[①] 基于真实情境的课堂教

[①] 吴惠荣. 情境教学法在地理教学中的应用研究[J]. 高考, 2020 (24): 28.

学有利于学生发现和解决现实问题，促进学科核心素养的落实。课程标准明确指出，在各类"情境"中，包括联系学生日常生活的情境，地理与生产联系的情境以及地理学术情境。教学情境的创设可以通过以下一些方式实现：① 充分利用地图；② 从历史故事、社会热点事件、熟悉的生活场景引入；[①] ③ 借助多媒体丰富视觉、听觉感受；④ 运用旧知识，以旧带新。[②] 情境多种多样，不局限于这几种，只要能够达到教学目的，就可以推广使用。

一、课程内容议题化——借助有争议的具体事件开展教学

【案例1】

进口"洋垃圾"是明智之举吗？

课题：环境污染与国家安全——跨国污染问题的应对。

1. 对应课标：结合实例，说明污染物跨境转移对环境安全的影响。
2. 教学活动

环节一：案例导入	
教师活动1 （1）引入教材案例"我国禁止'洋垃圾'入境，从源头上控制境外污染物的输入"，并提出问题：进口"洋垃圾"是明智之举吗？如果要论证该问题，应该从哪些方面来收集资料以提供论据支撑？ （2）对学生提出的问题加以引导和总结，确定基本方向：① 我国"洋垃圾"问题的发展过程及现状（用图表化数据呈现材料）；②"洋垃圾"进口的背景；③ 禁止进口"洋垃圾"的原因；④ 分析进口"洋垃圾"的利弊；⑤ 禁止进口"洋垃圾"对我国的影响。 （3）结合提出的问题全班分组、明确分工	学生活动1 阅读案例 确定主要问题 分组讨论
活动意图说明：确定主题，分组讨论，引导学生将复杂的、不良结构的情境转化为简单的、结构良好的情境，能从现实问题中抽离出需要学科知识支撑的那部分内容，也就是将情境学科化，降低收集资料的难度；在此过程中加强学生获取和解读并得出有效信息的能力	
环节二：小组展示	
教师活动2 提出建议并小结：收集资料的一般方法、内容的呈现方式等	学生活动2 分组展示
活动意图说明：在收集资料的过程中，学会获取信息的方法，加深对我国"洋垃圾"问题的认识，从而更好地理解国家政策是因时因地不断发展变化的	
环节三：课堂小结	
教师活动3 结合案例，小结跨国污染问题的应对措施：事前预防、事中控制、事后治理	学生活动3 听讲并笔记
活动意图说明：从实践到理论，加深对教材知识的理解；从单方应对到多边合作的过渡，为下一个教学环节奠定基础	

---

① 孙颖. 创设教学情境，优化地理课堂［J］. 天津教育，2021（1）：50-51.
② 丁兆宝，唐婉容. 情境教学视域下高中地理常态化好课设计的三步进阶［J］. 地理教学，2021（3）：14-16.

案例评析： 该案例以社会热点事件为情境，以"我国禁止'洋垃圾'入境"的实例为背景，讲述了污染物跨境转移事件，以及我国应对跨国污染问题的国家战略和措施，说明了环境保护政策、措施与国家安全的关系，污染物跨境转移对我国的生态环境造成了极大破坏，反过来阻碍了社会进步，经济发展不能以破坏自然环境为代价，所以政策在变化，也正体现了"绿水青山就是金山银山"的理念。通过案例学习，学生也逐步形成关注国家和世界地理问题的家国情怀与世界眼光。

该案例采用"情境创设—小组探究—成果汇报—总结方法"的问题式教学模式，以社会热点事件"我国'洋垃圾'问题"为情境，提出"进口'洋垃圾'是明智之举吗？"这个核心问题。进口"洋垃圾"怎么会是明智之举？这个问题的背后会不会有一些我们不了解的情况？通过设问激发学生的好奇心和探究欲望，教师对此问题不直接进行回答，而是引出论证该问题所需的论据支撑，师生合作将以上提出的核心问题分解形成问题链：背景—现状—利弊—影响，学生根据小主题确定收集资料的方向，组内通过合作探究、课后查找，先对各问题进行思考；经过全班的展示汇报，共同总结，其实也就完成了对核心问题的回答；最后从实践到理论，了解跨国污染问题的一般应对方法。小组汇报环节可以采用辩论的形式，不仅便于在课堂中实施过程性评价，综合考查学生的表达能力、获取与解读信息能力、辩证思维等，还深化了核心问题，使议题式的主题更明确、更突出。

议题是有争议性的，以具体事件为议题的内容载体，从地理学科视角设计具有"争议价值"的问题，从而让学生在讨论、争议中获取知识和形成决策方案。[①] 本案例的争议性如何体现呢？任何事物的存在都有其必然性，"洋垃圾"能被进口，是因为它满足了当时社会经济发展的需要；而现在被禁止，是因为它造成了严重的环境问题，也与现阶段我国的生态建设理念背道而驰。有双重效果的事件不能简单地定义它好或者不好，争议性便由此而来。从不同的社会阶段来看，"准入"和"禁运"都在当时产生了积极意义，时代不同要求不同，国家政策也在因时而变。对有争议性的事件要从利弊两方面客观看待，这也是在培养学生用发展的眼光看事物的辩证思维。

二、巧用视频资料，深挖教学资源

【案例2】

从《山海情》中的菌草种植看生态修复

课题：生态保护与国家安全——实施生态修复。

1. 对应课标：结合实例，说明设立自然保护区对生态安全的意义。
2. 教学活动

---

① 张述林，林培英，杨光. 地理课程及教材内容议题化的基本路径［J］. 中学地理教学参考，2018（9）：30-33.

环节一：观看视频	
教师活动1 播放电视剧《山海情》视频片段	学生活动1 观看视频片段
活动意图说明：通过视频引入，提高学生关注度，激发学生的学习兴趣	

环节二：情境探究	
教师活动2 （1）出示相关资料并提出问题： ① 该地面临的主要生态问题是什么？该生态问题形成的原因？ ② 该生态问题对当地的破坏体现在哪些方面？ ③ 面对生态破坏，该地的具体措施及带来的影响？ （2）小结：生态修复的目的、具体方式； （3）了解我国开展的主要生态修复工程及成效	学生活动2 思考并回答问题 阅读教材及笔记
活动意图说明：以具体区域为例，使学生在真情境中提出问题、分析问题、解决问题，加强区域认知，掌握区域问题分析的一般方法；通过生态修复的实例，切实感受我国在生态建设方面所付诸的努力和取得的成就，培养家国情怀	

环节三：迁移应用	
教师活动3 结合宁夏的区域特征和面临的生态问题，推测视频中的生态修复措施还可以推广到世界哪些地区？	学生活动3 讨论并回答问题
活动意图说明：从已知到未知，从具体到一般，考查学生世界地理概况和区域认知能力的落实	

【案例3】

从《辉煌中国》中的新能源利用看自然资源的数量

课题：自然资源及其利用——自然资源的数量特征。

1. 对应课标：结合实例，说明自然资源的数量、质量、空间分布与人类活动的关系。

2. 教学活动

环节一：观看视频	
教师活动1 播放纪录片《辉煌中国》视频片段	学生活动1 观看视频片段
活动意图说明：通过视频引入，提高学生关注度，激发学生的学习兴趣	

环节二：情境探究	
教师活动2 出示相关资料并提出问题： ① 视频中提到的新能源有哪些？相应的工程建设集中在何地？并分析能源开发存在地区差异的原因。 ② 新能源的特点及利用中存在的问题。 ③ 为什么要开发利用新能源？	学生活动2 思考并回答问题
活动意图说明：以新能源为切入口，为"自然资源的数量特征"学习奠定基础；通过视频直观感受社会主义建设成就，了解国家发展方向，渗透爱国主义教育	

环节三：总结提升	
教师活动3 小结： （1）自然资源的数量特征（有限性与稀缺性） （2）自然资源的数量特征与人类活动的关系：应对资源短缺的可行性措施	学生活动3 阅读教材及笔记
活动意图说明：回归起点，吃透教材，深化学生重视课本内容、自主阅读并形成知识框架的意识	

案例评析：视频以其动态性、直观性、生动性的特点打破了传统课堂以教授为主的传统模式，凭借着在激发学生兴趣、加强知识理解、活跃课堂氛围等方面的独特优势，而被广泛应用于一线教学中。两个视频片段分别选自《山海情》和《辉煌中国》。《山海情》生动得讲述了20世纪90年代以来，宁夏西海固人民在东西对口协作下脱贫致富的故事；《辉煌中国》记录了党的十八大以来，中国经济社会发展取得的重要成就。影视作品和纪录片往往能够反映时代的现实问题，这些作品中有许多带有学科色彩的内容，都可以被挖掘而成为很好的教学资源。《地理教育国际宪章》提出：地理教育是为今日和未来世界培养活跃而负责任的公民。"活跃"要求学生具有创新意识、实践能力，善于发现问题并尝试解决；"负责任"要求学生具有主人翁意识，关心国家发展，了解社会问题，并能有主动为之出谋划策或身体力行的意识与行为。适宜的视频教学资源是实现地理教育理念的良好载体，也凸显了地理学科的育人价值。

三、加强地理实践，深化理论认知

社会调查作为人文地理学研究的重要手段，是指通过问卷、访谈等形式，有目的、有计划、有系统地搜集有关研究对象现实和历史状况材料的方法。一般程序为：确定选题—前期准备—实地调研—分析整理—总结汇报。①《普通高中地理课程标准（2017年版2020年修订）》的教学与评价建议明确指出，要加强地理实践，社会调查正是落实课标这一要求的具体途径。地理实践力作为地理学科核心素养之一，是指人们在考察、实验和调查等地理实践活动中所具备的意志品质和行动能力，表现在：① 能够用观察、调查等方法收集和处理地理信息，有发现问题、探索问题的兴趣；② 能够与他人合作设计地理实践活动的方案，独立思考并选择适当的地理工具；③ 能够实施活动方案，主动从体验和反思中学习，实事求是，有克服困难的勇气和方法。社会调查和地理实践力的内涵、表现是一致的，所以作为加强学生实践力、培养地理核心素养的重要方法，可以被应用在教学中，这也为教师创新教学方法提供了思路。但是要避免陷入形式主义的怪圈，不能为了更新教法而不顾实际地使用。这里的"实际"包含两层意思：一是哪些课题哪些内容可以使用；二是是否具备实施的可能性，比如有没有

---

① 赵静. 浅谈社会调查在人文地理实践教学中的应用［J］. 地理教育，2012（11）：60-61.

合适的开展地点、遇到的问题能不能克服。社会调查会占用更多的课时,也会耽误学生的课后时间,涉及外出的安全问题,任课教师要承担更重的责任等,这些弊端也要求教师去具体斟酌,还有这种方法在一线教学中的适应性如何等问题。

【案例4】

环境保护中的公众参与

课题:国家战略与政策——推动公众参与。

1. 对应课标:举例说明环境保护政策、措施与国家安全的关系。
2. 教学方法:社会调查法。
3. 教学活动

教师活动	学生活动
(1) 介绍我国"垃圾分类"的现状; (2) 确定分组和访谈内容; (3) 交流与成果展示	(1) 确定分组并讨论; (2) 开展调查活动,填写"垃圾分类"调查表(表6-4-1); (3) 成果汇报
活动意图说明:通过社会调查,提升地理实践力,在真实情境和实际生活中,了解公众参与重大事件的必要性和重要性,培养社会责任感	

表6-4-1 "垃圾分类"调查表

第___小组　　组长:_____

调查时间		调查地点		小组成员	
辖区概况	(社区: 栋 户 人 垃圾回收处) (学校: 层 班 人 垃圾回收处)				
调查目的					
调查内容	该地"垃圾分类"的实施效果如何?				
	公众对"垃圾分类"的了解程度如何?通过哪些途径可以获取信息或学习相关的知识?				
	如何评价"垃圾分类"这一做法?是否值得推广?				
心得体会					

案例评析:地理调查是一种能够体现学科特色的独特探究工具,它能帮助学生从地理视角深入理解当代面临的众多挑战,同时基于自身经验提出问题,并对那些影响

生活的议题做出回应。① 通过社会调查，课堂生成的问题在实地调研中得到解决，学生在这个过程中获得的不仅仅是学科知识层面的收获，更是通过自身努力与团队合作而克服困难时的喜悦和汇报展示时的成就感。也许平时成绩平平的学生能在访谈中与人沟通交流得心应手，也许平时答题语言组织不好的学生能在成果展示时用生动明了的方式把调查结果呈现出来。这种精神层面的满足感无疑会成为学生今后学习的动力。因此，结果性评价就不再是唯一的衡量标准，教师要重视表现性评价，关注学生在真实情境中完成某项任务时所表现出的学习态度、努力程度、语言、文字、创造、实践及问题解决能力的评定。

 教学建议

"绿水青山就是金山银山"这一理念直接指向的是地理学科核心素养中的人地协调观，价值观的培养要以知识为载体。教学内容的选择是多样的，但并不是让这个理念成为每一个主题、每一个章节的统领思想，而是帮助学生从宏观上完成阶段性学习后树立科学的环境观。

人地协调观也不是具体教学内容对应的唯一的素养，比如微观尺度下的区域要做到经济和生态的协调发展，首先考虑的应该是因地制宜，达成区域认知的素养。不必为了达成某一节课教学目标中学生人地协调观的培养，而在情境创设和案例选取上受到限制。

6-4 数字资源

---

① 张建珍，段玉山，龚倩. 2016 地理教育国际宪章 [J]. 地理教学，2017（19）：4-6.

后记

本书依据《普通高中地理课程标准（2017年版2020年修订）》，结合教师在教学过程中遇到的困难，设计了不同模块、不同类型的教学关键问题，通过理论与实践相结合的方式呈现，可操作性强，对高中地理教学具有较高的参考价值，有助于教师的专业发展。本书是对落实立德树人根本任务，培育地理学科核心素养路径的重要探索，是北京市海淀区地理教师集体智慧的结晶、专业研究成果的集中展示、新课程理念下的有益探索。

本书由策划、成稿到出版，凝聚着本书编委会每位成员的心血，也得到了各方领导和专家的鼓励和支持。吉小梅老师作为主编负责团队组建、组织协调、内容研制，胡望舒、刘一明、赵韬夫老师作为副主编负责统稿与内容审核等工作，一大批骨干教师为本书提供了优秀的教学课例，北京市海淀区进修学校罗滨校长为本书提出了宝贵意见，高等教育出版社王文颖编辑对书稿体例和内容提出了具有建设性的修改意见，使得项目研究和书稿撰写能够顺利进行。特此向以上领导、专家和老师表示衷心的感谢！

各章节执笔人承担的具体任务如下：

单元1	吉小梅　金梓乔　赵韬夫　马文华
单元2	王佳　刘一明　刘雪晴　程子序　刘倩　马文华
单元3	孟祥宏　罗慧　刘一明　胡望舒　王小丽
单元4	王佳　张琪　徐亚辉　沈平
单元5	胡望舒　沈莉　黄爽
单元6	辛超　张新悦　程子序　李倩

本书的编写使用了大量鲜活的教学案例，感谢老师们提供的宝贵案例：

案例作者	单　位	案　例　名　称
姬泽佳	北京市一零一中学	认识校园中的岩石
李鹤	北京市一零一中学	时事热点专题——海南
金梓乔	北京市一零一中学	区级空中课堂资源包的研发与利用
		垂直的生计——以千烟洲为例
		立足乡土的实践类地理课程资源开发
		京津冀协同发展

续表

案例作者	单 位	案 例 名 称
赵韬夫	首都师范大学附属中学	首都师范大学附属中学地理"四修"课程体系
		内力作用与地表形态
		山区的可持续发展——以黔东南为例
		华北平原农业发展的条件与制约因素
		旅游景观的成因
		"太阳辐射对地球的影响"实验设计
程子序	首都师范大学附属中学	某校地理专用教室的建设与利用
		爨底下村综合实践考察
		认识土壤实践活动
		农业耕作体验项目学习活动
宋丽芳	首都师范大学附属中学	"热力环流"模拟实验
王佳	首都师范大学附属中学	天文竞赛课程
		大气的受热过程
		陆地水体的相互关系
		"气压带、风带的形成与分布"单元教学设计
张新悦	首都师范大学附属中学	"洋流"单元教学设计
		"海洋空间安全"单元逆向教学
武大芬	北京交通大学附属中学	自然界的水循环
徐永利	北京交通大学附属中学	常见地貌景观的识别与欣赏
刘一明	北京交通大学附属中学	地理信息技术的应用
		"热力环流"模拟实验
刘倩	北京理工大学附属中学	热力环流
		地球的宇宙环境
		大气的受热过程
		太阳辐射分布图的阅读
罗慧	北京理工大学附属中学	工业区位因素的变化——以中国汽车工业为例
		商业性服务业区位因素的变化
		东风汽车厂的搬迁
张琪	北京理工大学附属中学	认识河流地貌
		河流地貌的发育
孟祥宏	中国人民大学附属中学	交通运输布局

续表

案例作者	单　位	案例名称
胡望舒	中国人民大学附属中学	认识海洋国情
		人类面临的主要环境问题
		中国区域发展实践
		区域与区域差异
丁利	中国人民大学附属中学	河流流域开发与保护
韦小宁 丁利	中国人民大学附属中学	生态脆弱区的综合治理
韦小宁	中国人民大学附属中学	地理区域的整体性和关联性
刘红艳	中国人民大学附属中学分校	城市化进程及特点
沈平	北京市第五十七中学	气候对自然环境的影响
张晴华	北京市十一学校	图说自然
何永德	北京市十一学校	地理视角看永定河的昨天、今天和明天
林燕 陈文芳	北京市十一学校	海绵小区（或校园）
林燕	北京市十一学校	乡村和城镇的空间结构
陈文芳	北京市十一学校	一个漂流瓶的旅行游记
马文华	北京市十一学校	试题评析（节选）
谷丰	清华大学附属中学	农业区位因素——以咖啡为例
梁红梅	中国民族大学附属中学	服务业区位因素及其变化
		"食宝街"与"新中关"
徐亚辉	北京市八一学校	三圈环流模型制作
		雾灵山植物土壤野外考察
王小丽	北京市八一学校	现代中学生的海洋权益意识
张晖	北京科技大学附属中学	自然环境地域分异规律
王龙	北京科技大学附属中学	地球的演化过程
潘琰	北京科技大学附属中学	自然环境的整体性
沈莉	北京航空航天大学实验学校中学部	工业区位选择——以首钢为例
贾媛	北京航空航天大学实验学校中学部	产业转移——以首钢为例
		景德镇还要不要走"世界瓷都"之路
		干旱的宝地——塔里木盆地
卢春梅	北京航空航天大学实验学校中学部	生态脆弱区的综合治理
冯丽君	北京航空航天大学实验学校中学部	资源枯竭型城市的转型发展
范志欣	北京航空航天大学实验学校中学部	水循环的地理意义

续表

案例作者	单 位	案 例 名 称
袁乃念	北京市一零一中学矿大分校	区域地理环境和人类活动
赵明杰	中关村中学知春分校	区域发展产业转移
张元萍	北京市中关村中学	澳大利亚雪山调水工程对区域的影响
辛超	北京市第十九中学	"自然环境与人类社会"单元教学设计
李倩	北京市第十九中学	自然资源及其利用

　　衷心盼望本书能够为广大一线教师的教学提供启示与借鉴，能够激发更多的教师对学科教学关键问题进行深入思考和持续研究。由于编者水平有限，书中难免有疏漏和不足之处，敬请读者指正。

本书编委会
2022 年 1 月

郑重声明

高等教育出版社依法对本书享有专有出版权。任何未经许可的复制、销售行为均违反《中华人民共和国著作权法》，其行为人将承担相应的民事责任和行政责任；构成犯罪的，将被依法追究刑事责任。为了维护市场秩序，保护读者的合法权益，避免读者误用盗版书造成不良后果，我社将配合行政执法部门和司法机关对违法犯罪的单位和个人进行严厉打击。社会各界人士如发现上述侵权行为，希望及时举报，我社将奖励举报有功人员。

反盗版举报电话　（010）58581999　58582371
反盗版举报邮箱　dd@hep.com.cn
通信地址　北京市西城区德外大街4号
　　　　　高等教育出版社法律事务部
邮政编码　100120

读者意见反馈

为收集对教材的意见建议，进一步完善教材编写并做好服务工作，读者可将对本教材的意见建议通过如下渠道反馈至我社。

咨询电话　400-810-0598
反馈邮箱　gjdzfwb@pub.hep.cn
通信地址　北京市朝阳区惠新东街4号富盛大厦1座
　　　　　高等教育出版社总编辑办公室
邮政编码　100029